U0809265

“政府绩效评估”协同研究

华南农业大学公共管理学院
广东省公共事务与社会治理研究会
云南知行绩效评价研究中心

“政府绩效评估”课题组成员

研究教师： 姜国兵（主持） 张　玉 郑方辉 李文彬 张志强
缪兴锋 韩雪峰 王克检 姜莉英 胡光明 刘建林
王　勤 戴贞标 陈雪芬 谢向阳
硕士研究生： 梁廷君 侯新祥 梅　花 林俊华

广东省省级科技计划项目(2015A080802012)资助
广东高校省级重点平台和重大科研项目(2014WTSCX013)资助
广州市社科联“羊城青年学人”研究项目(SKQN15-03)资助

政府绩效评估

ZHENGFU JIXIAO PINGGU

姜国兵　编著

暨南大学出版社
JINAN UNIVERSITY PRESS
中国·广州

图书在版编目（CIP）数据

政府绩效评估/姜国兵编著. —广州：暨南大学出版社，2016.3
ISBN 978 -7 -5668 -1751 -8

Ⅰ.①政… Ⅱ.①姜… Ⅲ.①国家行政机关—行政管理—研究—中国 Ⅳ.①D630.1

中国版本图书馆CIP数据核字（2016）第033971号

出版发行：暨南大学出版社

地　址：中国广州暨南大学
电　话：总编室（8620）85221601
营销部（8620）85225284　85228291　85228292（邮购）
传　真：（8620）85221583（办公室）　85223774（营销部）
邮　编：510630
网　址：http://www.jnupress.com　http://press.jnu.edu.cn

排　版：广州联图广告有限公司
印　刷：佛山市浩文彩色印刷有限公司

开　本：787mm×1092mm　1/16
印　张：13
字　数：305千
版　次：2016年3月第1版
印　次：2016年3月第1次

定　价：32.00元

（暨大版图书如有印装质量问题，请与出版社总编室联系调换）

目　录

第一章　政府绩效评估导论

政府绩效评估不仅是一个研究领域、一门课程，更是一项实践性的工作。我国政府绩效评估虽然研究起步较晚，但起点高、发展势头良好，本土化研究、特色化成果初见端倪。对政府绩效评估发展脉络、理论基础、制度机制做详细梳理，对于把握其一般规律与特殊规律，开展政府绩效评估理论研究和实践工作均有必要。

第一节　政府绩效评估的背景与意义

2011 年，国务院批准由监察部牵头建立政府绩效管理工作部际联席会议制度，同意选择发展改革委员会、财政部、国土资源部、环境保护部、农业部、质检总局与北京、吉林、福建、广西、四川、新疆、杭州、深圳等 14 个部门和地区开展绩效管理试点工作。自此，政府绩效评估作为政府绩效管理的核心环节，既是政府试点工作迫切需要解决的一个方面，也成为研究的重要领域。

政府绩效评估的实践发端于 20 世纪初美国纽约市政研究院的绩效评估实践，距今已有百年的历史。[①] 20 世纪 60 年代以来，西方各国政府普遍开展了以经济学和私营部门管理理论为基础，引入市场机制、竞争机制，强调公共服务中顾客导向和结果导向的绩效评估，并成为西方各国改革议程中的一个核心部分。在这一时期，政府绩效评估的价值取向由单纯追求效率发展为对节约、效率和效益即“3E”的追求，从过分关注过程和规则转为对行政产出及影响的关注。从 20 世纪 70 年代初开始，政府绩效评估实践在西方大规模兴起。1973 年，美国尼克松政府颁布了“联邦政府生产率测定方案”，力图使政府绩效评估走向系统化、规范化、经常化。1976 年，美国科罗拉多州通过了“日落法”，规定各项政策到期都必须重新得到批准，否则就此失效，这迫使政府部门定期对其政策的后果进行评估。在 20 世纪 70—80 年代，政府绩效评估开展得最为典型的西方国家当属英国。从 1979 年开始，撒切尔夫人政府先后开展了著名的“雷纳评审”“部长管理信息系统”“财务管理新方案”“下一步行动（Next Steps）”等活动，提倡采用更多的企业管理手段来改善政府机构的工作，提高公共服务质量。

20 世纪 80 年代中期以来，西方国家为应对科技进步、全球化和国际竞争的环境条件，解决财政赤字和公众信任下降问题，普遍实施了以公共责任和顾客至上为理念的政府绩效评估。在英国，梅杰政府于 1991 年推行“公民宪章”运动，布莱尔政府于 2001 年建立了地方政府“最佳价值绩效指标”，并在此基础上构建了“全面绩效评估模式（CPA）”。在美国，1993 年克林顿上台执政后，开始了大规模的政府改革——“重塑政府运动”，其目标是创造一个少花钱多办事的政府，并坚持顾客导向、结果控制、简化

① 桑助来. 中国政府绩效评估报告. 北京：中共中央党校出版社，2009. 7.

程序和一削到底的原则；改革的基本内容是精简政府机构、裁减政府雇员、放松管制、引入竞争机制以及推行绩效管理。这场改革的纲领性文献是《从过程到结果：创造一个少花钱多办事的政府》。1993 年，美国国会通过了《政府绩效与结果法》，由副总统戈尔挂帅的全国绩效评审委员会提出了 384 项改革建议，这些建议可以归结为指导政府再造的四大原则：简化规制、顾客优先、授权与结果导向、节俭效益。2001 年，小布什就任美国总统后明确指出："政府应该是结果导向的，它不由过程而由绩效引导。"他所确定的联邦政府改革三原则为：以公民为中心，以结果为本，以市场为基础。2004 年，美国联邦政府在此基础上颁布了《顾客至上：服务美国民众标准》，推动建立顾客至上的政府。另外，西方国家的地方政府也十分重视绩效评估。如美国俄勒冈州（Oregon）政府利用标杆管理法，将 158 个具体的指标置入经济、教育、环境、市民参与、社会支持、公共安全、社区发展七大政府职能领域中；英国地方自治绩效委员会以公民宪章的精神和对强制竞争投标制度的反省为背景，构建了包括居民应对、住宅供给、垃圾处理、地方环境、教育服务等 17 个领域 280 多个指标的地方自治绩效评估体系；日本东京市政府建立了包括社会福利、安全、环境能源、劳动消费生活等 11 个领域 99 个指标的政策评估体系。

总的来说，英国、美国、加拿大、丹麦、芬兰、荷兰、瑞典、澳大利亚等国相继开展的政府绩效评估取得了较好成效，成为政府改革与发展的强有力工具。其中，较为著名的是英国的"雷纳评审"（1979）、美国的《政府绩效与结果法》（1993）等。西方国家进行政府绩效评估的工具主要包括"3E"评估法、标杆管理法、平衡记分卡法等。尽管西方国家在绩效评估与管理实施背景、具体内容、操作流程等方面都存在着差异，但无一例外地体现了以顾客及结果为导向的基本理念，强调政府的公共责任与公共服务质量。同时，西方各国政府重视绩效评估的制度化、法制化与科学化，以政府的职能为基础，以系统科学的指标体系为依据，以中立的第三方机构作为评估主体，体现评估的客观性与规范性。

绩效导向的政府管理思路不仅在西方遍地开花，同时也影响着东南亚地区。效率、效益、效能一直是新加坡政府追求的目标，重时效和行动快是新加坡政府的特色所在。新世纪新加坡更是以信息技术为依托，提升政府工作绩效。新加坡政府在 2000 年推出 15 亿新元的三年电子政府发展计划后，又在 2003 年提出未来三年拨出 13 亿新元提升和扩大现有的电子公共服务系统，使跨部门的电子服务在 2006 年能在 2003 年 13 种的基础上增加 12 种，使更广大的民众及商界以更省时、省钱和省力的方法与政府打交道。这一名为"电子政府计划二"的投资被李显龙总理评价为"具体利益就是节省公共服务的时间和成本，公众因此也能受益"。基于成功企业家的背景，泰国前总理他信所领导的政府改革深刻地打上了企业模式的烙印。企业注重的是效率，与经常遭受"臃肿、办事拖拉"等诟病的官僚机构有天壤之别。以企业的方式管理政府无疑为泰国政府注入了新鲜血液，无论是在各部门普遍执行"CEO"制度，还是大张旗鼓地进行公务体制改革，都大大提高了政府的效率。他信本人也说："如果将泰国比作一个大公司，必须找钱来养活大批的员工，就需要生产商品和其他公司竞争。如果我们不奋发向上，在跟外国谈判中提高我们的地位和能力，建立同盟伙伴关系，我们从哪里找钱来发给员工？就像我们从哪里找钱来养活国民一样。”[①] 他信政府执政5年里推行的各项具有创新性和影响性的改革，虽反对声不断却能够贯彻到底并得到绝大多数人的认可。而菲律宾政府效率低下是有目共睹的，现行政治体制及低效率的政府机构等都成为经济发展的障碍。菲律宾几任总统都倡议修宪，试图将国家体制自现行的总统制改为议会制，以提高政府绩效。

在我国，对政府机关工作人员的个人绩效考核由来已久。然而，大规模的地方政府绩效评估实践和理论研究却是发端于20世纪90年代中后期。随着我国民主政治的推进以及政务公开程度和公众参政意识的提高，自20世纪90年代起，我国部分地方政府部门开始学习和借鉴西方发达国家新公共管理的经验，进行政府绩效评估的探索和尝试，通过目标责任制、社会承诺制、效能监察、效能建设等方式开始试行绩效评估。

蓝志勇、胡税根[②]提出，我国政府绩效评估的理论大致经历了三个发展阶段。第一阶段是初步探索阶段（1994—1999年），这一时期，通过国内学者对西方国家政府绩效评估的理念和方法体系的介绍，政府绩效评估的思想开始进入中国，但并没有引起理论界和行政官员足够的重视。第二阶段是研究的拓展阶段（2000—2003年），学术界开始关注作为提升政府绩效的有效工具——绩效评估问题的研究。这一时期的理论研究主要集中在对西方国家政府绩效评估的理念与方法体系的引进和介绍，对我国政府实施绩效评估的现状及可行性等问题进行探讨，以及对中国政府绩效评估的制度设计进行探索等三方面。第三阶段是研究的细化和创新阶段（2004年至今），政府绩效评估问题已引起广大学者的极大关注，并且各级政府各部门纷纷进行了政府绩效评估工作的探索和尝试。相应的，实践上也经历了三个阶段：第一阶段是80年代中期到90年代初期，作为绩效评估的前身，考评办法主要从目标责任制和效能监察两个方面展开。第二阶段是90年代初期到90年代末期，这一阶段是绩效评估在中国发展的鼎盛阶段，各级地方政府不断探索绩效评估的新形式，政府改革和创新的努力再加上国际经验的影响，各种类型和方式的组织绩效评估相继出现，呈现出百花齐放的态势，而绩效评估作为政府行政体制改革工具的作用也得到了充分的发挥。如1993年河北省委组织部建立和实行干部实绩考核制度，1994年山东烟台市建委试行“社会服务承诺制”，1998年辽宁沈阳市的“市民评议政府”，1999年山东青岛市委、市政府确立了督察工作与目标绩效评估相结合、考绩与评人相结合的新的督察模式，1999年广东珠海市正式启动“万人评议政府”活动等。第三阶段是21世纪以来，新施政理念和治理模式的转变不仅明确了组织绩效评估的地位，而且带来评估模式、实施机制、关注重点和覆盖范围的重大变化。我国的组织绩效评估由此进入一个新的发展阶段，并形成了各具特色的中国地方政府绩效评估模式，如青岛模式、杭州模式、福建模式、甘肃模式等。

2011年6月，监察部印发了《关于开展政府绩效管理试点工作的意见》，并在北京召开了第一次政府绩效管理试点工作动员会，对试点工作进行了研究和部署，标志着全国性政府绩效管理改革序幕的渐次拉开。2012年3月，政府绩效管理工作部际联席会议

---

① ［泰］派落·尤玛那铁．他信·秦那越——第23届泰国总理．曼谷：曼谷雨水出版社，佛历2544年（2001年）．172．

② 蓝志勇，胡税根．中国政府绩效评估：理论与实践．政治学研究，2008（3）：106～115．

在北京召开第二次会议，由中央纪委副书记、监察部部长、政府绩效管理工作部际联席会议召集人马馼主持会议。会议审议通过了《关于政府绩效管理试点工作中期评估情况的报告》《2012 年政府绩效管理工作要点》《政府绩效管理工作部际联席会议议事规则》。

2013 年 11 月，党的十八届三中全会通过的《中共中央关于全面深化改革若干重大问题的决定》（以下简称《决定》）首次提出“推进国家治理能力和治理体系的现代化”，文中与绩效管理有关的关键词频繁出现：3 处“绩效”、6 处“考核”、10 处“评价”、3 处“政绩”、3 处“评估”（需要指出的是，评价与评估都是指对公共事务活动过程和成效的判断，在本书中可以互用）。《决定》要求“完善发展成果考核评价体系，纠正单纯以经济增长速度评定政绩的偏向”，“改革政绩考核机制，着力解决‘形象工程’、‘政绩工程’以及不作为、乱作为等问题”。还特别提出，要“改革和完善干部考核评价制度”。《决定》对改革中的重要领域提出了绩效管理和考评的要求：对法制建设提出要“建立科学的法治建设指标体系和考核标准”；对文化建设提出要“明确不同文化事业单位功能定位，建立法人治理结构，完善绩效考核机制”；对医疗体制改革提出要“加快公立医院改革，落实政府责任，建立科学的医疗绩效评价机制”。这些都成为政府绩效评估机制的重要组成内容。“到 2020 年，在重要领域和关键环节改革上取得决定性成果，完成本决定提出的改革任务，形成系统完备、科学规范、运行有效的制度体系，使各方面制度更加成熟更加定型。”从全面深化改革的高度提出要加强政府绩效评估，在理念、政策、制度、权重等方面提出新的要求，赋予了绩效评估全新的历史使命。

政府绩效评估，就是根据一定的目标、方法和尺度，对政府及其公共政策、公共项目、部门及工作人员的绩效进行测量、考核，反映其工作的实际效果，从而奖优罚劣，促进政府改进工作，提升管理效率和服务质量。因此，认真研究、制定全面科学的政府绩效评估体系，构建以正确政绩观为导向的绩效管理模式，是在政府行政管理中贯彻落实科学发展观的需要，也是我国公共管理学科领域创新的必然要求，具有重要的意义。

首先，政府绩效评估可以有效提高政府的行政效率、效果与效益，改变机关作风，有助于建设高效政府。绩效评估通过设立效率、效果和效益的标杆，强化“3E”的标准化要求，可以促使政府改善工作流程，改进工作方法，创新工作模式，不断提高行政效率、效果和效益，建设高效政府。

其次，政府绩效评估可以密切政府与群众的良好关系，提升公众对政府的信任度，有助于建设信任型政府。政府绩效评估是建立和发展政府的公共责任机制，缓解社会利益冲突和社会危机，扩大社会公众表达利益和参与政府管理的重要途径与方法。作为建设“更有回应性、更有责任心和更富有效率”的政府改革目标的手段之一，政府绩效评估要求重塑政府流程和重新界定政府职能，引导政府提高公共服务质量，强调公共利益至上和以顾客需求为导向，扩大公众参与和社会公平，落实公众的参与权、知情权和监督权，有助于密切政府部门与社会公众之间的关系，增强公众对政府的了解和信任。

再次，政府绩效评估可以强化政府的社会管理与公共服务职能，建设公共服务型政府。由于各种原因，政府公共服务职能不到位的问题仍然比较突出，主要表现在：公共服务水平的地区失衡、城乡失衡，经济发展落后地区的公共服务水平滞后；政府在教育、医疗、环保、住房等方面的公共服务职能履行尚不适应人民群众日益增长的社会公共需求，政府公共服务体系和机制还不十分健全等。要进一步转变政府职能，强化政府的社会管理和公共服务职能，促使各级财政加大对民生的投入力度，关键在于改变传统的经济优先的政府考评导向，建立体现公共服务型政府要求的政府绩效评估指标体系，将社会管理、人民生活、环境保护等领域置于与经济发展同等重要的位置，将政绩考评从单纯的经济绩效考核转为复合的经济社会民生绩效考核，推动行政管理体制从经济发展型政府向公共服务型政府转变。

最后，政府绩效评估可以有效提高政府的科学发展能力，建设科学发展型政府。科学发展能力包括决策力、学习力、执行力、创新力、驾驭力、应变力等，是各级领导干部领导科学发展的综合素质的体现。要强化领导干部的科学发展能力，需要围绕当地科学发展的目标与战略，建立体现科学发展的政府绩效评估体系，量化指标，定期考评，形成科学发展的动力与压力，提高科学发展的执行力，把各级政府、各部门贯彻科学发展的工作情况纳入干部考核内容，作为组织、人事部门考核干部的重要依据。在绩效评估指标的引导下，各级领导干部按照科学发展观的要求，深化体制改革与机制创新，构建科学合理的经济社会管理体系，做到职责清晰、分工明确、管理规范、运转高效；建立健全规划引导、科技创新、行政管理、政策激励、软环境建设、城市管理、维护社会稳定、社区管理、扶贫助困、人才培养选拔使用等机制，以体制机制创新保障科学发展。这样，就可以不断提高政府领导科学发展的能力，建设科学发展型政府。

第二节　政府绩效评估的理论基础

公共管理学科的兴起与发展，为政府绩效评估奠定了深厚的理论基础，也为绩效评估的指标体系设计提供了指引。传统公共行政理论关注行政过程的效率，新公共行政理论强调社会责任，新公共管理理论则提出政府绩效评估的结果导向与顾客满意取向，而新公共服务理论则强化了公民在政府绩效评估中的地位与角色。科学发展观理论是中国特色社会主义理论体系的最新成果，是我国经济社会发展的重要指导方针，是发展中国特色社会主义必须坚持和贯彻的重大战略思想，是新时期我国政府绩效评估的战略指导思想。

一、传统公共行政理论

传统公共行政理论中，科学管理理论占据了主导地位，着重于研究如何提高组织过程的效率。从 19 世纪末到 20 世纪 60 年代，传统公共行政学理论着重研究的是行政组织的内部取向、机构组成、活动程序、行政原则等行政组织和官僚体制。在传统公共行政理论看来，公共管理是一种以各种管理技术为基础，追求组织效率与效益的活动与过程。从这个意义上说，公共部门的管理与私人部门的管理没有实质的差别。

传统公共行政理论的效率取向可以说是直接源于科学管理理论。泰勒的科学管理理论认为，效率是管理的最高目标，科学管理的中心问题是提高效率。围绕着提高效率，泰勒对工作的工时和动作进行了详细的分析，在此基础上确定了工作定额原理，实行计件工资制以提高工作效率。此后，源于企业界的科学管理理论对行政管理产生重要影响，也成为诸多行政学家的理论源头。1887年，美国学者威尔逊发表《行政学研究》一文，标志着公共行政学的诞生。威尔逊在该文中认为，“行政研究首先要发现政府能恰当而成功地做什么事情，以及如何以最高的效率和最低的成本来做好这些恰当的事情”，并指出，“行政应该处于政治领域之外，行政问题不是政治问题。尽管政治为行政确定目标，但是不应该去操纵行政活动”。行政科学不仅要研究人事问题，而且要研究一般的组织与管理问题，关心组织的有效性和效率，即生产性。在行政组织中，效率与工作效果是第一位的。之后，另一位公共行政学家古德诺将效率取向的公共行政思想又推进了一步。古德诺在其名著《政治与行政》中旗帜鲜明地指出：“在所有政府体制中，都存在着两种主要的或基本的政府功能，即国家意志的表达功能和国家意志的执行功能。”“这两种功能，分别就是‘政治’与‘行政’。”政治侧重于政策的制定，而行政管理应该专注于政策执行，着力于提高执行与管理的效果和效率。这样一来，经典行政学家们就把行政领域设计为纯技术性的管理过程，追求“效率最大化”成为行政管理领域的最高目标。德国学者马克斯·韦伯提出著名的科层制组织理论，认为科层制是行政管理组织中最能实现效率与可控性的组织形式，“纯粹的官僚体制的行政管理，即官僚体制集权主义的、采用档案制度的行政管理，精确、稳定、有纪律、严肃紧张和可靠，也就是说，对于统治者和有关的人员来说，言而有信，劳动效益强度大和范围广，形式上可以应用于一切任务，纯粹从技术上看可以达到最高的完善程度，在所有这些意义上是实施统治形式上最合理的形式”①。科层制组织是具有分部与分层、集权与统一、指挥与服从等鲜明特征的组织形态。科层制组织在传统公共行政理论中被认为是一种建立在权威和理性基础上的最有效率的组织形式，其最大的魅力就在于能够用最有效的方式来控制众人为追求特定的目标而共同工作。

在传统公共行政理论主导的整个时期，以效率和效益为导向的技术视野是公共行政的标志，行政效率是公共行政理论与实践追求的最高目标。公共行政的一切研究以及实践活动（包括组织模型设计、决策导向，公务员行为规范）都始终围绕着一个中心，即高效率。各种理论流派都试图更好地回答两个问题：第一，在一定可利用的资源条件下，如何提供更多的服务，即效率；第二，在维持现有水平服务的条件下，怎样花更少的钱，即经济。只有提供效率或经济的行政行为，才是好的行政行为。“效率至上”的行政范式在很大程度上迎合了西方国家步入工业化、城市化发展阶段的客观需要，是西方社会政治、经济和文化进化的产物。传统公共行政理论对效率与经济的要求，为政府绩效评估确立了效率（Efficiency）和经济（Economic）即“2E”的评估标准，增强了政府的成本意识。

二、新公共行政理论

在缺少民主、公平、正义等公共行政精神内核的传统行政理论的影响下，西方社会

① ［德］马克斯·韦伯．经济与社会（上卷）．北京：商务印书馆，1997．248．

在经济获得前所未有的发展的同时，还普遍存在着社会不公的现象，并由此导致各种社会危机，构成了对现有政治制度的根本威胁。在这样的社会背景下，激烈的社会冲突呼唤新的公共行政理论来指导公共管理，改善社会治理效果。

20 世纪 60 年代后期，以弗雷德里克森为代表的“新公共行政学”发展了社会公平理论，认为公共行政的核心价值是社会公平，主张将“效率至上”转为“公平至上”；强调公共行政变革的终极目标是建立民主行政之模型；强调公共行政的顾客导向，将顾客的需求作为政府公共部门存在、发展的前提和政府公共部门组织设计方案应遵循的目标；建构公共服务型政府的组织形态，即建立“以服务对象为重心”的服务型政府；强调服务对象与政府机关互动的重要性，主张由传统科层组织转向公众参与式治理；强调行政组织与社会公众的互动，扩大公众参与的基础，重视顾客导向等价值观。总的来说，新公共行政理论认为，政府不仅应当以经济、有效的方式为社会提供高质量的公共服务，而且更应该把维护社会公平作为公共行政所追求的终极目标。新公共行政学扩大了公共行政学研究的视野，对西方国家政府的改革实践产生了广泛的影响，特别是顾客导向的理论观点奠定了当代公共管理基本理念的雏形和绩效评估理论的基础。

新公共行政理论主张民主行政，并以此作为新公共行政学的学术识别标志。它从社会正义和社会公平的理论基点出发，认为民主行政是实现其社会公平价值观的有效形式。为此，新公共行政学特别主张突出政府管理的“公共”性质，认为“公共性”是政府管理与企业管理的根本区别。由于公共的实质意义在于代表公共利益，与此相一致，政府应实行民主行政。民主的一个关键特征是政府对公民偏好快速有效的反应，政府能否有效“回应”民众的需求，是衡量一个政府是否民主的标准之一。新公共行政理论试图扭转效率、经济至上的传统公共行政理论，重新为公共行政寻找新的价值，重塑公平、正义、顾客导向在公共行政领域的中心地位。新公共行政运动扭转了传统西方公共行政学研究的理论格局，是公共行政发展史上具有重要意义的里程碑，甚至可以说是西方公共行政学发展历程中的一次“范式转换”。新公共行政理论最核心的价值在于它所倡导的社会公平、公众参与、顾客导向、民主行政等行政管理理念，为政府绩效评估树立了公平性、公共性和民主性等评估内容，以及确立了公众在绩效评估中的主体地位。

三、新公共管理理论

从 20 世纪 70 年代开始，由于僵化、刻板的科层体制越来越不能适应迅速变化的社会和经济生活，主导西方公共行政领域近一个世纪之久的科层制行政组织模式受到越来越严峻的挑战。面对政府财政危机、机构日趋庞大臃肿、效率低下、公众对政府能力失去信心的不利局面，政府自身已无法解决日益严重的问题和困难。在这样的历史背景下，从 20 世纪 80 年代开始，一种新的管理方法引起了公共部门巨大的变革，掀起了公共管理创新的浪潮。这种方法采用工商管理的理论、方法和技术，引入竞争机制，以强调顾客导向和提高服务质量为特征，其目标往往被人们描述为“3E”（Economic，Efficiency and Effectiveness，即经济、效率和效能），这场声势浩大的政府改革运动被称为新公共管理（New Public Management）。这种新的管理方法又被称为“管理主义”“以市场为导向的公共行政”“后官僚制范式”“企业化政府”等。新公共管理起源于英国、美国、澳大利亚和新西兰，然后逐步扩展到其他西方国家乃至全世界。

奥斯本和盖布勒在《改革政府》一书中提出的“企业化政府”模式则将新公共管理范式更加通俗化了。这一模式包含如下十大基本原则或基本内容：①起催化作用的政府：掌舵而不是划桨；②社区拥有的政府：授权而不是服务；③竞争性政府：把竞争机制注入到提供服务中去；④有使命的政府：改变照章办事的组织；⑤讲究效果的政府：按效果而不是按投入拨款；⑥受顾客驱使的政府：满足顾客的需要，而不是官僚政治需要；⑦有事业心的政府：有收益而不浪费；⑧有预见的政府：预防而不是治疗；⑨分权的政府：从等级制到参与和协作；⑩以市场为导向的政府：通过市场力量进行变革。奥斯本和盖布勒在书中对这十个原则进行了详细的论证，使得该书成为1993年开始的美国政府改革的理论基础。克林顿总统给予该书很高的评价：“美国每一位民选官员都应该诵读这本书，此书给我们提供了改革的蓝图。”①

“新公共管理”作为一种实践和理论，是一组政府针对现实问题的关于政府行为和政府管理的新理念、新方法和新模式，旨在克服政府面临的危机，提高政府的效能和合法性。对新公共管理的内涵和主张，西方公共管理学者及实践者们作了不同的概括和描述，总的来说，新公共管理理论主要包含以下三方面内容。

一是顾客导向的公共服务理念。对于政府绩效评估来说，新公共管理理论中的顾客导向理念影响较大。随着政府角色和职能的重新界定，政府公共部门与公众之间的关系由治理者与被治理者之间的关系变为公共服务的提供者与消费者、顾客之间的关系，公众成为政府管理活动服务的对象，是公共服务的消费者和顾客，即政府不再是高高在上、“自我服务”的官僚机构，政府公务人员应该成为负责任的公共“企业经理和管理人员”，社会公众则是提供政府税收的“纳税人”和享受政府服务作为回报的“顾客”或“客户”。因此，政府服务应以顾客为导向，增强对社会公众需要的回应力。显然，提供满足公众需要的优质公共服务成了政府管理的应有之义。在这种关系定位的前提下，新公共管理理论为政府绩效评估树立了服务和顾客至上的管理理念，强调政府管理活动必须以顾客为中心、以顾客的需要为导向，重视管理活动的产出、效率与质量。

二是结果导向的政府绩效理念。以政府提供公共产品或服务的过程为标准，可以将政府运作划分为“资源→投入→政府管理→产出→结果”五个环节。过程导向的管理就是以投入、管理和过程为重心的管理模式，它忽视了政府提供公共产品或公共服务的结果；而结果管理就是以政府活动或项目的结果为核心的管理。这里的“结果”是指政府产出的结果，包括效果、质量、顾客满意和公平等要素。管理理念和重心的不同是过程管理和结果管理的根本区别。新公共管理主要关注的不是过程、程序和机械执行上级指示办事以及内部取向，而是取得的结果和对结果取得的个人责任。新公共管理反对传统公共行政重遵守既定法律法规轻绩效测定和评估、重程序形式轻实质结果的做法，主张放松严格的过程规制（即主要通过法规、制度控制），而实现严明的绩效目标控制，即确定组织、个人的具体目标，并根据绩效指标对目标完成情况进行测量和评估，由此产生了所谓的“3E”。新公共管理由传统公共行政重视机构、过程和程序转向重视项目、

① ［美］戴维·奥斯本，特德·盖布勒. 改革政府. 上海：上海译文出版社，1996. 序言.

结果和绩效，使得公共管理的战略管理、绩效评估、公共责任制等成为公共管理学的核心主题，更加重视政府活动的产出和结果，即重视提供公共服务的效率和质量。

三是强调公平与效率的统一。效率标准要求政府关注投入与产出的比率，尽可能减少投入，增加产出。具体来说，效率取向将会使政府过分重视经济增长，而忽视社会民生领域。这将不可避免地损害社会公平。新公共管理强调，政府应该实现公平与效率的统一。一方面，政府应该引进企业管理领域提升管理效率的工具，如标杆管理、全面质量管理、绩效评估、目标管理、信息技术、流程再造、引进竞争、服务外包、绩效工资、绩效预算等，降低政府内部管理所消耗的成本，提高行政管理效率。另一方面，政府应该致力于促进与维护社会公平。这就要求：政府应该一视同仁，公平地提供各种公共产品或服务，公众可以平等地从政府公共产品或服务中受益；政府应该增加民生财政支出，不断提高教育、医疗、住房保障水平；政府应该保证弱势群体的基本生活水平。因此，对政府绩效进行评估，不仅要评估其在促进经济发展与节省政府成本以及办事效率方面的绩效，还要评估其在不断提高人民的教育、医疗、基本养老、社会救济、住房保障以及弱势群体基本生活方面的绩效。

总的来说，新公共管理理论主张以私营部门的理念与组织方式改造公共部门，为公共部门引进竞争机制、顾客至上理念、结果导向的评估机制。对于政府绩效评估来说，随着新公共管理运动的深入，政府绩效评估强调对结果和质量、效能的评估，评估的重心从单一的经济性转向经济性、效率性、效果性、公平性、责任性并重。“经济、效率、效果、公平、责任”成为分析政府绩效的基本维度，它们构成了绩效评估的基本模式和绩效评估指标体系的基本主题，全面体现了政府的公共责任和使命。

四、新公共服务理论

美国亚利桑那州立大学登哈特（又译“丹哈特”）夫妇提出的新公共服务理论（见表1－1），将公民置于整个治理体系的中心，强调政府最重要的职能是提供公共服务而非“掌舵”，推崇公共服务精神，旨在提升公共服务的尊严与价值，重视公民社会与公民身份，重视政府与社区、公民之间的对话沟通与合作共治。新公共服务理论的核心和实质有两个主题：一是促进公共服务的尊严和价值；二是将民主、公民权和公共利益等价值观重新肯定为公共行政的卓越价值观。作为一种新理论，新公共服务理论是建立在民主、责任和服务的基础上的，其核心价值理念在于：政府的主要职能不是制定政策，而是提供公共产品与公共服务，奉行服务理念；强调在民主对话、沟通协商的基础上加强政府与社区、民众的合作互动，建立有效的公民利益表达机制。

新公共管理援引经济学中的经济人假设，忽视了文化因素对人性的规制，从而引发公共利益和公共伦理的危机；对效率和工具理性的过分追求，使公共管理有意无意地忽视了自身的根本价值和目的；对市场过分崇拜，用放大镜观察政府失灵时又重蹈覆辙，忽视了市场的缺陷，公共部门在市场化的同时，诸如寻租、创租、贪污腐化等也找到了温床，开始大行其道。新公共管理的理论家和实践者们没有想到，在他们无情地抨击传统官僚制浪费、无效率的同时，自身却走向了另外一个极端。

表1－1　传统公共行政、新公共管理与新公共服务的比较

比较内容	传统公共行政	新公共管理	新公共服务
主要的理论基础和认识论基础	政治理论，早期社会科学提出的社会和政治评论	经济理论，基于实证社会科学的更完善的对话	民主理论，包括实证的、诠释的和后现代的等诸种不同的知识途径
主导理性和相关人类行为模式	抽象理性，“行政人”	技术和经济理性，“经济人”或自利的决策人	战略理性，对理性的多种检验（政治的、经济的、组织的）
公共利益的概念	在政治上加以界定，由法律来表述	表示个人利益的集合	是共同价值观的结果
公务员回应的对象	委托人和选民	顾客	公民
政府的作用	划桨（设计和执行政策，关注政治上界定的单一目标）	掌舵（充当催化剂、释放市场力量）	服务（协商和协调公民与社区团体的利益，营造共同的价值观）
实现政策目标的机制	通过现存政府机构来实施项目	创造机制和激励机构，通过私人和非营利机构来实现政策目标	建设公共、私人和非营利机构的联盟，满足相互一致的需求
责任的途径	等级制——行政官员对经由民主程序选举产生的政治领袖负责	市场驱动的——自我利益的汇集会产生令诸多公民（顾客）团体满意的结果	多样化的——公务员必须关注法律、社会价值观、政治规范、职业标准和公民利益
行政自由裁量权	允许行政官员掌握有限的自由裁量权	有更大的余地去实现企业家似的目标	自由裁量权是必要但又受限制和负责任的
假定的组织结构	官僚组织以机构内自上而下的权威和对委托人的控制或管制为特征	分权的公共组织，机构内仍保持基本的控制	合作型结构，由内部和外部共同领导
假定的公务员和行政官员的激励基础	工资和收益，公职保障	企业家精神，理念上压缩政府规模的愿望	公共服务，期望对社会有所贡献

资料来源：罗伯特·B. 丹哈特，珍妮特·V. 丹哈特，刘俊生，张庆. 新公共服务：服务而非掌舵. 中国行政管理，2002（10）.

登哈特夫妇开出的药方是：①服务于公民，而不是服务于顾客；②追求公共利益；③重视公民权胜过重视企业家精神；④思考要具有战略性，行动要具有民主性；⑤承认责任并不简单；⑥服务，而不是掌舵；⑦重视人，而不只是重视生产率。新公共服务理论强调政府的角色由领航转变为服务，以公民为导向，以公共利益为依归，进行战略思考，注重政府与社区和公民之间的沟通；强调建设公共服务型政府，提高公共服务的水平与价值，进而确保政府管理的民主、公民与公共利益等核心目标得以实现。通过表1-1，我们可以对传统公共行政、新公共管理、新公共服务有较清晰的认识。新公共服务理论为政府职能确定了新的内涵，也为政府绩效评估指明了新的方向，要求政府绩效评估应该加强公共服务型指标的评估，强化公民在考评体系中的主体地位，提高政府的服务意识与对公民需求的回应性，提升政府的战略思考、规划与行动能力。

五、科学发展观理论

改革开放三十多年，我国现代化建设取得了举世瞩目的巨大成就，人民生活水平不断提高。但随着市场经济的发展和改革开放的深入，一些问题逐渐暴露。要解决发展中的问题，就必须转变发展思路和发展观念。正是立足于我国社会主义初级阶段的基本国情，在总结国内外发展经验的基础上，我们党在十六届三中全会上提出了科学发展观，在十七大报告中概括了科学发展观的内涵，指出科学发展观的第一要义是发展，核心是以人为本，基本要求是全面协调可持续，根本方法是统筹兼顾。科学发展观是一个强调以人为本、和谐共生、全面发展的现代化发展模式，其内涵是要把人民的利益作为我党一切工作的出发点和落脚点，发展要注重公平和可持续性，始终以人为中心，不断满足人们的各种需求和促进人的全面发展。实施政府绩效评估，是落实科学发展观的主要举措，正确的绩效观来自正确的政绩观，正确的政绩观又来自科学的发展观。

第三节 政府绩效评估的制度机制

政府绩效评估具有预测判断、监控支持、激励约束和资源优化等多项功能，通过评估绩效，达到改进激励机制、竞争机制、监督机制、责任机制的目的，是当今许多国家实施政府再造、落实政府责任、改进政府管理、提高政府效能、改善政府形象的一个行之有效的工具。建立科学的政府绩效评估制度机制，是政府绩效评估的核心和关键，关系到政府绩效评估的真实准确和公平公正。科学的政府绩效评估制度机制主要包括评估主体、客体、技术方法、流程等方面。为了保证政府绩效评估的客观公正，必须明确绩效评估体系的主体和客体，规范技术体系，把握连续紧凑的评估流程。

一、政府绩效评估的主体结构

进行政府绩效评估，必须首先确定评估主体，完善评估的主体结构。通过协调各评估主体的功能和作用，使它们相互配合、相互制约，以保证评估结果的客观公正。评估主体是指从事评估的组织或个人。在政府绩效评估系统中，评估主体是主导因素，处于中心地位，发挥着核心作用。不同的评估主体与考评的利益相关度、考评时的理性程度、对自己的角色定位不同，审视的角度不同，政府绩效评估会出现差异较大的结果。

因此，评估主体的评估理念、评估态度、评估经验、职业伦理、能力水平等都会对整个政府绩效评估活动产生举足轻重的作用，直接影响着政府绩效评估的最终效果。

1. 政府

政府作为评估主体，是“政府本位”价值取向的体现，即政治权力的统治性和管理性作用的体现，凸显出的是政府的权威性和主导地位。评估的基本形式是上级机关及其领导对下级部门及人员的考核。以政府为主体的评估的优势表现为考核资料、数据容易获取，考核过程容易组织和控制。同时，“政府本位”的价值取向有利于强调政府政治功能作用的发挥及政府政治权力的统一性。评估结果凭借政府内部的行政权力能够直接有效地得到运用，有利于政府统一配置社会公共资源和保持社会平衡发展，便于提高下一轮的工作绩效。但是政府在考核时往往带有主观性偏差，容易出现“报喜不报忧”的状况，加上评估范围的有限性和评估标准体系的片面性，导致考核质量不高。

2. 公民

公民是政府所进行的公共管理的最终接受者，又是纳税人，最能感受到政府的服务质量对自己的影响，对政府绩效评估最有发言权，能够公正地评估政府绩效，有利于政府责任的落实和政府形象的改善。公民作为评估主体，是“民众本位”“主权在民”价值取向的体现，是由公民与政府的关系决定的。在政府绩效评估中应当让人民群众充分参与政府绩效评估，改变过去单纯的政府自上而下、封闭式的评估模式，引入“使用者介入”机制，形成多层次的政府绩效评估主体结构。尽管公民作为外部评估主体能够以其特有的“顾客”价值取向较客观公正地评估政府行为及其结果，但是也要注意到公众有时会受到自我“偏见”的影响，有可能对政府的公共管理作出不太理性的判断，需要正确引导。

3. 第三方评估组织

所谓第三方评估是指由与政府无隶属关系和利益关系的第三部门及民间组织（如学术研究组织）所组织实施的评估政府及其部门绩效的活动。政府绩效评估是一个具备复杂性和多样性特点的专业性工作，评估过程和结果的科学性、客观性关系到评估目标的实现程度，这就决定了评估主体必须具备较高的专业基础。因此，学术研究组织作为第三方独立机构，依靠其自身人才、理论和技术方面的优势，以其严谨的学术态度、扎实的专业知识和独特的超脱地位，完全应该成为政府绩效评估的一个主体，弥补其他评估主体的缺陷，可以更加客观公正、独立自主地评估政府的绩效。目前，我国第三方组织承担的政府绩效评估项目越来越多。学术研究组织评估政府绩效以“顾客导向”为原则，对于确保评估结果的科学公正，促进政府及其部门更新行政理念、转变政府职能有重要的现实价值。一方面，第三方评估组织可以有效地向政府表达公众的意愿，促使政府接受科学的管理理念，转变政府职能，切实提高绩效质量，使其管理活动以社会公众的需求为依归。另一方面，第三方组织评估使政府绩效评估由内部走向外部，从操作层面体现了公民的意识，为公民参政议政找到了一个切入点，有利于促进公民与政府的互动，增强政府的政治民主性。但同时也要注意到第三方评估的不足：评估结果难以得到充分利用，学术机构所需的数据和信息难以获取，学术机构自身素质的局限及评估的科学性和客观性还有待提高等。为更好地发挥第三方组织评估政府绩效的作用，除了政府对第三方进行科学的资质认定，保持其独立性，增强其责任意识，提高其工作能力，促进其顺利发展外，第三方评估组织自身也要增强自律意识，搞好自我管理、自我控制、自我规范活动。

4．企业

在我国由计划经济向市场经济转型的时代背景下，为了转变政府职能，强化政府经济服务功能，尤其是政府对于市场经济主体的企业的服务，企业必然成为政府绩效评估的主体。“企业本位”的价值取向反映的是企业对政府提供经济服务的要求，以企业的需要引导政府经济工作，使之更加合理、更加符合市场经济规律。对于将经济发展作为重要目标之一的地方政府，企业为评估主体，能够真实地反映民众的部分价值取向，尤其是对政府经济服务职能的发挥有更真切的感受，其满意度完全可以作为政府绩效的依据，有着自身的优势：一是企业虽然不等同于民众，但也是由部分民众组成的，作为外部评估，能够反映部分民众对政府绩效的评估，体现了民主的潮流；二是企业在市场竞争中，能最直接体会到政府“监督者”和“服务者”的角色，促进政府绩效的改善。但企业作为评估主体也有不足：企业不能等同于民众，其更多关注政府的经济职能，对社会公众关心的政府其他职能关注度不够，有一定的狭隘性。

二、政府绩效评估的客体

政府绩效评估客体是相对于主体而言的，是政府绩效评估的对象，从总体上讲，政府绩效评估客体就是政府的公共管理活动。一般来说，按评估客体的不同，政府绩效评估可以分为政府整体绩效评估、政府部门绩效评估、公共项目绩效评估、公共政策绩效评估、部门整体支出绩效评估等主要类型。把握评估客体自身的独特性及其发展变化的规律，把握客体与主体的关系，是做好政府绩效评估工作的基本前提之一。

1．政府整体绩效

所谓政府整体绩效，相对于公共部门绩效、公共项目绩效、公共政策绩效而言，是指一定时期内（如1年）作为一级政府的总体成绩与效益，包括政府行使职能的各个方面，如经济、社会、教育、文化，甚至司法等。整体绩效本质上类似于“概念绩效”或“印象绩效”，具有典型的中国特色。因为从公众评估的角度，作为评估者的公众未必是政府的直接“消费者”，他们的评估只能是“概念”或“印象”评估，所以西方国家较少进行所谓的整体绩效评估，这种功能由选票及选举市场完成，从这个角度上讲，在我国进行整体绩效评估有更重要的意义和迫切性。

2．政府部门绩效

所谓政府部门绩效是指被评估部门在社会管理中的结果、效率，是政府部门在行使其功能、实现其意志的过程中所体现出的管理能力。尽管政府不同部门的职能差异较大，进行评估的侧重点、内容和方式有所不同，但基本的评估内容包括效率和公共责任两个方面。效率的含义既包括部门行政管理的能力，又包括行政管理的质量。公共责任就是政府部门的角色和职能，即政府的角色是公共服务的供给者，政府必须根据社会发展的要求和公众的需求提供公共服务。因为政府公共部门与公众之间的关系是公共服务的提供者与消费者、顾客之间的关系，所以，公共责任作为政府部门绩效评估客体的内容是政府绩效管理的应有之义。把政府部门绩效作为评估客体，有利于提高公共服务的质量，改进政府部门和公众之间的关系，提高政府的信誉和形象，最终有利于政府整体绩效的改进。

3. 公共项目绩效

公共项目在本质上属于提供公共物品的投资项目，它以政府投资为主导，具有政策性、公益性、福利性、外部性等特点，对提高社会公共利益和改善社会整体福利有着积极、重要的影响。但是，公共项目产出测算的困难和投入产出关系的模糊性，导致对公共项目的效益进行全面有效考核存在一定的难度，而采用“绩效”的概念则可以更全面地反映工程项目的产出成果。与此同时，公共项目的产出不仅包括可以计量的经济绩效，还包括更多无法计量的绩效和成果。因此，评估和考核公共项目时应该用“绩效”代替“效益”，采用科学和规范的评估方法，对公共项目的管理绩效、经济绩效、社会绩效、生态环境绩效及可持续发展绩效等内容进行科学而客观的衡量比较和综合评判。绩效评估是在新的社会经济发展形势下对公共项目进行考核和评估的最佳方式。公共项目绩效评估要充分考虑项目运作的系统性，既要进行项目的事前调查、策划，更要监管项目运营过程和事后信息的反馈，加强对事后的效果评估。同时，要关注各种社会资源的投入情况，科学评估对项目投入的人、财、物等社会资源是否达到有效配置，并且根据项目不同特点设计不同的指标体系。

4. 公共政策绩效

公共政策绩效评估是指基于结果导向，运用科学的方法、规范的流程、相对统一的指标及标准，对政府公共政策的投入产出进行综合性测量与分析的活动。公共政策绩效评估是政府绩效评估体系最重要的内容之一。加强公共政策绩效评估，有利于检验政策的效果、效率、效益，有利于实现政策资源的有效配置，是进行政策调整、提出政策建议的重要依据。加强公共政策绩效评估，不仅能总结经验教训和及时纠正政策失误，有利于提高决策的科学化和民主化水平，还能对公共政策参与人员起到重要的间接监督作用，增强相关人员的责任心，从而提高公共政策的有效性。①

5. 部门整体支出绩效

部门整体支出绩效评估，即一般预算支出的绩效评价，它是从政府职能出发，在确定一定时期内政府机构运用财政资金所要达到的成果目标的基础上，制定恰当、详细的衡量标准以评估各机构的工作进展情况和目标完成情况。与基本支出和项目支出绩效评估相比，部门整体支出绩效评估难度更大，需要的基础性条件更多。② 同时，项目支出绩效评估中所应用的评价指标体系、评价方法与模式不一定适用于部门整体支出绩效评估。

三、政府绩效评估的技术方法

政府绩效评估是个复杂、系统的过程，需要运用科学的方法来检验和评定政府的

---

① 中国行政管理学会课题组. 政府公共政策绩效评估研究. 中国行政管理，2013（3）：20～23. 课题组成员：贾凌民、郑方辉、姜国兵等.

② 胡若痴，武靖州. 部门整体支出绩效目标编制优化原则研究. 财政研究，2014（6）：36～39.

“成绩和效益”，促进和提高政府绩效。目前，政府绩效评估方法主要可以分为定性与定量两大类。定性方法是指通过问卷调查、访谈、文献等方式测量政府绩效的方法，常见的有民意调查法、德尔菲法等。定量方法是指运用统计原理对社会现象的数量特征、数量关系和事物发展过程中的数量变化等方面进行科学分析的方法，常见的有数据包络法、层次分析法等。

（一）政府绩效评估的定性方法

政府绩效评估的定性方法，是指以现有的文献资料或调查材料为依据，对政府绩效运用演绎、归纳、比较、分类、矛盾分析等方法，以判断政府绩效的实现程度。政府绩效的部分内容，其过程和结果往往难以被确认并加以量化，比如政府的民主、透明程度与公正性，公民对政府的认同，公共服务态度等，需要使用定性的方法加以考评。由于定性方法允许不依赖定量化设计所必需的结构化数据检验这些复杂的现象，因此可通过更深入和更易感知的挖掘去发现政府绩效的内在状况。政府绩效评估中常用的定性方法，包括文献法、德尔菲法、360 度绩效考评法、平衡计分卡法、KPI 法等。

政府绩效评估的文献法主要体现在以下三方面：一是对政府绩效指标体系的设计。要考评政府的绩效，需要构建考评指标体系。具体指标的初始产生，需要查阅大量相关文献，以初步拟定可以反映政府绩效的政治、行政、社会、经济等领域的指标范围。二是确立政府绩效的标杆或参照系。为对政府绩效某一指标进行考评，往往需要确定其标准值，这就需要查阅大量文献资料，了解国内外对该指标的标准值的取值范围，再根据地区实际进行调整。三是考评数据资料的收集。要对政府的经济社会绩效进行考评，需要收集大量的社会经济数据，相应地要求考评人员查阅社会经济的统计资料。在应用德尔菲法进行政府绩效指标体系设计时主要体现在选择专家、拟订初始指标集和专家咨询问卷、专家征询和数据处理几个关键环节。360 度绩效考评法的理论和实践基础在于组织成员满意度和全面质量管理。经由 360 度绩效考评，组织可搜集到多方面的考评信息，进而从内外、正反、上下等多个维度，对组织绩效提出较公正和符合实际的考评标准与结果。平衡计分卡（Balanced Score Card，简称 BSC）的核心思想就是通过财务、客户、内部流程、学习与成长四个方面指标之间相互驱动的因果关系展现组织的战略轨迹，实现绩效考核—绩效改进以及战略实施—战略修正的目标。平衡计分卡中每一项指标都是一系列因果关系中的一环，通过它们把相关组织的目标同战略联系在一起。同时，也是在定量考评之间、客观考评与主观考评之间、指标的前向指导与后向控制之间、组织的短期增长与长期发展之间、组织各个利益相关者的期望之间寻求“平衡”的基础上完成的绩效管理与战略实施过程。

KPI 是 Key Performance Indicator 的简称，即关键绩效指标，是绩效考评的有效工具，其精髓是“关键”，将 KPI 应用于地方政府绩效评估中，通过对地方政府 20% 的关键行为进行考核，推导出地方政府 80% 的绩效。具体来说，KPI 法是指根据地方政府的发展战略目标与战略规划，选取最能体现地方政府战略的关键指标来考评政府绩效。KPI 绩效考评指标体系必须符合关键性、整合性和精炼性三个要求。一是关键性。设定指标时，应依据政府、部门和个人目标，紧紧围绕关键领域、关键成功要素及关键事件选取关键绩效指标，保证组织成员在离成果最近的地方下功夫，先完成最重要最关键的工作。二是整合性。设置的KPI将政府远景、使命和战略与部门、个人运作相连接，与公众的价值相连接，包括纵向整合、横向整合和指标整合。纵向整合要求KPI将个人目标、部门目标与政府目标相连接，个人目标与团队目标相结合；横向整合要求通过KPI的设置，使各部门既明确内部职责，又明确部门之间相互配合、合作的关系，为实现政府整体目标提供平台；指标整合要求KPI将长期指标与短期指标相结合，定性指标与定量指标相结合，过程性指标与结果性指标相结合，激励指标与可控性指标相结合，进一步提高指标的科学性。三是精炼性。指标数量少而精，所选择的指标能够简洁明了地反映地方政府战略目标与价值的实现，能够准确地将每个工作岗位的职责与战略目标相融合，增强指标的可操作性、可控性、直观性和导向性。

（二）政府绩效评估的定量方法

政府绩效评估的定量方法，是指通过对政府绩效评估指标的数量特征、数量关系与数量变化进行分析，目的在于揭示和描述政府绩效的相互作用与发展趋势。定量分析把政府绩效运用自然科学的方法进行规范化、数理化，从而实现对数据进行标准化处理，设置指标权重，计算综合指数。政府绩效评估中的定量方法较多，如公众满意度考评法、层次分析法等。

政府绩效的公众满意度考评可参考顾客满意度指数考评的方法。顾客满意度指数CSI（Customer Satisfaction Index）是对各种类型和各个层次具有代表性的顾客满意程度的综合考评指数，它是以各类产品和服务的消费及其过程为基础，反映社会经济产出和运行情况的一种全新的质量指标。在编制顾客满意度指数时，需要运用社会学、心理学、统计学、消费者行为学等多学科的基本原理与方法设计逻辑模型，并通过偏最小二乘法等算法估计模型参数。目前，国际上使用较广泛的顾客满意度指数主要有美国顾客满意度指数（ACSI）、欧洲顾客满意度指数（ECSI）、韩国顾客满意度指数（KCSI）等，中国顾客满意度指数（CCSI）也已经投入使用。

层次分析法的基本思想就是将组成复杂问题的多个元素权重的整体判断转变为对这些元素进行“两两比较”，通过“两两比较”的方式确定层次中诸因素的相对重要性，然后再转为对这些元素的整体权重进行排序判断，最后确立各元素的权重。层次分析法是确定政府绩效评估指标权重的常用方法。

四、政府绩效评估的程序

政府绩效评估是一个由多阶段、多环节组成的连续性的有计划、按步骤进行的动态过程。严格遵循科学的评估程序能有效保证评估实施的进度，减少评估者的主观随意性和评估偏差，增强评估结果的质量和信度。因此，评估者应高度重视政府绩效评估的程序性价值。参考我国政府绩效评估的实践，一般都要经历以下七个既相互关联又相互区别的阶段。

1. 制订实施计划

政府绩效评估是一项复杂的系统工程，实施计划主要取决于所评估的对象特征及环境。因此，为确保评估顺利进行，必须在了解评估对象——地方政府基本情况（如职能、目标、主要活动及主要资源等）的基础上，制订详细的实施计划。实施计划是指导全部评估工作的蓝图，计划是否科学合理，集中体现了评估者的水平、能力与经验，反映了评估者的技术路线与实施风格，也直接决定了评估的最终质量。所以，制订评估计划，是整个评估过程的重要环节，包括如下内容：第一，明确评估的目的和意义，即确定为什么要进行绩效评估；第二，确定评估主体，即由谁去评估；第三，明确评估的对象与内容，即评估什么；第四，选择合适的评估方法，即如何进行评估。

2. 确定评估组织

政府绩效评估具有很大的利益相关性，涉及多种主体。为确保客观、公正地开展评估工作，树立评估的权威性和严肃性，需要建立一个评估组织机构。当前我国地方政府绩效评估的主体有政府、公民、企业、第三方评估组织。不同类型评估主体有不同的优势和局限，选择什么样的评估主体在很大程度上取决于评估对象、评估目的和评估内容。在选择评估组织时，评估组织与评估目的、评估内容相匹配是非常重要的原则。

3. 构建评估指标体系

政府绩效评估的指标构建是一项科学、严谨的工作。绩效评估的结果是否具有说服力，直接取决于评估指标体系是否科学。要使评估结果可信，就必须以政府职能为依据，遵循系统性、有效性、可操作性、可比性和独立性的原则，精心遴选评估指标。指标体系包括准则层、具体指标、权重等内容。在评估指标遴选时应把握好外部指标和内部指标、数量指标和质量指标、正向指标和逆向指标、客观指标和主观指标、支出指标与收入指标、技术性指标和民主性指标、工作指标和业绩指标、行政成本指标和业务成本指标、个体指标和团体指标的关系，再确定准则层和具体指标的权重，采用相关分析法对评估指标进行相关性和隶属度分析，同时进行效度和信度的检验。

4. 选择评估方法

政府绩效评估方法分为定量和定性两种。定量方法是指运用数学、统计学所提供的概念、处理问题的方式和技巧，对基层地方政府绩效进行量的描述，建立相应的数学模型，进行计算和分析，以数字来衡量绩效结果。定量方法包括主成分分析法、层级分析法、数据包络分析法、模糊数学分析法等。同样的评估指标和数据，采用不同的定量分析法对评估结果可能会产生显著的差异，因此，为改善评估质量，选择适当的定量分析方法十分重要。定性方法是指运用主观打分的方法，对一些无法定量的绩效指标作出评估，它包括专家打分和公众调查等。两种方法各有优势和局限，应有机结合起来。

5. 收集、处理评估信息

政府绩效评估的过程实际上就是收集信息、处理信息、作出判断并给予反馈的过程，对绩效信息的全面掌握是评估的前提，信息失真、残缺、歪曲是产生评估误差的主要原因。因此，要保证绩效评估信息的全面、真实和可靠，收集信息时不仅要对评估主体有的放矢，还必须遵循中立、严谨的原则，紧紧围绕评估目的和指标有计划地筛选、排除无关信息，对其进行系统的整理、分类、统计和分析，不能对信息施加主观影响或篡改，以免造成信息混乱和信息污染。对数据的处理通常采用多变量统计分析等方法，对各类数据进行系统研究。

6．撰写评估报告

为综合反映绩效评估结果，为政府和公众提供绩效信息，评估组织要撰写评估报告，对政府绩效作出书面结论。报告一般包括三个方面：一是评估的背景、目的及技术说明，二是技术体系和评估过程，三是评估结论（含改善绩效建议）。报告必须注意分析的客观性，不搞先入为主的结论，也不主观批评评估对象，应尽量反映那些取得成功的地方和未能达到预期绩效的地方，做好经验总结和缺陷分析。

7．评估结果的应用

进行政府绩效评估只是一种政府管理的手段，目的是使政府自身和利益相关者能够更全面地了解政府职能的履行情况及其存在的问题，在此基础上，有效地使用评估信息使人们反思过去、思索现在、计划未来，在理性的反思基础上作出明智、客观的判断，以便总结经验、吸取教训，科学地规划未来的行动，不断地改进绩效。因此，没有评估结果的应用，政府绩效评估就不可能实现其自身的目标。

理论上，在单一体制中，涉及体制及权力变革的成效均依赖于“顶层设计”，政府绩效评估亦不例外，试点工作具有挑战性。由于指向政府与公民关系、管理权与组织权等核心问题，作为政府管理创新的方向与工具，国内政府绩效评估工作的改进更依赖于政府绩效管理的“顶层设计”，进而在评估指标结构及体系中，以符合绩效内涵、纵向对应、方便操作为原则，设立涵盖经济、社会、环保、成本、公众满意度等维度的统一、简洁的三级指标结构，三级指标统一，部分三级指标对应的具体指标，各地各部门可自主选择，以追求总体绩效最大化为评估目的，充分调动被考评单位的自主性、能动性与选择性。[①]

① 郑方辉，廖鹏洲．政府绩效管理：目标、定位与顶层设计．中国行政管理，2013（5）．

第二章　政府绩效评估研究方法论

方法指的是处理问题的具体做法，方法论（methodology）则指处理问题的一般途径和路线。单纯对政府绩效评估来说，研究方法论阐述了政府绩效评估科学研究过程中的基本原则、途径和过程。

第一节　公共管理学科的合法性危机

公共管理成为一门学科以来，缺乏公认的核心议题和恰当的方法论基础的争议便如影随形，形成作为一门学科的“合法性危机”。在政府绩效评估、公共政策、公共危机管理、公共部门人力资源等核心议题得到确定和深化之后，将公共管理作为一门学科的合法性危机的根源定位于其缺乏公认的核心议题的观点不攻自破。然而，缺乏恰当的方法论基础一直制约或限制着公共管理学科的发展却是事实。自2006年起，以中山大学和中国人民大学为首的公共管理学者发起了一场反思中国公共管理研究的热潮。几篇具有代表性的论文发表在《中国人民大学学报》2007年第4期中，其共同的论断是公共管理研究已经陷入了方法论的“合法性危机”。无独有偶，2007年西安交通大学举办的“公共管理（人文）实验教学研讨会”上，一些学者也提出目前公共管理的研究尽管取得了较大的进步，但却缺乏学术规范自觉和研究方法指导，尚未形成学科共识和学术共同体，导致了学科缺位和学科危机。

一门学科是否具有科学的地位或者在多大程度上具有科学性，不是由其研究什么决定的，而是由其方法论决定的，这已经成为公共管理学界的共识。由于方法论意识薄弱，我国的公共管理研究难免原地打转，立足于中国自身特色的原创性、科学规范的理论稀缺，无法与外国同类学科平等对话，更解决不了我国公共部门面临的实践问题。即使是所谓研究我国问题的论著，“也存在低水平重复，研究焦点过于集中，缺少学术批评和争论等弊病，从一个学科折射出当前中国社会科学研究的通病”①。何艳玲教授在对中国行政学（1995—2005）进行研究评估后发现，既无文献引用又无理论对话的论文几乎占总样本的一半（43.6%），有文献引用无理论对话的论文占41.8%，有理论对话的论文占14.9%。她认为，至少从形式上来看，行政学研究的规范性已经成为一个特别突出的问题。

一方面，如上所述，中国公共管理学界缺乏规范研究的论著，或者学科本身没有形成系统的研究方法，从而导致学科的身份危机；另一方面，在应用规范研究方法时，强调精确性而忽视应用性的研究导向，使规范研究方法变成很不受欢迎的研究方式。这令

---

① 曾峻. 执政能力、政府能力与公共行政管理方法创新——“公共行政管理方法论创新”研讨会综述. 中国行政管理，2005（1）：87～89.

公共管理学子们产生到底是规范的研究方法还是自虐的研究方法的困惑，“不学规范研究方法不会怎样，但学规范研究方法却非常痛苦”成为现实。将公共管理规范的研究方法等同于自虐的研究方法对公共管理学科的发展极其不利，将直接导致三种不良后果：

一是对规范的研究方法本身的畏惧，导致在学术刊物、学术会议上难以发表高质量的论文。在公共管理领域的学术刊物、会议上，仍然充斥着大量思辨性的论述、空洞的词汇和概念的讨论，以及没有实证根据的、想当然的结论。假话、大话、空话、套话、废话，已僵化成一套话语体系，“要努力提高……坚持……深入开展……加大力度……全面推进……抓紧抓好……不断提高……严厉……不断加强……”等，几乎相当于政治表态和喊口号式的话语不仅在公共管理论文中泛滥存在，更传播到社会的方方面面。毛泽东当年“洋八股必须废止，空洞抽象的调头必须少唱，教条主义必须休息，而代之以新鲜活泼的、为中国老百姓所喜闻乐见的中国作风和中国气派”的呼吁，在当前仍然振聋发聩。

二是对规范的研究方法的一知半解，导致经常出现运用错误方法和得出错误结论的情况。例如一般常用“非常不满意、不满意、还算满意、满意、非常满意”之类的量表和以“1—5”的数据来说明问题；但是，“不满意”“还算满意”到底代表什么意思？“非常不满意”和“不满意”，“还算满意”和“满意”之间的区别到底有多大？张三的“非常满意”和李四的“不满意”代表的会不会是一样的情绪？你的“还算满意”和我的“还算满意”有没有可能指的是两回事？也就是说，这些数据、量表其实并没有准确地说明研究者要说明的社会现象、人生经验。这些表面上是操作和技术层面的问题，实际上代表着用数据描写社会现象、个人经验的局限性。① 正是由于对规范的研究方法的一知半解，在某次大学学术论坛中，笔者发现一位学子竟然以某村管理制度的数量多少来判断管理制度的质量；在某次全国学术会议中，某位作者仅观察了北京市地铁四号线某一周全日客流分布，就得出北京地铁一个星期内哪一天的负荷强度最大的结论，并提出应该对每周的这一天进行疏导的政策建议。可以说，在研究假设、抽样、统计分析等各个研究环节都可能存在问题。管中窥豹，社会上往往一些研究结论受到争议，与其说是在挑战人的道德底线，不如说是挑战人的常识底线，诸如“看病最不难是中国，看病最不贵是中国”“春运铁路一票难求在于票价太低”等论断。而挑战人的常识底线的研究，则通常可以从其研究方法中找到缺陷。

三是对规范研究方法的偏见，丝毫无益于公共管理学科的知识积累。偏见表现为两个极端：一是对规范研究方法的嗤之以鼻和攻击，不断地以口耳相传的方式在学术圈子里流传，冠以“巫术”之名或定量方法失败的案例成为抵制运用规范研究方法常见的原因；二是对自然科学定量化的迷信，使公共管理的研究似乎陷入计量化和模型化的狭窄思想的牢笼之中。就研究而言，“即使是最简单的普通问卷调查，其实也是建立在‘元假设’的基础之上”②。而一些所谓的权威管理学期刊，醉心于通过建模来研究复杂的人类智慧和思维。谭劲松指出，管理学研究者一窝蜂地进行问卷设计和问卷调查，用各种

---

① 熊秉纯．质性研究方法刍议：来自社会性别视角的探索．社会学研究，2001（5）：17～33.

② 潘绥铭等．论方法：社会学调查的本土实践与升华．北京：中国人民大学出版社，2011．25.

表格和数据填满自己的文章，似乎持有数据就获得了真理和解决方案。由于个人的不同研究背景和学识上的主观性，每一个人对于相同事物的理解都具有偏差，甚至是相反的。因此即使进行同一个研究，做出来的问卷和各种表格的侧重点也都不一样，无法对研究对象进行重复观察，最终造成研究结果的不可检验。在无“元理论”基础上，导致方法上的“双向迷失”，即一流管理学期刊多数论文所用研究方法像屠龙术或炼丹术，其成果经不起外部效度检验；三流期刊多数论文所用方法像剪贴术，简单粗糙，不仅研究结论没有价值，而且结构和形式也没有科学性。①

开展公共管理研究，需要厘清两个关系：一是对研究问题的发现、分析和解决等关系的厘清。此三者的关系可以简化为对研究问题因果关系的研究。面对纷繁复杂的公共事务，公共管理研究者的主要任务是找到公共事务内部的因果关系。公共事务内部的因果关系在本质上可以用数学函数关系表达式反映，一般记作：

$$y = f(x_1, x_2, x_3, x_n)$$

这一关系式高度反映出公共事务内部的因果关系的本质。因此，公共管理之所以强调研究，实际上就是对其中各式各样的$f(x)$进行探索的过程。无论谁在何时何地对公共管理进行研究，都可以视为针对特定领域的$f(x)$而作出的探索和努力。

二是对定性研究和定量研究关系的厘清。在对特定的$y = f(x)$界定清楚的基础上，公共管理研究者要做的就是如何求解$y = f(x)$。定性研究与定量研究都是通往求解之路的重要工具。定性研究主要使用访谈或文献资料，采用叙述性手法。与此相对，定量研究则使用社会调查所得的数据，采用统计分析的手法。

方法论是人们认识世界、改造世界的一般方法，即人们用什么样的方式方法来观察事物和处理问题。概括地说，方法论主要解决怎么办的问题。从不同的方法论出发，研究者可能得出不同的研究结论。从研究的角度探究方法论，可分为方法论、基本方法、具体方法和技术具体化。第一个层面的方法论，是自然科学、社会科学等一切科学研究的指导方法。钱学森曾经提到，认识论和方法论并非自然科学所独有，其他学科也离不开它们；而且在现代科学技术中所用的研究方法也逐渐统一了，不能区分自然科学的方法论和社会科学的方法论。在管理研究方法的教材中，管理研究按研究职能划分为描述性研究、解释性研究和方案性研究；按研究目的划分为描述性研究、解释性研究、规范性研究。根据美国公共管理学家杰伊·怀特教授的分类，公共管理学研究存在三种研究取向——解释性研究、诠释性研究和批判性研究，无论选择哪种具体方法，公共管理学研究都要符合这些研究取向的质量标准。第二个层面是基本方法，是方法论走向具体研究方法应用的中介环节。这也是从公共管理知识是什么这一显性科学层次转入公共管理知识如何增长这一隐性科学层次的具体呈现。第三个层面是具体的研究方法和技术，是哲学方法论通过一般科学方法原则应用于研究实践的具体表现。参考吴建南教授的观

① 孙继伟，巫景飞. 论管理学界的研究方法迷失——实践迷失、客户迷失、价值迷失的继续研究. 管理学报，2011，8（2）：164～172.

点，我们建立了三个层次的关系，如图 2 – 1 所示：

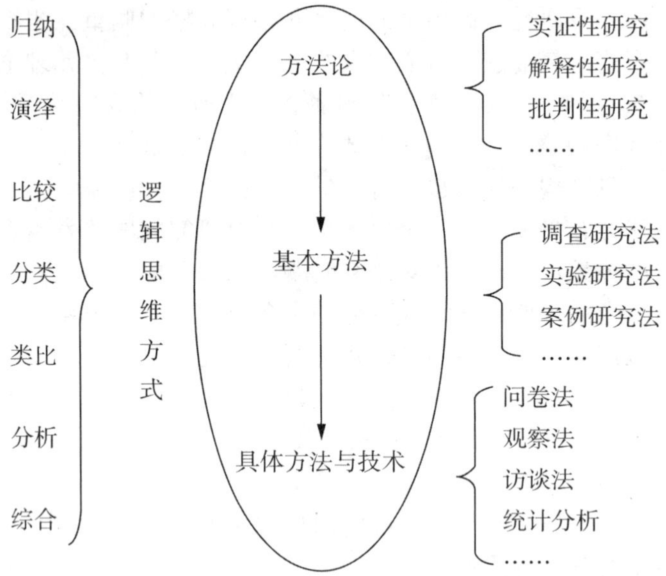

图 2 – 1　研究方法体系

不同的方法论具有不同的特点，在运用时有各自的局限性。在实践中，不同的研究者由于专注于某一种方法论，而被赋予某一学派的称谓，学派之间甚至相互攻击而不能兼容并蓄。我们认为，作为一门新兴的科际整合的交叉学科，公共管理学本身具有宽广的知识背景和多元化的理论基础，尤其是政府绩效评估这一课程，各种方法论都能发挥功效。下面我们重点从由实践构建理论的解释性研究、由实践检验理论的批判性研究、由实践提出对策的描述性研究等三个方面进行阐述，以期为政府绩效评估研究提供指导。

第二节　由实践构建理论：解释性研究

解释性研究，目的在于解释公共事务“为什么会这样”，说明公共事务现象发生的原因，预测公共事务的发展后果，探讨公共事务现象之间的因果联系。在杰伊 · 怀特教授看来，“解释性研究试图构建能够解释和预测自然与社会事件的理论”[①]。通过理论的构建发展一套相互关联并可以验证的法则，这些法则用于说明变量之间的因果关系，在此基础上实现控制自然事件和社会事件的最终目的。根据 Klein 和 Myers（1999）的说法，解释性研究的基础假设在于现实的知识是从诸如语言、意识、共享的含义、文档、工具以及其他人工制品等社会构建中获得的。除了强调现实的社会构建本质外，解释性

① ［美］杰伊 · D. 怀特，盖 · B. 亚当斯. 公共行政研究：对理论与实践的反思. 刘亚平等译. 北京：清华大学出版社，2005. 35.

研究不需要预定义因变量和自变量，它关注依赖情境的人类意义建构的复杂性，它承认研究者和被研究的现象之间的紧密联系以及作用于研究过程的环境约束。它试图通过人类对现象赋予的意义而去理解现象，理解现象的社会情境（Social Context）以及现象如何被社会情境所影响。

解释性研究的逻辑遵循解释与预测的演绎模式与归纳模式。演绎模式是将观察到的事实置于法则的描述中，归纳模式则是用法则的描述来预测特定事件的发生。事实上，演绎模式与归纳模式都可以对公共事务进行解释并使预测成为可能，从而使控制自然事件和社会事件成为可能。我们以《反腐机构绩效制约因素与互动模式：一种解释性分析框架》① 一文为例，分析解释性研究是如何进行解释的。

一开始，作者提出反腐机构的绩效差异为何如此之大的命题。为了预防和清除腐败，各国采取了许多措施，其中之一是建立专门的反腐机构。然而，人们发现，经过一段时期的运转，有些反腐机构成效显著，在反腐倡廉中发挥着日益重要的作用；而另一些反腐机构绩效平平，甚至成为可有可无的摆设。为何具有这么强烈的反差呢？究竟是哪些因素制约了反腐机构的绩效呢？作者认为即使梳理出了反腐机构的绩效制约因素，仍然无法完整、准确地描述和解释各种反腐机构绩效的差异性，因为多种制约因素是相互作用、相互影响、相互渗透的，只有对它们之间的具体作用方式和互动模式进行分析，才能对反腐机构的绩效差异程度及其内在原因提供比较科学、合理的解释。正因为如此，才要对世界上影响比较大、成效比较显著的反腐机构进行分析，剖析影响这些机构运行绩效的具体因素，并对其加以概括和提炼。在此基础上，分析反腐机构绩效制约因素的互动模式，从而建立反腐机构绩效差异的法则。建立的法则不仅是对过去反腐机构实践经验的归纳，而且有利于预测现实生活中正在运行的多种反腐机构，明确其改革思路与发展方向。

该文从那些成效较为显著的反腐机构中归纳出以下五大共同特征：

1. 独立的组织架构：组织运行的体制环境

反腐是对既得利益阶层潜在或现实利益的剥夺过程，注定要遭到既得利益阶层的强烈反对。既得利益阶层通过各种措施，或明或暗地与反腐机构展开针锋相对的斗争。因此，在缺乏独立性的情况下，反腐机构始终难以施展抱负，甚至会沦为权力斗争的牺牲品。此外，在复杂的权力斗争环境中，反腐机构顺利开展工作的前提是它本身必须具有公正性和公信力，不受党派、意识形态等因素的影响，不偏不倚地执行国家的法律。独立性可谓反腐机构公正性和公信力的保障。

反腐机构的独立性主要体现在地位独立、经费独立和人事独立三个方面。地位独立主要指反腐机构不应从属于任何政府机构，也不能与一般的政府机构平起平坐。保持超然和独立的地位，直接对最高权力机构负责，是反腐机构成功的关键。香港廉政公署、新加坡腐败行为调查局即是如此。经费独立主要指单列预算开支，不受政府财政部门的控制或其他因素的影响。人事独立主要是指直接对最高行政长官负责，不受任何团体或

① 陈宏彩. 反腐机构绩效制约因素与互动模式：一种解释性分析框架. 中国行政管理，2013(11). 本处转载时对原文略有删改。

个人的干涉。例如香港廉政公署廉政专员和副专员由行政长官直接委任，公署其他工作人员全部由廉政专员根据行政长官批准的选任条件直接委任。廉政专员享有独立的人事权力，确保廉政公署的工作不受任何团体或个人的干涉。新加坡腐败行为调查局局长由总统任命，在调查局内部，局长享有充分的人事权力。美国纽约市独立的反腐机构“调查部”，是目前存在年代最久的反腐机构之一，甚至早于联邦调查局。调查部专员必须是有良好声誉的律师，尽管他们由市长任命，可一旦上任就有明确的任期，市长不得将之随意撤换。如果撤换，则必须依据市政委员会认可的理由。

2. 符合需要的特殊权力：组织权威的生成基础

若想反腐机构对犯罪主体形成威慑，必须授予反腐机构更完善的调查能力和强硬的执法能力，这才是反腐成功的关键。这些能力主要包括：特别调查权、搜查权、冻结财产权、拘捕权等。越是腐败猖獗的时期，越需要让反腐机构拥有更强硬的权力。当预防腐败的体制得到理顺，法律和制度日益完善，腐败现象基本得到控制，政治廉洁程度得到公民和社会各界认可时，反腐机构在特殊时期拥有的特别权力也就不断得到规范。

3. 充足的资源供给：组织运行的物质保障

机构的运行离不开充足的人力、物力和财力资源保障。首先，反腐机构必须具有一支规模适度、训练有素、精干敬业的反腐队伍。其次，资金的充足是反腐机构开展工作的必要条件。反腐机构的经费预算不仅仅是一个简单的财政问题，从某种意义上讲，它是政治领导人和全社会解决腐败问题的意志的体现。最后，必须拥有现代化的、一流的技术和设备。

4. 惩防结合与德法并举：标本兼治的战略选择

惩罚、预防和教育三者相结合，德治与法治相统一，是从根本上遏制腐败现象，实现标本兼治、政治清廉的理性选择，也是反腐机构能否最终取得成功的重要制约因素。同时，反腐机构必须充分发挥自身的人才和经验优势，致力于法律法规、公共政策和各项管理制度的完善建议之中。这既是不断减少腐败案件、减轻反腐机构工作负荷的需要，也是进一步巩固反腐成效、树立反腐机构权威的需要。

5. 高层与民众意志：组织运行的生态环境

高层对政治腐败程度的认识、制定的反腐法律与政策、对反腐机构的支持力度，民众对腐败的判断、对反腐机构的信心和对反腐行动的参与等，无不影响着反腐机构的运行。高层和民众具有基本一致的反腐要求和意志，是反腐机构成功的重要条件。

在归纳的基础上，陈宏彩教授把五个因素进一步概括为两个方面：一是政治领导层、社会团体和民众对反腐机构的支持（简称“支持”）。独立的组织架构、特殊的权力、充足的资源、积极的政治氛围等都可以作为“支持”的组成成分。二是反腐机构自身的行动（简称“行动”）。反腐机构自身队伍建设、行动计划与策略、对资源的动员与组织等都是“行动”的范畴。以“支持”为纵轴，“行动”为横轴，可以勾勒出二者相互作用的四种主要模式（如图 2 - 2 所示）。

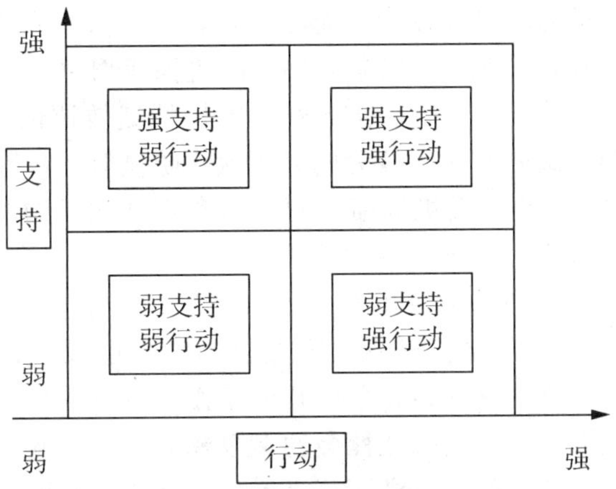

图 2－2　绩效制约因素互动模式

根据“支持”的强弱程度和“行动”的强弱程度，可以组合成“弱支持弱行动”“强支持弱行动”“弱支持强行动”“强支持强行动”四种绩效模式，分别位于坐标图的四个区域。

（1）“弱支持弱行动”是绩效最差的一种互动模式。政治高层停留于“口号式”反腐，表面上有反腐的决心和勇气，但事实上从未给予反腐机构实际而有效的支持。反腐机构缺乏应有的独立性，反腐工作时常受到各种因素的干扰。人力、物力、财力等资源供给非常有限，反腐机构的工作难以开展。造成这种局面的原因或是政治高层和官僚集团乃至商业机构已经形成一个强大的利益集团，或是体制僵化，难以应对各种腐败现象的挑战，不一而足。这种局面为腐败的进一步滋长和蔓延提供了无比肥沃的土壤。

（2）“弱支持强行动”是绩效较差的一种互动模式。政治高层反腐的真实动机并不强烈，但反腐机构意欲有所作为。高层并没有给予政策、法律和资金等方面的支持，反腐机构不具备开展工作的必要政策法律环境和政治文化氛围。民众已经敏锐地洞察到高层的反腐态度和政治安排，对政府的反腐行动表现出某种程度的冷漠和疏远。但是，反腐机构仍然显示了较强的反腐愿望和能力。当然，不管反腐机构积极性如何高涨，离开了高层和社会各界的强力支持，反腐行动最终的成效是非常有限的。更何况，处于权力中心的政治领导人随时可以通过人事变动、政策调整、法律修订等措施限制反腐机构的权力，甚至彻底削弱反腐机构的力量。显然，“弱支持强行动”或许会取得阶段性、局部性成功，但无法真正遏制腐败现象和腐败势力。

（3）“强支持弱行动”是反腐机构绩效制约因素互动模式的次优状态。政治领导人具有反腐的决心和意志，将廉政建设摆在重要的议事日程。廉政建设的法律法规逐步建立和完善，反腐机构也被授予相应的权力和物质资源。民众对高层的反腐态度和决策表示认同与支持，以各种形式主动地参与到反腐行动之中。但是，由于腐败已经根深蒂固，反腐机构的信心和能力遭到前所未有的挑战。反腐机构没有成功运转起来的原因还可能包括：机构负责人缺乏应有的胆识和气魄，害怕来自各方面的阻挠甚至报复；机构缺乏新的调整和整合，传统势力、传统思维占据优势，新的反腐政策很难贯彻落实；机构长期成长在腐败的环境之中，自身的廉洁程度有限，经不起反腐斗争的考验；反腐人员综合素质不高，缺乏反腐经验和技能，无法展开有效的侦查和审查，等等。处于这种状态时，政治领导人要及时采取变革措施，如及时更换反腐机构负责人，对反腐机构进行重组和改革，培养一支精干的反腐队伍，建立严格的绩效评估与问责制度等。“强支持弱行动”随时可能出现绩效转机，成为暂时绩效不明显但存在发展潜力的次优模式。

（4）“强支持强行动”是反腐机构绩效制约因素互动模式的最优状态。政治领导人对反腐有着非常清醒的认识，从国家盛衰存亡的角度认真对待廉政建设。建立了明确、具体的反腐基本目标，配套的政治改革有条不紊地进行。不仅支持建立新的反腐机构，而且通过立法赋予反腐机构独立、权威地开展工作的各项权力，反腐机构的资金、人员、设备等非常充足，足以使其游刃有余地开展工作。政治领导人始终以身垂范，充当廉政勤政的表率，并且极力推动政府和社会的廉政建设。除了政治领导人，以非政府组织、公民为主体的公民社会对腐败同样深恶痛绝，并且通过有序的政治参与积极投身到反腐行动当中。反腐机构不仅通过铁腕治腐取得阶段性胜利，而且注重惩防结合、标本兼治，以卓有成效的工作赢得各方面的信任和支持。同时，反腐机构不是孤军作战，而是与媒体、非政府组织、公民个体进行精诚合作，共同推进权力的规范运行与廉政文化建设。

综合而言，笔者通过归纳模式概括出反腐机构绩效制约因素主要包括组织架构的独立性、符合需要的特殊权力、充分的资源供给、惩防结合的运作模式、高层与民众意志等五个方面。在此基础上，将绩效制约因素进一步归纳为“支持”和“行动”两个方面，以“支持”为纵轴、以“行动”为横轴建立坐标图，勾勒出绩效制约因素的四种互动模式，即发展出一套相互关联并且可以验证的法则：“弱支持弱行动”“弱支持强行动”“强支持弱行动”“强支持强行动”，这些法则可以解释反腐机构绩效差异的因果关系，也为反腐机构的改革与发展提供了行动思路和政策参照，从而使反腐机构改革的思路变得异常清晰。由此可见，解释性研究注重对所研究的各种社会现象或事物的特性、内在联系、成因和规律作出明晰的理论说明或解释。

第三节　由实践检验理论：批判性研究

批判性研究主要通过批判性地反思公共事务所现存的假设、理论价值观和方法，以强烈的批判意识和鲜明的批判立场对公共事务的理论与实践进行反思，指出真与假、善与恶之间的矛盾，从而重构人们的期望，遵循真与善行事。批判性研究不是对推理、论证进行形式分析，而是关注推理、论证的内容，直接就其内容提出批判性问题，进行批判性思考。在某种程度上，批判性研究打破了“正确答案”的传统模式，它不再像以往的逻辑理论那样简单地甚至强制性地去规范人们的思维，而是启发、引导人们自己提出问题，并努力寻求问题的答案，从而形成广阔的思考空间，力求使人们在广泛、深入地思考问题的过程中达到最佳的思维效果。总之，批判性研究方法使人们摆脱了以往的逻辑研究方法和观念的束缚，开辟了推理、论证研究的新天地。更重要的是，它将理论与应用完全结合起来，给人们提供了一种普遍适用的分析、评价、推理、论证，以及可以帮助人们更合理地进行推理、论证的工具。没有从形式转向内容，将有效降为合理，从确定走向不确定这样的思想转变，也就没有从书斋走向社会的可能。①

批判性研究是批判性社会理论的一部分。批判理论经过三个阶段的发展：② 第一阶段是从20世纪30年代初到60年代末的早期批判理论，以霍克海默、阿多尔诺、马尔库塞等人为代表，致力于批判理论构建与工业文明批判。霍克海默认为批判理论不是在唯心主义的纯粹理性批判意义上使用的，而是在政治经济学的辩证批判意义上使用的，因而又称为“批判的社会理论”“批判的马克思主义”。在《传统理论与批判理论》中，霍克海默比较了批判理论与传统理论之间的区别：从理论基础看，传统理论只研究命题之间以及命题与事实之间的相互关系，而批判理论则关注包括人在内的社会整体，并对之进行具体的历史的分析；从理论性质看，传统理论是缺乏批判维度和超越维度的顺从主义，而批判理论则是批判社会的激进思想，是具有批判维度和超越维度的批判主义；从理论目标看，传统理论仅仅是在认同、顺从、肯定社会现实中追求知识的增长，而批判理论则在批判、反叛、否定社会现实中追求社会的公正合理，以求得人的解放和人的幸福。总体而言，早期批判理论家的否定性批判占支配地位。

第二阶段是从20世纪60年代末到80年代中期的新批判理论，以前期哈贝马斯为代表，致力于批判理论重建与现代性批判。早期批判理论仍然以马克思的历史哲学为根据，始终未跳出主体哲学窠臼。然而，运用主体哲学范式反思现代文明问题已经进入了死胡同。所以，需要转变哲学范式：从侧重主体与客体关系、崇尚主体性的“主体哲学”转向侧重语言与世界关系、崇尚主体间性的“语言哲学”，从传统批判理论转向交往行为理论。哈贝马斯对现代工业文明表现出辩护倾向，并试图在现代工业文明校正中重建后期资本主义文明。在哈贝马斯那里，所谓“交往行为”，就是指至少两个具有语言能力和行为能力的主体通过语言或其他媒介所达到的相互理解与协调一致行为，实质上是主体之间以语言或其他符号为媒介通过没有任何强制的诚实对话而达成共识、达到和谐的行为。交往行为的有效性要求：真实性、正当性、真诚性，是交往合理性得以重建的前提条件。因为交往行为理论作为哈贝马斯理论的核心，主要是探讨交往合理性问题。因而从一定意义上说，交往行为理论就是交往合理性理论。在哈贝马斯看来，交往合理性理论可以摆脱主体哲学前提，对黑格尔的“伦理”（Sittlichkeit）进行重建，并可以从中归纳出一种新古典主义的现代性概念，即交往合理性概念，以便作为批判理论的规范基础。他主张用理解、宽容、和解的态度处理不同信仰、不同价值观、不同生活方式、不同文化传统、人际关系和国际关系，因为只有话语民主才是社会交往、文化交流的行为准则，是建立理想、公正、稳定社会秩序的前提条件，是社会文明合理性的基础，是社会合理化的根本标志，是未来文明的发展方向。

第三阶段是自20世纪80年代中期以来的后批判理论，以后期哈贝马斯、维尔默、奥菲、霍耐特等人为代表，实现了批判理论的“政治伦理转向”。这里的“转向”是从研究领域和侧重点而言的。因而，这一“转向”就意味着，在此之前，政治伦理向度在

① 吴坚．批判性思维：逻辑的革命．北京理工大学学报，2007（5）．

② 王凤才．从批判理论到后批判理论——对批判理论三期发展的批判性反思．马克思主义与现实，2012（6）．

批判理论中至多处于边缘地位；在此之后，政治伦理向度在批判理论中处于核心地位。这样，“批判理论三期发展”就意味着，从古典理性主义到感性浪漫主义再到理性现实主义；从激进乐观主义到激进悲观主义再到保守乐观主义；从欣赏、信奉到怀疑、批判再到超越、重建马克思主义；从文化主体哲学到语言交往哲学再到政治道德哲学（“政治伦理学”）；从“批判理论”到“新批判理论”再到“后批判理论”。

我们以革命导师马克思生平最辉煌的著作之一——《〈黑格尔法哲学批判〉导言》① 为例，揭示批判性研究的魅力。

一开篇，马克思寥寥数语便一针见血地论述了已成历史的宗教问题：“就德国来说，对宗教的批判实际上已经结束；而对宗教的批判是其他一切批判的前提。”在此基础上，马克思直指核心所在：“人创造了宗教，而不是宗教创造了人。”他开始了自己的循循推理：“人并不是抽象的栖息在世界以外的东西。人就是人的世界，就是国家、社会。国家、社会产生了宗教，即颠倒的世界意识，因为它们本身就是颠倒的世界。”马克思自问自答式地解答：“宗教里的苦难既是现实的苦难的表现，又是对这种现实的苦难的抗议。宗教是被压迫生灵的叹息，是无情世界的感情，正像它是没有精神的制度的精神一样。宗教是人民的鸦片。”在这个颠倒的世界里，马克思从以往对天国的批判、对宗教的批判、对神学的批判，历史地变成对世俗的批判、对法的批判、对政治的批判。

如果说对宗教的批判使德国人从虚无缥缈的天国回到德国现实的世界，那么要想从这个现实世界获得理性发展，马克思对于德国现状的批判，不是陷入绝对主义的窠臼，而是基于对德国现状的客观分析。当然，批判已经不再是目的本身，而只是一种手段。它的主要情感是愤怒，它的主要工作是揭露。“应当宣扬耻辱，使耻辱更加耻辱。应当把德国社会的每个领域作为德国社会的污点加以描述，应当对这些僵化了的制度唱一唱它们自己的曲调，要让它们跳起舞来！”“应该向德国制度开火！一定要开火！这种制度虽然低于历史水平，低于任何批判，但依然是批判的对象。”正是这样，马克思的批判才不是理性的激情，而是激情的理性。凭借这个充满激情的理性武器，马克思最终找到了让德国和全人类获得解放的物质力量。

马克思对于德国现状的批判，无疑是气势磅礴、宏伟深刻、高屋建瓴的，“批判的武器当然不能代替武器的批判，物质力量只能用物质力量来摧毁；但是理论一经掌握群众，也会变成物质力量。理论只要说服人，就能掌握群众；而理论只要彻底，就能说服人”。所谓彻底，就是抓住事物的根本。但是，人的根本就是人本身。抽丝剥茧一般地批判，马克思找到这种把哲学批判的武器转化为现实武器的批判的实践力量。“必须推翻那些使人成为受屈辱、被奴役、被遗弃和被蔑视的东西的一切关系，一个法国人对草拟中的养犬税发出的呼声，再恰当不过地刻画了这种关系，他说：‘可怜的狗啊！人家要把你们当人看哪！’”

一个充满矛盾的时代，正如狄更斯在《双城记》开头描述的那样：“那是最好的时代，那是最坏的时代，那是智慧的年代，那是愚昧的年代，那是信仰的时期，那是怀疑的时期，

---

① 中共中央马克思恩格斯列宁斯大林著作编译局．马克思恩格斯选集（第一卷）．北京：人民出版社，1972．1～15．

那是光明的季节，那是黑暗的季节，那是希望的春天，那是绝望的冬天，我们眼前应有尽有，我们一无所有，我们都将奔向天堂，我们都将奔向别处。”马克思也说出了同样的经典话语：的确，路德战胜了信神的奴役制，只是因为他用信仰的奴役制代替了它。他破除了对权威的信仰，却恢复了信仰的权威，他把僧侣变成了俗人，但又把俗人变成了僧侣。他把人从外在的宗教中解放出来，但又把宗教变成了人的内在世界。他把肉体从锁链中解放出来，但又给人的心灵套上了锁链。从而引出“哲学不消灭无产阶级，就不能成为现实；无产阶级不把哲学变成现实，就不可能消灭自己”的经典命题。

再以马克思主义最重要的具有人类社会划时代意义的经典著作——《共产党宣言》① 为例：

《共产党宣言》文字虽严肃庄重，但文学色彩相当浓厚，词句如图画般绚丽多彩，像诗歌般饱含情感。“资产阶级在它已经取得了统治的地方把一切封建的、宗法的和田园诗般的关系都破坏了。它无情地斩断了把人们束缚于天然首长的形形色色的封建羁绊，它使人和人之间除了赤裸裸的利害关系，除了冷酷无情的‘现金交易’，就再也没有任何别的联系了。它把宗教的虔诚、骑士的热忱、小市民的伤感这些情感的神圣激发，淹没在利己主义打算的冰水之中。它把人的尊严变成了交换价值，用一种没有良心的贸易自由代替了无数特许和自力挣得的自由。”这种莎士比亚剧作般的排山倒海的语句，让人回味无穷。

资产阶级“抹去了一切向来受人尊崇和令人敬畏的职业的灵光”，“撕下了罩在家庭关系上的温情脉脉的面纱，把这种关系变成了纯粹的金钱关系”。“它的商品的低廉价格，是它用来摧毁一切万里长城、征服野蛮人最顽强的仇外心理的重炮”……多么形象生动的比喻，多么辛辣犀利的嘲讽和批判！

再看看它的结构布局，《共产党宣言》以抒情诗般的句式开头，在层层递进的逻辑推进中开张明义，点出主旨，像古典剧作一般把序幕拉开。以后每章都峰回路转，起伏有致，各有高潮。首先，它高屋建瓴地站在人类社会发展史的高度，全面深刻地论述了资产者和无产者的经济政治关系，讲述了他们的发展由来、现实状况，无可辩驳地得出“资产阶级的灭亡和无产阶级的胜利是同样不可避免的”的历史结论。其次，作者把关注点放在“无产者同共产党人”的关系论述上，详细地阐述了共产党人的最近目的、理论原则和最终的政治目标，有力地批驳了当时资产阶级对共产党人攻击诽谤、歪曲的主要思想观点，在论辩中把共产党人要用怎样的手段去消灭阶级、阶级对立、阶级统治，实现“每个人的自由发展是一切人自由发展的条件”的共产主义的基本政治主张呈现于世。接着，它又针对当时各种非马克思主义的社会主义理论文献，进行全面的理论分析，说明它们同共产党人政治主张的本质区别所在，划出了鲜明的政治理论界限。最后，《共产党宣言》简要地讲述了共产党人对当时一些激进的民主政党的政治态度，申明了自己“到处支持一切反对现存社会和政治制度的革命运动”，愿同这些政党团结起来，为自己的政治目标而奋斗。文章的结尾把通篇热情洋溢的革命激情推向高峰，发出“让统治阶级在共产主义革命的面前发抖吧。无产者在这个革命中失去的只是锁链。他

---

① 参考杨柏榕. 从另一种角度读《共产党宣言》. 求是理论网，2011－05－11.

们获得的将是整个世界”的呼号，以“全世界无产者，联合起来”这样激昂澎湃、铿锵有力的充满感召力的口号而结束，有力地回应了篇首之主题。

行政人员关注批判性研究是因为它指出真与假、善与恶之间的矛盾。这种矛盾最终导致信仰系统和价值系统的变化。① 正是批判性研究这种自我反省的探索逻辑，集中于对公共事务价值性的评判以及应该是什么的规范性陈述，才能对已有的公共管理理论体系和公共管理实践进行积极的反思、批判与创新。

第四节　由实践提出对策：描述性研究

描述性研究，即描述一个公共事务是“什么样的”，它的两个极端是对策性研究与诠释性研究。

对策性研究通常是对“问题、原因、对策”三部曲进行描述，而重点在于构建对策。对策性研究试图运用知识来改进政策的努力往往令人失望的一个重要原因在于，研究者并不了解，甚至根本就没有去了解真实世界的情况，而是关在书斋里想当然。研究者被批评得最多的就是对决策的具体环境知之甚少。而对以将现实抽象化、继而解剖分析这些抽象化了的因素见长（简而言之，以处理资料见长）的研究者而言，要他们通过对具体情境的全面熟悉来还原知识的生命力以提供对策，显然不是他们的长项，甚至不是他们能力所及的。以对策为导向的研究甚至被认为不仅不能指导公共管理的现实，而且给该领域带来了非常深远的恶劣影响。研究者和实践者都不满意，前者是因为没有人听他们的，后者是因为他们没有听到自己想要听的。②

诠释性研究为了弥补对策性研究不擅长具体情境的缺陷而深入问题的情境，改善研究者对公共事务情境的理解。诠释性研究试图理解行为者赋予其社会情境的意义、赋予自身行为的意义及赋予他人行为的意义。诠释性研究的逻辑遵循诠释循环，即意义产生于对整体与部分之间关系和模式的认知。③

无论对策性研究还是诠释性研究，都是对问题、情境、对策等特征与功能的认知和描述，即都属于描述性研究。我们以《中国地方政府绩效评估指标体系研究现状分析——以14个地方政府绩效评估指标体系描述性分析为例》④ 一文为例，分析描述性研究是如何进行描述的。

论文一开始就开宗明义地提出研究的目的在于统计分析中国学术界关于地方政府绩效评估指标体系设计的现状，立足于指标本身的选取情况，探讨中国学术界对地方政府绩效评估内容的整体侧重和看法上的偏差程度，反映绩效评估研究在中国地方政府的改

---

① ［美］杰伊·D. 怀特，盖·B. 亚当斯. 公共行政研究：对理论与实践的反思. 刘亚平等译. 北京：清华大学出版社，2005. 40.

② 刘亚平. 公共行政中的对策研究：批判与反思. 中国人民大学学报，2008（2）.

③ ［美］杰伊·D. 怀特，盖·B. 亚当斯. 公共行政研究：对理论与实践的反思. 刘亚平等译. 北京：清华大学出版社，2005. 37.

④ 林蓉蓉. 中国地方政府绩效评估指标体系研究现状分析——以14个地方政府绩效评估指标体系描述性分析为例. 辽宁行政学院学报，2011（7）：10～12. 本处转载时对原文略有删改。

革和职能转变中，进一步明确政府职能的工作重点，引导政府职能对社会和公众生活产生实质性及深远影响的价值和意义。

回顾文献之后，作者根据截至2007年12月发表的关于中国地方政府绩效评估指标体系的论文，选取了针对地方政府的14个绩效评估指标体系，作为比较分析的对象。其研究思路是立足于指标含义，将不同学者之间设置的具有相同或相近含义的指标要素整合成一项统一的指标，不同含义的指标要素各自独立成体系中的一项指标，力求使指标之间具有低相关性，避免重复，构成具有不同指标含义的指标集合。这一指标集合内含19个一级指标，259个二级指标。将14个指标体系进行分析，在含有259个指标要素的指标集合中，对每位学者指标体系中已经设置的指标记为“1”分，没有设置的指标记为“0”分，制成有关259个指标选取情况的表格，主要进行描述性分析，根据统计分类，比较指标选取的情况，分析当前中国学术界对地方政府绩效指标的选取现状，为进一步探讨指标选取提供依据。其一级指标频数分布如表2－1所示。

表2－1　一级指标频数分布

一级指标	包含二级指标个数（频数）	累计频数（向上累计）	累计频率
经济管理指标	33	33	12.74%
行政管理指标	29	62	23.94%
环境保护指标	22	84	32.43%
社会保障指标	18	102	39.38%
基础设施指标	16	118	45.56%
居民经济福利指标	16	134	51.74%
行政管理成本指标	16	150	57.92%
勤政廉政指标	16	166	64.09%
行政人力资源指标	16	182	70.27%
公共安全指标	15	197	76.06%
科技事业指标	12	209	80.69%
教育事业指标	10	219	84.56%
人口指标	9	228	88.03%
文化事业指标	8	236	91.12%
卫生事业指标	7	243	93.82%
城市化现代化指标	6	249	96.14%
国有资产管理指标	6	255	98.46%
体育事业指标	2	257	99.23%
气象服务指标	2	259	100%

由表 2－1 可以看出，经济管理、行政管理、环境保护、社会保障、基础设施和居民经济福利指标所包含的二级指标，超过了指标集合所含指标的一半。

在二级指标层次上，7 个以上指标体系共同选择的二级指标分别有城镇登记失业率或就业率（11 个）、居民家庭人均收入（10 个）、教育事业费用占 GDP 比重（9 个）、人均 GDP（9 个）、科研发展费用占 GDP 比重（7 个）、刑事案件发生率（7 个）、人均园林绿化面积（7 个）、人口自然增长率（7 个）、GDP 增长率（7 个）、行政管理费用占地方财政支出（7 个）、公众满意度（7 个），显示出学术界对中国地方政府绩效评估的重心主要集中在关系居民生活、公共安全，科教事业以及公众满意度上。35 个看法较为一致的关键性指标中，投入指标占 4 个，产出指标占 6 个，效果指标占了 25 个，显示出中国学术界在政府提供公共产品及服务，特别是在对公众与社会产生真实和长远影响的层面上达成了较为一致的看法。

不同的研究方法无优劣之分，各有所长，也各有局限，不必厚此薄彼。对中国公共管理研究方法的争论自学科建立之初就已经开始。早期存在思辨研究多、定量研究少的现象，在进入 21 世纪以来迅速发生转变，实证性定量研究方法开始“一统江湖”。实际上，目前关于研究方法的争论已经不再是定性与定量的简单的孰是孰非的争论，该争论不但是国外相关争论在国内的延续，还跟这种争论难以改变国内定量研究的主流局面有关。中国目前管理学研究的重要特点是重视定量研究、忽视定性研究，而定性研究中又非常缺乏对国际主流学界认同的规范方法论的运用。而过于偏重定量研究的倾向与缺乏规范的定性研究方法论有关，因而构建中国公共管理学理论，尤其是开展政府绩效评估的理论与实践工作，亟须开展规范的研究工作。

同样，《地方政府绩效评估指标的设计与筛选》① 一文亦是如此：论文一开始就提出我国是一个开展政府绩效评估的新兴国家，各种政府绩效评估制度正处于日趋发展和不断完善的探索性阶段。相对于西方较为规范和成熟的评估制度而言，我国政府在绩效评估制度的规范化以及评估主体、内容、方法、标准的科学化方面还有待改进。其中最突出的问题是：其一，评估存在主观随意性，缺乏统一的制度，各地区、各部门之间的评估标准千差万别，未形成一套完整统一的绩效评估体系，既无法准确衡量政府的实际绩效，也缺乏可比性；其二，评估指标缺乏科学性，评估内容存在片面性甚至误导性，没有真正起到引导政府工作向科学化、理性化方向发展的作用。作为政府绩效评估的核心，绩效指标体系的建构决定着整个绩效评估的科学程度，同时影响着政府工作的科学程度。因此，构建一套科学合理的指标体系是进一步推进我国政府绩效评估实践并逐步趋向科学化的关键所在，它决定着整个政府绩效评估工作的成败。

通过文献评估，笔者发现当前国内学术界和实践界对地方政府绩效评估指标体系的研究尚处于摸索阶段，其中缺陷包括：①指标体系不统一，各地差异较大。当前，我国各级政府的绩效评估活动多处于一种自发的状态，缺乏相应的法律、制度保障，更没有形成统一化、标准化、规范化的绩效评估制度，评估的随意性较大，主观性较强。地方

① 倪星. 地方政府绩效评估指标的设计与筛选. 武汉大学学报（哲学社会科学版），2007（3）. 本处转载时对原文略有删改。

政府往往根据主管领导的意志出台指标，导致各地的评估内容、评估方法、评估标准及评估重点千差万别。地方政府各自为政，评估结果缺乏可比性，中央和上级无法根据各地的评估结果综合分析其发展状况及存在的差异，各地之间也难以进行经验交流。②指标设计主体单一，缺乏代表性。在一般情况下，我国地方政府绩效评估的指标体系均由政府自身来设计，由上一级政府为下一级政府制定绩效指标。首先，这会导致下级缺乏有效的参与途径，只能被动地按照上级决定的评估重点和评估标准来安排自身的工作，不能有效地调动其积极性和主动性。其次，上下级政府之间存在着信息不对称，单纯由上级主导容易忽略地方的实际情况，制定出不合时宜的指标，对下级政府的评估也就缺乏合理性。再次，单一的设计主体容易出现主观臆断的情况，有时领导者的个人意志就决定了指标的设置，缺少对被评估者、社会公众、专家学者意见的综合和借鉴，使评估标准缺乏科学性。③指标内容的泛经济化，扭曲了评估方向。片面强调经济指标，将经济发展等同于政绩，是目前我国地方政府绩效评估指标中存在的另一个问题。过于偏重经济指标，反而可能歪曲绩效评估的本意。④指标数据缺乏真实性，水分较大。现有的地方政府绩效评估过于依赖定量标准，忽视了更重要的公众满意度等定性指标，加之绩效评估结果与地方政府领导个人仕途之间的紧密联系，导致了大量的“数字政绩”现象。

作者通过总结现实中各种评估指标及学术成果的优缺点，在政治合法性基础转型所带来的新的价值标准指导下，从投入—管理—产出（结果）的框架出发，设计一套地方政府绩效评估指标体系，建构出一套较为完整的、合理的、包括140个指标的地方政府绩效评估指标体系。依据对党政机关工作人员问卷调查的结果，运用相应方法对该指标体系进行了筛选，最终得出一套较为精简的、包含65个指标的地方政府绩效评估指标体系。

第三章　政府绩效评估方案的形成

学者在论及政府方案形成时，一般都关注决策过程本身，而对于“为什么有些事情被提上议事日程，而另一些却没有?”“问题是如何引起政府官员关注的?”等非常关键的问题却长期忽视，没有一个令人满意的解答，使得本来有“黑箱运作”嫌疑的公共政策系统更加迷雾重重。因此，对政府绩效评估过程中的核心环节——政府绩效评估方案的形成进行探究，具有拨开迷雾之效，需要梳理清楚。

第一节　政府绩效评估方案概述

当前有关政府绩效评估应用性的研究浩如烟海，但是对政府绩效评估的理论研究却寥寥无几。政府绩效评估毫无疑问已经成为行政体制改革和推进政府目标实现的管理工具，然而，现有大多数研究是描述性的而不是基础性的，主要是对为什么评估—评估目的、评估什么—评估指标、谁来评估—评估主体和如何评估—评估方法五大问题的描述。一些学者通过引入平衡计分卡、360 度绩效考评等工具来增强其技术性，却又陷入了以工具解释工具的困境。工具本身意味着一种被动，工具论使得政府绩效评估丰富的价值理性的意义实际上被降低了。“公共行政研究缺乏主流研究的严谨性。除了这种方法上的缺陷外，他们还发现公共行政研究集中于讨论与专业实践相关的问题或议题，而不是发展或验证理论命题。”① 这似乎也是对公共管理更为具体领域的政府绩效评估研究的真实写照。

一、方案形成的概况

政府绩效评估方案涉及诸多方面的问题，具有技术复杂、专业性强、影响面广等特征，因此在形成政府绩效评估方案时需慎之又慎。我们以某市绩效办关于政府绩效评估方案的起草说明为例，② 展现其情况。

某市绩效办关于政府绩效评估方案的起草说明

1．起草背景

建立政府绩效管理制度是党中央、国务院在新世纪、新阶段提出的一项重要战略任务。党的十六大、十七大以及中央的有关重要会议对绩效管理工作都作出了重要部署，

---

① ［美］杰伊·D. 怀特，盖·B. 亚当斯. 公共行政研究：对理论与实践的反思. 刘亚平等译. 北京：清华大学出版社，2005. 62.

② 这是我们课题组承担某市政府绩效评估方案设计工作时辅助该市绩效办形成的起草说明，引用时略有删改。

提出了明确要求。“十二五”规划纲要又将上述要求具体化为“推行政府绩效管理制度，实行综合评价考核，充分发挥绩效评估对推动科学发展的导向和激励作用”。党的十八大工作报告中提出“创新行政管理方式，提高政府公信力和执行力，推进政府绩效管理”。这意味着在今后相当长的一段时间内，推进政府绩效管理将成为各级党委政府的一项重要工作。2011年，国务院批复同意建立政府绩效管理工作部际联席会议制度，提出明确的工作要求。今年初，我市被列为省的试点地区之一，承担省政府绩效管理工作先行先试的任务。为贯彻落实党的十八大精神和省纪委监察厅开展绩效管理试点工作的统一部署，按照《市绩效管理试点工作实施方案》的要求，围绕我市当前全面推进转型升级，提升城市核心竞争力，保障和改善民生，加快建设“先进制造基地、产业服务中心、岭南文化名城、美丽幸福家园”等新发展、新要求，建立科学的绩效管理制度，不断提高我市各级党委政府的管理和服务水平，提升公信力和执行力，我办草拟了《暂行办法》及配套文件，并已征求各区和市级各单位的意见。

2. 起草思路

根据我市绩效管理工作的实际情况，采用了两类模式分别对市级单位和区级单位开展绩效评估工作。

市级单位绩效评估按照贯彻责任、服务、公信和人民满意政府的执政理念，体现结果导向、标杆管理与公众满意度相结合的思路构建。具体体现在以下方面：一是中心工作与职能工作相结合。以职能为依据，以全市中心工作为导向，构建绩效评估指标体系。指标体系充分体现党委和政府部门的核心使命和职能职责，突出检验职能发挥和履职实绩，同时围绕市委、市政府关于加快经济社会发展的决策部署，重点反映贯彻落实的具体任务目标。二是共性与个性相结合。既要反映不同单位工作的共性，具有可比性，又要注重不同单位的个性，增强增长性，体现差异化。评估指标计分方法横向、纵向比较相结合，突出反映被评估单位自身工作的进展情况。将所有单位分成经济建设与管理类、社会建设与管理类、党群综合类、中央和省驻我市单位（含军分区机关）四类，实行分类管理。三是客观与主观相结合。全面评估各单位在客观上“做出了什么成绩”和社会公众、服务对象在主观感受上认为各单位“做得怎么样”，增强绩效评估的民意导向。四是结果导向与过程优化相结合。既注重对各单位履职效果的评估，也关注对履职过程的规范性管理，对目标进度进行实时动态管理，督促各单位在“能干事”的同时做到“不出事”。

对各区的绩效评估体系建设思路：一是严格遵循绩效管理的规范内涵。包括：有效界定绩效评估与目标考核的关系；体现结果导向和公众满意导向；满足“4E”（效果性、经济性、效率性和公平性）结构。二是体现体制内自上而下的评估特点。包括：评估目标完成程度，强调上级领导评价全面性，指标数据可得性。三是反映政府投入、过程与结果的逻辑关系。四是指标体系维度与层次内涵明晰。五是共性指标和个性指标相结合，体现各区发展的差异性。六是尽量体现纵向对应（省→市→区）的连续性，充分吸收历年市对区的考核指标。七是客观评价和主观评价的统一。

3. 起草过程

根据党中央、国家和省政府等的要求，结合我市实际，草拟了《暂行办法》及其配套文件。由于绩效管理工作涉及面广、专业性强，从2012年初开始，市绩效办就迅速部署开展绩效管理工作。一是成立机构，制定方案。成立了由市长任组长，市委副书记、市纪委书记、市委组织部部长、常务副市长、分管监察工作的副市长任副组长的绩效管理试点工作领导小组，成员单位包括市纪委监察局等15个部门，市绩效管理办公室设在市纪委监察局。5月，市印发了《绩效管理试点工作实施方案》。二是进行了全面调研，会同第三方评估机构，成立专题研究小组。6月初起，专题研究小组以深度访谈、专题座谈等形式赴各区和各部门调研，举办深度访谈16次，座谈会26场次，访谈各区主要领导10人次、89个市级单位、30个区直单位，并撰写了调研报告，提出定位清晰、科学合理、操作可行的绩效评估组织体系与技术体系。三是组织召开绩效管理试点工作动员大会，省纪委监察厅相关领导出席并作工作指导。四是向省纪委监察厅作专题汇报，听取上级指示和意见，获得上级机关的支持。省纪委监察厅领导多次到我市调研，提出明确要求和殷切期望。省纪委效能监察室专门针对我市开展绩效管理工作中遇到的难点问题，撰写了专题信息报省有关领导，省委、省纪委领导对此问题都作出了重要批示。五是开展问卷调查，广泛征求意见。10月，分别对各区、市直各部门和绩效理论专家共发放376份《绩效评估指标体系遴选及权重分配专题咨询调查问卷》，为制定《暂行办法》及指标体系提供重要依据。召开绩效管理工作推进会，组织各区、市级各单位和军分区等93个部门对《暂行办法》及指标体系进行专题辅导，并发各区和市级所有部门征求意见。收回各有关部门反馈的具体建议80条，专门召开会议进行整理研究。

4. 重点问题说明

其一，绩效管理统一平台。市绩效办按照《绩效管理试点工作实施方案》和动员大会的部署及要求，将我市开展的各类考核统一到绩效管理平台，实行绩效评估“三统一”，即统一评估组织体系、统一评估技术体系和统一结果运用。以绩效管理为平台统筹各类考核评估工作，原则上，全市各类考核评估工作均应纳入绩效评估体系中，统一组织实施，今后各单位提出新的考核项目需报市绩效管理试点工作领导小组同意或备案，避免多头考评、重复考评。

其二，绩效评估流程与方法。对各区和市级单位进行绩效评估的流程包括绩效目标申报、目标审核、目标下达与公布、目标任务实施和过程监控、单位自评、绩效评估、结果运用和绩效学习与提高等关键环节。绩效评估采取指标评估、社会评估、领导评估、机关评估、专家评估和察访核验的方法，开发绩效管理信息系统自动生成客观指标的得分，并通过组织公众、领导和专家等进行主观评估，最后综合得出评估结果。市绩效办将评估结果反馈各单位，各单位根据反馈意见开展绩效学习，不断改进工作，提高绩效水平。

其三，指标体系、权重设计路径与方法。指标体系的设计路径与方法包括前期调研、指标体系初定和专家咨询调查3个步骤。首先，开展前期调研。通过前期调研，总结了我市开展绩效评估的经验教训，发现了存在问题，为构建定位清晰、科学合理、操作可行的绩效评估指标体系提供依据。其次，开展指标体系设计。指标体系设计参考西方国家绩效评估的通用“4E”模型和平衡计分卡的理论逻辑，将评估分为主观评估和客观评估两个维度，进而推导出针对机关单位的业绩、效率、规范、成本和服务满意5个一级指标以及针对各区的经济建设、城市建设、社会建设、政府建设和社会评价5个一级指标，再以此为基础分解出若干二级指标和三级指标。最后是专家咨询调查。专家咨询调查是进行指标遴选和指标权重确定的重要科学方法。具体做法是将初步设计出来的指标体系转换成专家咨询问卷，选取一定数量具有代表性的专家进行问卷调查，通过对调查结果的统计分析，遴选产生最重要的指标和确定各指标的权重系数。本次调查的对象包括市各级政府、各部门的领导与一般公务员，以及从事行政管理学研究的理论专家，共376人。利用社会科学统计软件包（SPSS软件）对本次调查获得的数据进行统计分析，遴选产生各项评估指标及其权重系数，作为最终指标和权重的重要参考。

其四，评分方法。区级绩效评估的指标评分按照“存量与增量”相结合的原则，全面反映各区工作目标完成情况和工作改善情况，以及与其他区的横向比较情况。市级单位绩效评估的指标评分按照“水平分、横比分、纵比分”相结合的原则，最终得分取决于目标完成程度、本单位该项指标的历史最高得分、其他单位该项指标的最高得分，是“自己与自己比、自己与别人比”的综合得分。

由上述可知，政府绩效评估方案的形成背后有许多工作要做，但呈现在公众面前的只是拟定好的方案而已。要探究政府绩效评估方案形成的实质，还需深入到政府绩效评估方案形成工作的实际中去，体验具体事务的情境，才能把握政府绩效评估方案形成的来龙去脉。

二、试点工作研究的设计与方法

为了响应由监察部牵头的政府绩效评估试点工作，广东省于2012年初发文，决定开展试点工作。广东省相关地方试点工作的启动时间不相上下，试点工作的要求基本是一致的。然而，经过一年多的试点工作，我们对多个试点地进行了跟踪研究，发现试点工作的结果大相径庭。学术界早已用“上有政策、下有对策”的老一套来分析政策的变异，但大多是从公共选择理论、博弈论等理论进行演绎和解释。在已有的文献中，很少有深入事件去对具有影响决策能力的官员的言行变化进行归纳的研究。学者们对由于官员言行不断升级变化而导致政策变异的原因和途径的了解也相当有限。在本章中，我们试图深入政府绩效评估试点工作实践，通过了解因官员言行变化而使各地政府绩效评估起点相同但结果相异的原因和途径。

许多政府绩效评估的研究者和实践者对其所广泛使用的概念既充满憧憬又略显无奈，原因在于现有大部分政府绩效评估分析模型不是一个因果关系的模型，模型中没有明确地说明结果为什么如此。为了超越这种“教科书的方法”，萨巴蒂尔发展了一种倡议联盟途径，提出“信念体系决定了一个政策倡议联盟寻求影响政府项目的努力方向，政策倡议联盟的能力则主要取决于其自身的资源。这些资源包括资金、专长、支持者数量、法律权威”①。倡议联盟框架作为一种分析的理论工具，聚焦于倡议联盟之间的互动

① ［美］保罗·A. 萨巴蒂尔等. 政策变迁与学习：一种倡议联盟途径. 邓征译. 北京：北京大学出版社，2011. 29.

作用，每一个倡议联盟都是由来自政策子系统的不同行动者组成，他们拥有一套共同的政策信仰。在倡议联盟框架下，政策变迁是子系统内部竞争与外部事件影响的共同结果。倡议联盟框架已经被应用到至少近百个案例中，除作者自己应用以外，大部分是其他学者或应作者要求或主动进行应用的，所有这些案例分析都具有相当的严肃性。总体而言，倡议联盟框架起步于美国的能源和环境政策领域，但从 20 世纪 80 年代后期就开始逐步从美国扩展到欧洲，迄今为止已经遍及各大洲，适用于经济、社会、健康等主要政策领域，成为当前公共政策绩效评估研究的前沿与热点之一。①

需要着重指出的是，拥有资源是一回事，如何运用资源则是另外一回事。任何一项政策都是为了相应问题而存在的，在实践中，经常可见的是格斯顿所描述的“象征性问题是有关政治价值的决定，而实质性问题则涉及政府资源的分配”② 这种情况。同时，高层决策者（指党委常委，他们决定着试点政策方案最后的通过与否，其中党委书记和行政首长最为关键）与中层决策者（指试点工作领导小组办公室成员，负责具体工作）两个不同的关键倡议者联盟决定了政府绩效评估试点结果的走向。

本研究最初只是将重点放在如何最大程度实现改革意图的政府绩效评估制度设计上，然而，随着试点工作的推进，一些单位开始产生完全不同的观点和结果，于是，捕捉每个单位变化的细节和实质便成了重点。我们认为，公共一致性是指政府（官员）针对公共事务进行管理的过程中，通过使用公权力，以奖励或惩罚等方式促使体制内官员或体制外公众的行为和表现趋同的一种状态。此种状态既存在向好的方面发展的可能，如形成共识；也存在向坏的方面发展的可能，如形成伪善。本研究主要探讨的是在体制内官员达成的公共一致性。在公共一致性理论的基础上，我们整合了萨巴蒂尔的倡议联盟的理论观点，以期识别在试点单位所观察到的结果类型。我们所跟踪的四个试点单位起初都不太了解政府绩效评估为何物，后来逐渐在制度设计的实践中形成了自己的模式。有的大刀阔斧展开了“绩效评估革命”，有的徒有其表、做做样子，有的则边试边看，不尽相同。

依据象征性的或实质性的属性，以及高层决策者与中层决策者两个不同的关键倡议者联盟划分，可以将试点结果分为四种不同类型：

类型 1 是高层决策者与中层决策者都是象征性地对待政府绩效评估试点，只是为了应付上级的任务，纯粹做做样子而已。

类型 2 是高层决策者象征性而中层决策者则实质性地对待政府绩效评估试点，这种情况下的试点工作几乎由中层决策者操控。

类型 3 是高层决策者实质性而中层决策者则象征性地对待政府绩效评估试点，这种情况下的试点工作将存在很大的变异，既不会如高层决策者所愿，也很难如中层决策者所意。

类型 4 是高层决策者与中层决策者都是实质性地对待政府绩效评估试点，如果双方

---

① 朱春奎等. 倡议联盟框架理论研究进展与展望. 复旦公共行政评论，2012（1）.

② ［美］拉雷·N. 格斯顿. 公共政策的制定：程序和原理. 朱子文译. 上海：重庆出版社，2001. 53.

意愿一致，将最大程度实现试点工作。

本研究依据“如果没有研究焦点，就很容易迷失在海量数据中”“每个案例都类似一个实验，多个案例类似多重实验”①，而且“案例研究法适合用于研究发生在当代但无法对相关因素进行控制的事件”②，因此最适合的研究方法就是案例研究。

本研究的数据来源于四个案例发生地甲市、乙市、丙市和丁区：①各中层决策者的访谈、讨论；②一些主要高层决策者的访谈和观察；③由于不能参与向市委常委的工作汇报会，所以部分数据来自市委书记市长的录音记录；④结构性问卷调查。参加中层决策者领导小组会议甲市有14次，乙市有2次，丙市有5次，丁区有8次；参加高层决策者访谈甲市、丙市、丁区各有2次，乙市1次。在访谈中，通常通过笔录记下关键的用语、数据和观点，最后通过小组成员对照各自笔录来尽量保证访谈记录的准确性和完整性。当然，数据只有在访谈、讨论和观察同时符合时，才会被本研究选用，以保证效度。否则，容易出现官员言行不一致而导致结论无从判断的情况。

第二节　方案制定阶段：中层决策者的关键定位

政府绩效评估工作动员大会召开即意味着工作的正式开展。本次试点工作是政府的绩效管理，所以由行政一把手担任组长。动员大会主要是行政首长强调统一思想、抓好落实、加强领导等，这是一种具有象征性的表态。我们仅以某市市长，即绩效领导小组组长在动员大会上的讲话为例，说明其关注的重点是什么。

某市市长在政府绩效评估工作动员大会上的讲话

同志们：

刚才，××同志对绩效管理试点工作进行了部署，明确了目标任务和要求，讲得很具体、也很务实，我都赞同。等会儿，省纪委××同志还要给我们作指示，请大家一定要认真领会，做好贯彻落实。下面，我谈几点意见。

一、要准确把握绩效管理的内涵和实质

……今天我们所要推行的绩效管理也是一场全面的、系统的、触及管理体制的改革。绩效管理与以往相对单一的绩效考评主要有两点区别：一是绩效管理既关注体制改革，也实现对改革的优化。……传统的考评只停留在“你做了什么，我就考你什么”，造成一些部门在开展工作时“不能创新、不好创新”。绩效管理侧重引导部门应该管什么、怎么管好、如何调整工作，致力于寻求一个新的治理模式、一种新的管理机制，加快政府职能转变，使党委政府能够更好地配置资源。二是绩效管理既关注内部管理，也注重社会改革。内部的考评考核工作只能把政府内部各方面的事务管好、管细，远远未

---

① 李平，曹仰锋主编. 案例研究方法：理论与范例　凯瑟琳·艾森哈特论文集. 北京：北京大学出版社，2012. 5，14.

② ［美］罗伯特·K. 殷. 案例研究：设计与方法. 周海涛主译. 重庆：重庆大学出版社，2004. 10.

能满足广大群众的要求。开展绩效管理就是要把政府从繁重的行政事务中解放出来，改变大包大揽的做事风格，让该做的或不该做的有个标准。哪些该社会管的，哪些该还权于民的有个尺度。明晰我们的工作离群众的要求还有多远，如何去改进，开展绩效管理就是要提高政府的引领能力，形成“大部门—小政府—大社会”的格局，党委政府要轻装上阵，集中力量办大事，以群众满意度为出发点，做好政府应该做的工作。

二、要深刻认识绩效管理改革的现实意义

我市开展绩效管理工作，是立足当前、着眼长远作出的一项重要部署，对推动行政管理体制改革、增强党政决策的执行力具有十分重要的作用和意义，我们一定要从政治和全局的高度，充分认识推行绩效管理制度的重要性和紧迫性，切实增强做好绩效管理试点工作的责任感和使命感。

（一）推行绩效管理制度是贯彻落实中央和省统一部署的必然要求……

（二）推行绩效管理制度是深入贯彻落实科学发展观、推动经济社会又好又快发展的重要保证……

（三）推行绩效管理制度是深化行政管理体制改革、提升政府管理水平的重要举措……

（四）推行绩效管理制度是顺应人民群众对政府工作新期待、提高政府执行力和公信力的重要途径……

（五）推行绩效管理制度是促进机关作风转变、加强政府勤政廉政建设的重要抓手……

三、要积极推进具有我市特色的绩效管理模式

各级各部门在绩效管理的实践中，要致力于打造具有我市特色的绩效管理模式，必须抓好关键环节，突显优势，构建定位清晰、科学合理、操作可行的组织体系和技术体系，努力为全省的绩效管理工作探索经验，提供示范。

同志们，通过这次动员大会，希望大家把绩效管理这项改革工作摆在重要位置，纳入全局谋划推进，不断创新工作思路和工作方法，探索出一套具有我市特色的绩效管理制度措施，努力为全省推行绩效管理制度提供经验。谢谢大家！

行政首长布置工作后，领导小组及成员、领导小组办公室随之成立，作为承担试点任务的统筹安排、组织保障工作。然而，实践中行政一把手是没有足够多的时间和精力去直接负责政策决策方面事务的，因而一般都由常设机构——领导小组办公室的成员负责，方向性的问题才由党委、政府领导确定。这在四个试点地是一致的。

在初始阶段，高层决策者一般只是提出“要去做”等一些原则性、方向性的要求，而具体“怎么做”则不会涉及，所以高层决策者仅仅起到象征性的作用。试点工作如何定位则取决于中层决策者。中层决策者由不同单位的人员构成，由于常设机构是在监察局，所以中层决策者又取决于监察局负责人。同时，由于监察局局长作为一把手通常不会完全负责，一般委托一位副局长全程跟进和具体负责，因此，此时具体负责的监察局副局长的定位将决定政府绩效评估工作的发展走向。

甲市是试点最为彻底的。我们一开始就注意到其中的两位核心人物：领导小组办公

室主任——市纪委副书记兼监察局局长、副主任——监察局副局长。尤其是监察局副局长J，几乎是试点工作的灵魂人物，对方案的每一个主要环节都与课题组进行详细的探讨，以达到无懈可击。萨巴蒂尔和詹金斯·史密斯把政治精英的信念体系进行了内部划分，把信念分为三类：①由根本的、规范的原则理念所构成的根本核心，它是一个人的基本价值体系；②接近（政策）核心的基本战略和政策定位，它们以在政策领域子系统中实现根本核心理念为目标；③由各种必要的工具性的决定和信息搜索所构成的一组次要方面，它们以在特定政策领域实施政策核心理念为目标。[①] J多次提到“要把此次试点定位于体制改革的高度”，他成功地将政策参与者（科研团队、领导办公室成员）纳入一个倡议联盟，使政策参与者在将此次试点作为体制改革这一定位上达成共识。同时，这个倡议联盟也成功地将甲市试点工作的组织评价权、指标体系和结果运用三统一原则写进了市长的动员大会讲话稿。由于公权力越强势，公共一致性越容易达成，市长的动员大会讲话稿巩固了倡议联盟的核心理念。

乙市的监察局负责人Z虽年富力强，处事却安之若素，一开始就对试点工作定了位：只要市长这一届能够将方案做好就可以了。基于此种定位，截至本研究考察的试点工作已进展一年，乙市还没有启动调研计划。

丙市一开始准备很充分，与市图书馆合作编写了几本厚厚的绩效管理资料作为参考，并找了几家科研机构分别承担设计任务，以最终综合各家方案。然而，由于试点的主要承担者只是强调这是“市委书记抓的，要把方案做好”，却没有提出根本的、规范的原则理念，也没有将三家科研机构整合进一个具有核心理念的倡议联盟，因此，试点结果只是将这件事完成即可。

丁区的试点工作由监察局副局长D全程跟进，D的态度也非常关键。因为有甲市的经验，所以一开始我们就为丁区提供了两种方案：一种是学习甲市的做法，实现组织评价权、指标体系和结果运用三统一，进行真正的改革，减少基层的负担；一种是维持其他考核不变，新增一项考核评价，但我们不建议这样做。D的态度一开始并不明朗，希望既不要增加基层的负担，又可以完成上级交办的试点任务。按照他的说法是：不能自找麻烦去减掉已有的一些考核，也不要新增一项考核，要从已有考核中提炼出能够反映绩效内容的指标。这个思路一直贯穿于整个过程，成为试点工作的核心理念。

在试点的初始阶段，中层决策者能否形成政策的倡议联盟很重要。能否形成具有核心理念的倡议联盟将取决于承担试点工作的监察局领导。我们注意到，甲市监察局副局长J是一个年富力强且具高学历的领导，还有晋升的空间，其话语中总是充满对试点未来的美好描绘。而丙市主要承担者和丁区副局长D都已年过五十，几乎不会再有政治发展的前途。乙市负责人虽年轻，话语却与丙市和丁区负责人如出一辙。他们的语言经常是一些诸如“不要惹麻烦”“完成任务即可”等被动式、否定性的语言，这是官场典型的明哲保身式话语。心理学中的“启动效用”显示，常见的语言或动作会不知不觉影响其想法和感觉，这可能就是他们虽年龄不同但想法和行为却趋同的原因所在。

---

① ［美］保罗·A. 萨巴蒂尔等. 政策变迁与学习：一种倡议联盟途径. 邓征译. 北京：北京大学出版社，2011. 31.

虽然中层决策者的个人特征是否影响试点工作的结果还有待进一步观察，但是，根据在同样的制度环境中只是由于中层决策者个人的因素导致试点工作定位不同的事实，可以认为：试点工作的结果主要是由决策者个人而非制度决定的。

关于政策方案到底是怎么被提上议程的研究成果丰硕。国外学者库玻等认为大致有这样一些途径：系统途径、权力途径、决策制定途径以及团体途径。戴伊提出了制度模式、过程模式、理性模式、渐进模式、团体模式、精英模式、公共选择模式和博弈论模式，并对公众、精英、大众传媒之间的互动进行了剖析。国内学者陈振明则将政策活动者分为官方的（包括立法机关、行政机关、执政党、司法机关）和非官方的（包括利益团体、公民、大众传媒）。王绍光通过对议题重要性进行排序的方式将其分为传媒议程、公众议程和政策议程，其中关键人物各为传媒、公众和政府官员。并进一步划分为“关门模式”“动员模式”“内参模式”“上书模式”“借力模式”和“外压模式”，不一而足。官方显性决策者、官方隐性决策者、公众、大众传媒是这些学者共同认为的政策议题的核心参与者。如果一个方案是由显性决策者提出，那么它几乎就已经成为政策议程了；如果一个方案被显性决策者忽视，那么它成为政策议程的概率就微乎其微。

第三节　方案形成阶段：中层决策者的调试

公共一致性理论指出公共一致性的达成既有向好的方面发展的可能，也存在向坏的方面发展的可能。虽然“好”与“坏”是一种主观的判断，但是通过公共管理理论可以得出：

命题1　公共一致性若是建立在公共精神的基础上，以维护公共利益为导向，那就是正确的；若是建立在官场禁忌的基础上，以维护部门或私人利益为导向，那就是错误的。

政策方案是路线图，无论高层决策者和中层决策者是什么姿态，最终都会反映到政策方案中。因此，政策方案既是政策参与者的角斗场和反射器，也是公共一致性的表现。政府绩效评估政策主要涉及组织评价权的归属、指标体系的确立等内容，同时，也在讲述一个权力争斗的故事。谁掌握了组织评价权，谁就掌握了主动权；谁成功地将部门指标纳入指标体系，谁就拥有了“尚方宝剑”。虽然行政首长是政策起草的组长，但没有参与政策制定的研讨会，只接受领导小组办公室主任的单独工作汇报，所以试点政策方案的形成是中层决策者相互调试的过程。

心理学上有个经典实验，一组学生被问：你最近觉得幸福吗？你上个月有多少次约会？结果显示约会次数与幸福之间的关联度几乎为零。另一组学生也被问到这两个问题，但次序正好相反：你上个月有多少次约会？你最近觉得幸福吗？这一组的结果完全不同。在这种顺序下，约会次数和幸福感之间的关联度非常高。这就是心理学中的替代作用：他们将被问到的问题替换成了另一个自己心中已经有了答案的问题。[①] 在公共政策形成中也存在这样的替代作用的问题。毋庸置疑，如果毫无规则地任由部门争斗，替代作用就会产生，部门争斗所形成的方案一般是以维护部门或私人利益为导向的，导致政策方案本身会受到诟病。如果先树立规则，因方案而产生部门争斗，即使有瑕疵，政策方案也能够得到认同。

甲市中层决策者召开领导小组会议超过 14 次，每一次都对课题组提交的方案各关键部分进行详细讨论。副局长 J 几乎每次都善于发现方案的优点和不足，并为其赋予改革的意义。当领导小组其他成员提出相关意见时，他总是在承认“有争论是好事，代表政府绩效管理工作具有重要的作用”的基础上，从利益的角度分析争论的根源，并以此进行解决。甲市的每一次讨论都比较开放和充分。例如，同是领导小组成员的市委办领导建议增加“督办事项进度效率”的指标，但经过讨论认为这项过程性的工作并不需要单独设置指标，因此没有被采纳。

乙市的 2 次中层决策者研讨主要是向课题组了解其他地方的做法。乙市从不同部门抽调了几个公务员到市监察局，由于负责人 Z 早有长线作战的定位，抽调的公务员就当前而言并未派上用场。

丙市中层决策者的研讨超过 5 次，由于负责人只是要完成市委书记的任务，所以试点政策的形成几乎是一个部门“分肥”的过程。在确定指标体系时，通过负责人“你们部门需要什么指标，能不能完成”、部门代表“我们要把某某指标纳入……”一问一答的方式产生指标体系。偶尔产生的疑问也只是针对指标是否可操作，而不是指标适不适合。

丁区中层决策者的研讨超过 8 次，也从不同部门抽调了几个公务员到区监察局。在几次的讨论过后，副局长 D 也逐渐巩固了自己的想法，即从已有考核体系中抽取指标进行组合，形成政府绩效评估指标体系。也就是说，不通过检查考核的方式，而只是拿数据进行评比。这样就不会增加评价对象的负担。期间，课题组访谈了领导小组组长——区长，区长表示要整合原有的考核、减轻评价对象的负担。也访谈了副区长，副区长表示现在考核很多，需要规范。即便如此，副局长 D 也并未改变原有的维持其他考核不变、新增一项考核评价的形式而不增加评价对象负担的想法。

从一开始，课题组就向四个试点单位说明了政府绩效评估就是组织评价权的争夺，这样超然于部门利益之上的指标体系才能做好，但丙市放纵部门利益、丁区只是增加一种评价形式而不减掉一些考核项目等做法，都未能真正解决政府绩效问题。由于课题组只提供咨询而不能决策，下属对中层决策者的建议总是点到为止，因此，中层决策者几乎垄断了试点政策的资源。这种局面的形成主要是由权力结构决定的，科研机构和下属只有建议权而无决定权。中层决策者是要进行真正的改革还是做做样子，不仅取决于对公共利益和部门与个人利益的考量，而且取决于有没有一种充分辩论的平台去打破官场的禁忌，使得中层决策者与公众、科研机构、下属等进行充分的利益辩论，并最终达成共识。

---

① ［美］丹尼尔·卡尼曼. 思考，快与慢. 胡晓姣等译. 北京：中信出版社，2012. 81.

任何问题都有轻重缓急，一般情况下在排序中位居前列的问题才可能受到决策者的关注，这也就是金登所称的“政策之窗”被打开了。“政策之窗”之所以被打开，基本原因在于政策议题的核心参与者相信在排序中位居前列的问题，成为议题的可能性很大，若提出排序中居后的问题则会被认为不合时宜，难以获得通过，因此很少有人愿意将自己的精力、资源投入到一个不太可能成为议题的问题中去。当然，问题的优先权与决策者的个人偏好存在很大关系，这与伊斯顿所认为的公共政策是对全社会的价值作有权威的分配，以及拉斯维尔和卡普兰所认为的政策是一种含有目标、价值与策略的大型计划的结论是一致的。由于存在不同的偏好，因此要将问题转化为政策议程，就必然在不断的竞争、谈判和妥协中形成。在解释偏好问题时，全面理性理论与有限理性理论一直是学界争论的焦点。毫无疑问，决策过程需要理性，理性能帮助决策者辨别是非优劣，作出合适的判断与选择，问题是理性在决策过程中能在多大程度上发挥作用？完全理性理论认为个人在作出判断时有着充分完备的理性，能够掌握决策所需的全部知识和信息，从而选择最优方案，获得最大利益。以西蒙和林德布洛姆为代表的有限理性理论则提出了有力的批评，认为这种绝对而全面的理性方法只有在理论或数学等狭小的范围内存在，而在复杂多变的现实世界中很难找到简单的线性关系，人们在决策中所依赖的不是完全理性，也不是非理性，而是介于其中的有限理性，任何组织和个人都只是一个具有不断学习、纠错、适应能力的体系。我们认为，正是在这种不断学习、纠错、适应的体系中才形成了一种偏好排序，而且，在实质上或是形式上，这种个人偏好排序与执政党的执政偏好排序是一致的。

第四节　方案通过阶段：中、高层决策者的互动

当中层决策者认为已经取得阶段性成果或政策方案已经基本酝酿成熟时，就会召开有行政首长参加的政策工作汇报会。在政策工作汇报会上，领导是作指示的。当然，如何落实领导指示则取决于中层决策者。因此，我们得出：

命题 2　当高层决策者与中层决策者意见不一致时，政策方案至少形式上符合高层决策者的要求。

在甲市的初步方案中，经济发展与环境保护权重均为 15%，前者包括经济增长、质量结构、发展潜力、人民生活四大方面，而 GDP 增长率所占权重仅 3%，低于环境保护财政投入水平两个百分点，更突出公正、环保。若按这样的考核标准，势必推动各区加强环保、公共服务领域的支持力度。然而，在甲市的政策工作汇报会上，不突出经济发展的思路遭到了反对，市委书记指出：“不是我们怕负责任，不给全省推广，而是我们这里更加实在，我们这里每年都会根据我们的发展指标来进行调整。”他的指示包括 22 个观点和 21 项具体要求。市长也提出：“我们做绩效管理的目的不是给全省做示范，我们的目的是指导我们自己的发展和工作，每年我们最想干的是什么、最需要干的是什么，就在这里充分体现，就要求各区和各部门拼命去干。”至于其他一些市委常委，则

主要关注自己分管领域的内容。汇报会后就是修改政策方案，按照市委书记的要求确定好政府绩效评估的评价维度（一级指标）名称。然而，若完全按照市委书记的要求，评价维度在逻辑上则不能自圆其说，甚至根本不符合绩效管理的内涵。课题组将问题在领导小组办公室会议上提了出来。根据监察局领导的说法："我们先让政策方案通过，至于需要修改的地方，可以在今后再进行修改。我们先把种子种下去，让它慢慢长成大树。但如果现在不按书记、市长的要求，那我们的种子就都没了。"于是，副局长J对市委书记和市长的各项要求与政策方案逐字逐句对比，最后以最大程度地符合领导意志为原则对方案进行修改。甲市的情形与类型4对应，高层决策者与中层决策者都是实质性地对待政府绩效评估试点，能够最大程度实现试点工作。

在丙市的政策工作汇报会上，市委书记指出："考核是为了发挥考核的导向、激励和约束作用，更好地将工作落到实处。考核一要体现创新性，在内容设置、组织实施和结果运用方面有创新；二要体现可操作性，以清晰明确、易于执行的考核办法促进工作落实、检查工作实绩；三要体现权威性。"根据市委常委会通过的政策方案，创新性并未得到体现。丙市的情形比较符合类型3，高层决策者实质性而中层决策者则象征性地对待政府绩效评估试点，这种情况下的试点工作将存在很大的变异，既不会如高层决策者所愿，也很难如中层决策者所意。

乙市和丁区的政策方案目前还在酝酿，尚未进入高层决策层讨论阶段。

在政策工作汇报会上，从高层决策者的言论可以推断，政府绩效评估在他们眼里就是一个目标考核，是实现党委政府中心工作的一种工具。目标管理是为了实现目标，而不是对目标本身进行探讨。绩效管理首先要探讨的就是目标正不正确，然后才评价其绩效。也就是说，目标管理是正确地做事，绩效管理不仅要正确地做事，更要做正确的事。

当下中国的政府运行被学者称为"压力型体制"，即各级地方党政组织为了实现经济赶超和其他目标，采取任务数量化分解和高度物质化奖惩相结合的管理手段和方式。为了完成任务与指标，各级党政组织把任务和指标层层量化分解，落实到下级组织以及个人，令其在规定时间内完成，然后根据完成情况给予政治和经济方面的奖惩。渠敬东等人认为，新世纪以来，压力型体制的运作逻辑并没有发生根本的变化，不过，其作用机制发生了重要变化，一是加强了对指标完成手段的管理，将指标管理和技术治理结合在一起；二是加强了行政问责制；三是加强了量化指标结构的多元化倾向，改变了以往仅以GDP为核心的干部考核指标体系，政府的公共服务职能和绿色GDP开始被纳入到数字指标控制的范围。① 欧阳静则认为，在微观层次的具体运作中，压力型体制的作用机制并未发生根本变化，只是借"科学发展观"之名，行"经济增长至上"之实，进行"名实分离"的非正式运作。② 我们认为，压力型体制没有改变，导致绩效管理异化或还原为压力型政府考核模式，虽套上绩效管理之名，但无绩效管理之实。

① 渠敬东，周飞舟，应星．从总体支配到技术治理——基于中国30年改革经验的社会学分析．中国社会科学，2009（6）．

② 欧阳静．压力型体制与乡镇的策略主义逻辑．经济社会体制比较，2011（3）．

压力型体制下，下属难以劝说上级、学者难以说服官员的现状说明了官本位这一主宰性行政文化格局并未改变。在此格局下，合谋性沉默便成为公共一致性的表现。

合谋性沉默的原意是指一群人形成默契、心照不宣，在公开场合有意忽略某种他们私下全部清楚的事实。[①] 合谋性沉默理论源自西方谚语“房间里的大象”，意指所有那些触目惊心地存在却被明目张胆地忽略甚至否定的事实或者感受，“皇帝的新装”作为一个隐喻是典型的“房间里的大象”，如果整个社会对“房间里的大象”只字不提，这只大象就会很快把舒适房间里的氧气耗尽。刘瑜在《房间里的大象：生活中的沉默和否认》序言中写道：“有些时候，沉默也许是起源于善意和礼貌，比如在临终亲友面前，我们不愿意谈起他们的病情，比如和一个口吃的人聊天，我们假装注意不到他的口吃。但是另一些时候，沉默源于怯懦。人们害怕权力，害怕高压，害怕失去升官发财的机会，害怕失去房子车子，于是沉默成了自我保护的机制。高贵是高贵者的墓志铭，沉默是沉默者的通行证。另一些时候，人们所恐惧的，甚至不是利益上的损失或者肉体上的暴力伤害，而是精神上被自己的同类群体孤立。出于对归属感的依恋，他们通过沉默来实现温暖的‘合群’。解放前为理想浴血奋战、出生入死的革命家，解放后却在屡次政治运动中保持沉默、随波逐流，很难说仅仅是因为贪生怕死，更多的恐怕是因为他们害怕被革命队伍抛弃，成为一个‘精神上的孤儿’。对认同感、归属感的强烈需要，大约是写在人类基因里的密码，这个密码有时候会成为勇气的源泉，有时候却让我们蒙上了自己的眼睛。沉默的人数越多，打破沉默就越难——因为当越来越多的人卷入沉默的漩涡，从这个漩涡中挣脱出来需要的力气就越大。历史上的先知，往往命运悲惨。面对第一个站出来大喊‘屋子里有大象’的人，人们往往不会顺着他的手指去看有没有一只大象，而是怒斥他为什么吵醒了自己的好觉。甚至，他们会因为那个人的勇气映照出自己的怯懦而恼羞成怒，你那么大喊大叫干什么？哗众取宠，爱出风头，不识时务，神经病。‘沉默如癌细胞般分裂生长’，房间里的大象就这样在‘合群’的人们的相互拥抱中越长越大。”

在公共管理领域，合谋性沉默同样十分明显，邓小平所说“一个革命政党，就怕听不到人民的声音，最可怕的是鸦雀无声”指的就是这种现象。在中国传统文化中，还是有人以“沉默是金”“少说多做”为美德，持有“言多必失”和“祸从口出”等看法的同样大有人在。由于在我国公共政策的实际运行过程中，“社会问题并不是完全按照公众意愿，根据人民群众的利益诉求进入政府议程，问题界定过程存在主体平等性缺失、程序民主性游离、结果合法性不足等问题”[②]。合谋性沉默所造成的公共一致性破坏了坦诚相见、彼此信任的关系。主宰性的行政文化所形成的官场禁忌促使“房间里的大象”变成庞然大物。随着“大象”越长越大，掩盖这只“大象”所花费的成本会越来越高，而“大象”也不会一味地沉默是金并自行消失。事实上，当房间里有一只大象时，它可能随时会抬起脚来踩碎天下太平的幻觉。而一旦我们开始承认大象的存在，并公开讨论

---

① ［美］伊维塔·泽鲁巴维尔．房间里的大象：生活中的沉默和否认．胡缠译．重庆：重庆大学出版社，2011．11．

② 孙萍，许阳．我国“政策问题界定”公共性取向的现实偏离．行政论坛，2013（1）．

和辩驳，它们便微不足道了。

本章所讨论的四个案例，尽管试点工作的时间和任务是一致的，但形成了四种不同的结果。在同样的制度环境中，只能说明是人而非制度造成了结果的差异。现有试点工作的推进是基于规范化的程序安排，考虑的是什么部门什么职位去承担某项工作，而没有考虑该部门该职位的人本身的特征。一旦任务的承担者不能形成一个内部相互学习、有共同核心理念的政策倡议联盟，反而会阻碍变革和学习的外部来源，形成一个自我封闭的群体，那么，试点工作的结果将变得与本身的要求相差甚远，“上有政策，下有对策”的情形随之产生。在压力型体制下，官本位这一主宰性行政文化格局并未改变，在政策方案形成的过程中阻碍了公开辩论，使本应该群策群力的环节变得处处都是合谋性沉默。下属对上级的欲言又止，中层决策者对高层决策者的言听计从更多的不是基于科学决策的目的，而是对权力的畏惧。只有构建一个公开透明的行政环境、一个充分辩论的舆论环境，才是公共事务的治理之道，而这正是当前迫切需要解决的。

政府绩效评估与传统的目标考核最大的区别在于，传统的目标考核评价只强调检查、评比，而政府绩效评估更注重一个学习的过程。党的十八大工作报告提出：“创新行政管理方式，提高政府公信力和执行力，推进政府绩效管理。”执行力主要与党委政府的中心和重点工作挂钩，目标考核作为对评价对象的“行为的控制器”，完全由政府在封闭的环境中运行，因而可以彰显政府执行力的优势。公信力则与公众满意度相匹配。或许从政府—公众的关系入手，培育公众的参与能力，打破官场禁忌，逐渐建立公民参与各单位绩效汇报会制度和定期向社会公众通报各单位绩效状况制度，最终接受公众和社会的监督，才是政府绩效评估的应有之义。

第四章　政府绩效评估工作的演进

已经开展政府绩效评估的地方，显见的是政府部门动用所有的资源与管道宣传，目的在于创造一个繁荣的改革景象。同样，学者不断在创造理论，试图将这一改革推向高潮，并希望证明绩效评估是公共管理学的“新增长点”。然而，事实并非如此。在政府绩效评估引入我国近十年之际，当公务员对绩效评估还很陌生时，本书希望提出一个独立的立场，说明当前政府绩效评估的现实。

第一节　政府绩效评估工作概述

随着政府绩效管理试点工作的推进，国家各部委和省市积极响应党的十八大提出的“创新行政管理方式，提高政府公信力、执行力，推进政府绩效管理”的要求，稳步有序地推行绩效管理工作，在指标设置、配套制度、结果运用、体系建设等方面进行了大量的实践工作，取得了一定的效果和成绩。在此，我们重点介绍从事绩效评估工作比较早，且形成比较规范做法的财政部的绩效评估工作。

财政部继 2011 年出台《关于推进预算绩效管理的指导意见》《财政支出绩效评价管理暂行办法》后，2012 年印发了《预算绩效管理工作规划（2012—2015 年）》，确定了今后一段时期预算绩效管理的总体目标、基本任务和重点工作等。2012 年，财政部正式成立了预算绩效管理工作领导小组，健全预算绩效管理的领导体制，在年中全国财政厅（局）长座谈会上，以预算绩效管理为主题，对推进预算绩效管理进行了全面部署，提出了建立健全机制、完善规章制度、开展重点评价等总体思路，确定了预算绩效管理工作规划，明确了预算绩效管理的总体目标。在 2013 年中央部门预算布置会上，财政部又提出了“扩围、试点、构建”的要求，明确提出“建立健全预算绩效管理工作机制，坚定不移地建立绩效责任追究机制”，进一步强化绩效理念，为深入推进预算绩效管理工作指明了方向。不少中央部门和地方省市成立了工作领导小组，强化了对预算绩效管理的组织领导。尤其是 2013 年制定了《预算绩效评价共性指标体系框架》，包含了项目、部门和财政预算的绩效评价共性指标体系，对绩效评价工作的规范和指导大有裨益，不仅推进了预算绩效管理顶层制度设计的完善，对其他类型的绩效评估工作也有所参考。

福建省由省监察厅、效能办牵头创新性地起草了福建省地方标准 DB35/T1410 - 2014《政府绩效管理规范》，从 2014 年 6 月 5 日起实施。《政府绩效管理规范》实施后，对绩效管理机构与职责、绩效管理人员配置与要求、绩效管理过程、目标制定、绩效监控、绩效评价、结果运用、改进提升等进行规范，实现绩效管理精细化、程序化和规范化。下面摘录其标准予以介绍，基本上可以把握政府绩效评估工作的概况。

1　范围

本标准规定了政府绩效管理规范的基本原则、绩效管理机构与人员、绩效管理过程、目标制定、过程监控、绩效评价、结果运用与改进提升。本标准适用于县级以上各级人民政府及其部门。党的机关、人大机关、政协机关、审判机关、检察机关、群众团体、民主党派机关和工商联、中央驻闽机构、公共服务企事业、乡镇（街道）等单位参照执行。

2　术语和定义

2.1　绩效　各级人民政府及其部门依法对经济社会活动进行管理和服务所产生的效果、效率、效益。

2.2　绩效管理　运用科学的方法、标准和程序，对各级人民政府及其部门推进经济社会全面发展的做法和成效进行系统评价，以达到公共产出最大化的管理过程。

2.3　政府绩效管理　绩效管理机构在讲求内部管理与外部效应、数量与质量、经济因素与伦理政治因素、刚性规范与柔性机制相统一的基础上，运用科学的方法、标准和程序，对政府履行职责所产生的公共产品与公共服务数量、质量、效率、公平性、满意度等方面进行综合评价，以此推动政府绩效的改进和提升。

2.4　绩效目标　根据党委和政府的决策部署、上级业务主管部门要求以及自身职能要求所提出的，通过各成员的努力，相关部门所预期的、在一定时期内需达到的管理成效和行动方针。

2.5　绩效指标　在绩效目标的基础上进行分解和细化，明确履行职能的具体要求、完成的标准和时间节点，形成可量化、可考核、可评价的指标。

2.6　绩效监控　各级人民政府及其部门采取过程监控的方式，对绩效过程和目标实现情况进行分析，及时发现存在的问题，促进绩效改进和提升。

2.7　绩效评价　绩效管理机构根据绩效目标，采取指标考核、公众评议和察访核验等方式，运用定量与定性相结合、过程与结果相结合、日常督查与年度考核相结合的方法，对各级人民政府及其部门的目标完成情况所进行的综合评价。

2.8　数据采集责任单位　绩效管理机构根据工作需要，向有关单位收集了解反映被考评地区与部门绩效管理成效和不足，并要求其提供相关情况及数据，这些单位称为数据采集责任单位。

3　基本原则

绩效管理遵循分级管理、分类考核、突出重点、体现差异、注重实绩的原则，促进各级人民政府及其部门管理水平和服务质量持续提高。

4　绩效管理机构与人员

4.1　绩效管理机构与职责（内容略）

4.2　绩效管理人员配置与要求

人员要求：熟悉绩效管理工作，具有较强的沟通协调能力和业务能力，能及时协调解决绩效管理工作过程中的相关问题；自觉遵守工作纪律和职业道德规范，严格执行所属机构的各项规章制度，服从管理。

5　绩效管理过程

绩效管理是一个闭合的过程，包含目标制定、绩效监控、绩效评价、结果运用和改进提升五个环节，一个绩效管理周期的结束标志着下一个周期的开始，周期以年为单位。

6　目标制定

各级人民政府的绩效目标包括但不限于：①围绕中心工作，贯彻落实上级党委、政府重大决策部署的情况；②完成上级党委、政府确定的重点工作的情况；③推进经济建设、政治建设、文化建设、社会建设、生态文明建设以及党的建设的情况；④地方经济社会发展水平、发展效益、发展代价的情况；⑤按照科学发展观的要求谋划和开展工作，推动经济社会全面协调可持续发展的情况；⑥依法履行法定义务和职责范围内其他工作的情况。

政府部门的绩效目标包括但不限于：①贯彻落实党委、政府重大决策部署的情况；②完成党委、政府确定的重点工作的情况；③完成年度工作目标和任务的情况；④加强部门自身建设的情况；⑤推动管理创新的情况；⑥依法履行法定义务和职责范围内其他工作的情况。

7　绩效监控

7.1　总体要求　各级人民政府及其部门应建立内部监控机制，定期对绩效目标实现情况进行分析，及时发现存在的问题，采取有针对性的措施，促进绩效改进和提升。

绩效管理机构可针对绩效运行情况，适时开展督查，督促有关地区和部门对发现的问题及时整改，做好督查信息的收集与记录，形成台账。

绩效管理机构对督查工作中涉及的保密事项，应执行保密规定。

7.2　绩效监控方式　实时监控、专项督查、绩效自评、年终核验

7.3　绩效监控程序　①各级人民政府及其部门应根据绩效目标的完成情况定期进行自评；②各级人民政府及其部门可通过书面或在网上绩效管理信息系统提交自评结果。

8　绩效评价

8.1　绩效评价程序（内容略）

8.2　绩效评价方法

8.2.1　指标考核

8.2.1.1　自我测评

各级人民政府及其部门应：①依据既定的绩效目标和指标，对工作完成的数量、质量、效果进行分析，逐项检查工作任务完成情况；②收集整理反映工作完成情况的证明材料，包括任务完成全过程的有效文件、报表、会议记录、领导讲话、图片影像资料等；③对履行职责和工作完成情况进行自我测评，撰写自评报告，提交绩效管理机构。

8.2.1.2　组织考核

绩效管理机构应对各级人民政府提供的相关数据进行核算，具体要求如下：①数据采集责任单位应按规定时间，将本单位负责采集的下级人民政府绩效指标数据分别报送本级统计机构和绩效管理机构；②绩效管理机构将数据采集责任单位报送的指标数据与

下级人民政府进行核对；③下级人民政府对数据采集责任单位提供的数据有异议的，在数据核对后5个工作日内，分别向上级绩效管理机构和数据采集责任单位提出书面复查要求；④数据采集责任单位收到复查申请后，应及时对数据进行复查，并在5个工作日内将复查结果书面告知本级绩效管理机构和下级人民政府；⑤绩效管理机构将复查情况及时通报统计机构，统计机构按照横向和纵向比较的原则，对各级人民政府核对后的数据进行核算，并将核算结果报送绩效管理机构。

绩效管理机构应对政府各部门进行集中审核，具体要求如下：①绩效管理机构组成考核组，对政府各部门提供的相关材料进行审核，将自评材料与评分细则对照，从材料的有效性和完整性等方面审核被考评对象绩效目标完成情况；②绩效管理机构应集中具备与从事绩效管理工作相适应的专业知识和业务能力的各级绩效管理机构工作人员、业务骨干或特邀专家为审核人员，并给予相应的教育和培训，统一评分要求和标准。

8.2.1.3　实地抽查

绩效管理机构可根据实际情况对各级人民政府及其部门的指标运行情况进行实地抽查：①对于集中审核、现场审核阶段还不能全面了解其完成情况的项目，绩效管理机构向各级人民政府及其部门提出项目清单，作为实地核查内容；②对于项目分布广、数量多的指标可采取由各级人民政府及其部门提供项目所在地具体联系人、联系方式，由绩效管理机构通过随机拨打电话的形式核实完成情况；③对于基础台账资料在基层，绩效管理机构只掌握总体数量的指标，可采取随机抽选的方法，要求保存资料的机构及时上传基础台账和证明资料以供核实；④对于需要到实地才能了解情况的指标，绩效管理机构应到现场进行核验，可采取召开座谈会、个别访谈或实地调查等方式核实，并提取有关文件影像资料。

8.2.2　公众评议

绩效管理机构牵头组织，各部门参与，委托专业调查机构负责具体实施。

专业调查机构根据政府和部门的职能职责特点，设计切实可行的公众评议调查方案，提交绩效管理机构审核同意后组织实施。对各级人民政府的评议应邀请人大代表、政协委员以及企业经营者、城乡居民等不同群体公众参与。对政府部门的评议应邀请人大代表、政协委员、相关部门、基层单位工作人员、管理相对人、服务相对人等不同群体人员参加。

公众评议以调查问卷形式完成，采取电话调查、入户调查、街访调查、邮寄调查和网上调查等方式进行。专业调查机构收集整理评议结果和意见、建议，汇总分析公众评议情况后，提交给绩效管理机构，由绩效管理机构反馈给被评议的各级人民政府及其相关部门。

8.2.3　察访核验

总体要求：由绩效管理机构牵头，有关部门配合，按照公平、公开和公正的原则，采取明察与暗访相结合的方式，进行不定期的监督检查，并对绩效指标实现情况及考核数据进行核实验证。

察访核验方式包括：①自查与他查；②书面督查和实地督查；③专项督查和综合督查；④跟踪督查与整改督查；⑤明察与暗访。

察访核验程序如下：①绩效管理机构对需要督查的工作进行梳理，拟定督查方案，明确督查的目的、内容、方法、工作标准、完成时限、人员组成、责任分工等内容，按程序报批组织实施；②当督查发现执行过程有问题时，绩效管理机构应及时反馈给各级人民政府及其部门，并明确整改时限；③各级人民政府及其部门应采取措施纠正，在规定时间内完成整改，并按时将整改情况反馈给绩效管理机构；④绩效管理机构应撰写督查报告，将督查结果作为各级人民政府及其部门的年度绩效考评内容之一，督查结果按规定程序报批后，在一定范围内公开；⑤督查形成的过程资料，应按档案管理规定分类归档。

8.2.4　综合评价

指标考核、公众评议和察访核验结果根据各级人民政府及其部门的不同特点，按照不同比例分类进行汇总。

等次确定：考评结果分优秀、良好、一般、差四个等次，各级人民政府及其部门可根据实际情况调整具体等次分值或名额配比。

8.3　绩效评价报告

8.3.1　绩效评价报告编制

由绩效管理机构对各级人民政府及其部门的自我测评、指标考核、公众评议和察访核验情况进行综合分析，形成评价结果，撰写评价报告。评价报告由绩效管理机构编制，应具有真实性、准确性和完整性。

8.3.2　绩效评价报告内容

绩效评价报告的内容应包括：①考评工作开展情况；②绩效目标完成情况；③取得的基本成果与经验；④存在的主要问题及原因；⑤改进的意见和建议；⑥绩效评价结果。

8.3.3　绩效评价报告提交

受绩效管理机构委托的考评机构应在规定时间内完成评价报告，连同考核记录和证明材料提交给绩效管理机构。

8.3.4　绩效评价结果反馈与复核

年终绩效评价结束后，绩效管理机构应向各级人民政府及其部门书面或当面反馈考评结果。各级人民政府及其部门如有异议，可在收到考评结果之日起7个工作日内向绩效管理机构提出复核申请。绩效管理机构组织复核后，形成绩效评价综合评定意见。

8.3.5　绩效评价结果审定公布

各级人民政府及其部门的绩效管理情况和考评结果，由绩效管理机构审核后，按程序提交同级党委、政府审定，并以适当形式在一定范围内公布。

9　结果运用

9.1　及时反馈

绩效管理机构将绩效管理情况和考评结果分地区、部门形成报告，逐一进行反馈。反馈报告包括目标实现情况、存在的主要问题及原因、改进建议等。

9.2　通报公示

绩效管理机构将考评结果报送同级党委（党组）、政府，抄送有关部门，作为评价各级人民政府及其部门工作的重要内容，并在一定范围内通报，适时向社会公开，形成创先争优的良好氛围。

9.3　实施奖惩

9.3.1　按照奖优、治庸、罚劣的原则，将考评结果与政府部门评优相挂钩，并与公务员年度考核、干部选拔任用、绩效奖励等结合起来，对绩效突出的，给予表彰奖励；对绩效低下的，进行批评教育、责令改正和绩效问责。

9.3.2　有关部门在编制和安排各级人民政府及其部门年度预算时，可根据绩效考评结果，及时调整和优化预算支出的方向和结构，合理配置资源，提高财政资金的使用效率。

9.4　责任追究

在绩效管理工作中弄虚作假的，一经查实，考评等次确定为差，并追究有关责任人员及单位主要领导责任。

10　改进提升

10.1　被考评单位对绩效管理机构反馈的绩效考评结果进行深度分析，总结经验、查找不足，剖析原因、研究对策，并向绩效管理机构报送整改情况报告。

10.2　绩效管理机构将被考评单位的整改情况作为下一年度考评的重点，督促被考评单位形成自我提升、持续改进的良性机制。

随着政府职能转变的深入发展、政府自身建设的进一步加强，政府流程管理普遍得到重视。福建省在全国率先推行绩效管理标准化建设，以绩效评估作为“元工具”，将绩效目标、绩效沟通、绩效控制、绩效改进、绩效考核等基本元素渗透于标准化管理的各个环节，为全国树立了一个样板。

第二节　政府绩效评估工作演进研究的理论建构

钱理群教授在“《理想大学》专题研讨会”上提出：“我们的一些大学，包括北京大学，正在培养一些‘精致的利己主义者’，他们高智商，世俗，老到，善于表演，懂得配合，更善于利用体制达到自己的目的。这种人一旦掌握权力，比一般的贪官污吏危害更大。”① “精致的利己主义者”言论之后被公众反复引用。个人化的“表演”在社会生活中比比皆是，然而，一旦个人化的“表演”演变为群体性的“表演”，进而作为公共政策影响民众的生活，那将会是灾难性的。诸多的公共政策失败案例显示，由于中国自上而下的权力长期过于集中、强势，权力崇拜的意识形态一旦被激活，公共政策在权力的暗示作用下，个人利益或部门利益很容易被包裹其内而不易被察觉。那些屡见不鲜的大项目、大工程在被打造成光鲜亮丽的“民生工程”的背后，实则是官商错综复杂的交易。再如备受争议的重庆“打黑”，在重庆李庄案以后，在贵州贵阳、江西宜春、湖北武汉、江苏常州、黑龙江伊春、浙江金华，打黑的模式不断被复制，从公安的《起诉

① 谢湘，堵力．钱理群：北大等在培养利己者．中国青年报，2012－05－03．

意见书》到检察院的《起诉书》，再到法院的《判决书》，公诉的模式、侦查机关取证的模式和法院判决书的逻辑论证，都一模一样。① 荣剑总结道："让整个体制所有资源都动员起来为一个人背书的现象，表明这个制度已到了非改不可的程度。"② 与此相对应，党的十八届三中全会《中共中央关于全面深化改革若干重大问题的决定》中明确提出"严格绩效管理，突出责任落实，确保权责一致"。本章通过观察法以公共一致性理论对某市进行绩效管理政策试点工作的演进逻辑进行分析，对公共一致性和政府绩效管理的演进之间的关系进行探讨。

公共一致性（unanimity）一般表示意见一致、无异议。公共一致性最初产生于政治经济学科领域，被当成"全体一致性"概念使用。19 世纪末，瑞典经济学家维克塞尔提出用全体一致性来检验政府活动的效率，并认为这是最好的检验原则。布坎南和塔洛克基于一种个体主义的立宪理论，将全体一致性置于决策规则中的核心地位。他们认为在政治学的讨论中，许多学者似乎已经忽视了全体一致原则在任何规范的民主政治理论中占有的核心地位；并进一步认为最多也只能把多数规则视为许多权宜之计中的一种，当个人和群体利益出现分歧时，就政治问题达成广泛一致的成本将使这些权宜之计成为必要。③ 在此处，全体一致性仅表示一致决策的方式，或民主的规则。艾索尔德则洞见社会领域中的人类一致性行为，认为"我们已经建立起认知和情感分类，并依赖这些分类来生活；一切对于分类稳定性和一致性的威胁都会引发焦虑"④。

当一致性得到普遍的认同时，著名的社会学家戈夫曼却反其道而行，他在自创的著名的拟剧理论中提到"在表演者和观众之间，维持着一种心照不宣的一致性"，"这种表面的、虚饰的一致，之所以能够维持，是因为每个参与者都把自己的欲望藏匿于他维护社会准则的表述之后，在场的每个人都感到不得不对这种冠冕堂皇的表述给予赞赏"⑤。类似的表述，在卢梭的《社会契约论》、诺依曼的《沉默的螺旋——舆论：我们的社会皮肤》(2001)、泽鲁巴维尔《房间里的大象：生活中的沉默和否认》(2006)、克里斯的《社会控制》(2009) 等著作中都出现过。实际上，公共一致性作为一个独立的理论概念得益于彼特沃克的开创性研究，他首创性地提出公共一致性是用来劝服公民按照他们本不相信但却表现得相信的方式行动。⑥ 这些基于个体与群体的关系角度提出的公共一致性理论，为公共管理研究开阔了视野。

国内关于公共一致性的描述散落于诸如王小波的《沉默的大多数》等文学作品中，

---

① 陈有西. 反思重庆现象的国家样本意义. http://www.21ccom.net/articles/zgyj/dfzl/article_2012120472292.html, 2012-12-04.

② 荣剑. 重庆的神化与祛魅. http://www.21ccom.net/articles/zgyj/dfzl/2012/0507/59123.html, 2012-05-07.

③ [美] 詹姆斯·M. 布坎南, 戈登·塔洛克. 同意的计算——立宪民主的逻辑基础. 陈光金译. 北京：中国社会科学出版社, 2000. 103.

④ [美] 肯·艾索尔德. 行为背后的动机. 张智丰译. 北京：中国人民大学出版社, 2011. 24.

⑤ [美] 欧文·戈夫曼. 日常生活中的自我呈现. 黄爱华等译. 北京：北京大学出版社, 2008. 7.

⑥ [美] 兰德尔·彼特沃克. 弯曲的脊梁：纳粹德国与民主德国时期的宣传活动. 张洪译. 上海：上海三联书店, 2012. 176.

但专门的研究却并不多见，主要是将“公共利益”和“一致性”两个概念进行整合，如郑杭生等人提到：个人必须恪守利益行为的正当性，权益自主也意味着对社会权力规范的服从，这是个人作为共同体成员的责任和义务；社会权力规范代表了公共一致性和普遍利益，必须对成员的权益提供约束和保障，以保证社会秩序、促进社会合作，这是社会作为共同体的责任和义务。①

综上所述，公共一致性在政治经济学、社会学等学科中只是作为一个概念在使用，还没有上升到理论的高度。即便如此，遗憾的是，公共一致性作为概念也还未在公共管理学科的研究中显现。基于此，我们提出，公共一致性是指政府（官员）在针对公共事务进行管理的过程中，通过使用公权力，以奖励或惩罚等方式促使体制内官员或体制外公众的行为和表现趋同的一种状态。此种状态既存在向好的方面发展的可能（如形成共识），也存在向坏的方面发展的可能（如形成伪善）。在本书中，我们主要探讨的是在体制内官员达成的公共一致性，而没有涉及体制外公众。基于公共一致性的定义，我们建立了以下命题：

命题 1　公权力越强势，公共一致性越容易达成。

离开公权力这个手段，公共一致性是很难达成的，除非到了整个民族生死存亡的特殊时刻。在官方话语体系中，“深刻领会”“一致表示”“深入贯彻”之类的老生常谈话语与其说是一种表态，不如说是公共一致性的呈现。彼特沃克通过考察纳粹德国和民主德国时期的宣传活动，指出：“公共一致性通过两种方式可以达到：一方面，体系通过各种形式的社会贿赂来鼓励所期望的行为；另一方面，通过恐吓与强力，它们阻止不期望的行为。其结果是，至少从表面看来，是广泛的公众支持。”“公民和领导人都参与了公开的伪善。政府告诉公民们并不真实的事态，公民们通常也知道是不真实的，但还是要求他们在公共场合按照仿佛他们是真实的那样去行动。”② 彼特沃克所描述的两种方式都离不开公权力的行使。当然，公共一致性不会立马形成，而是一步一步形成的。当前一步的实现使下一步的公共一致性更容易形成，而且很难再扭转过来。这说明，行为和表现的一致性并不一定以一致性的意见为基础。只有以一致性意见为基础的公共一致性，才是我们认为的良性的状态。

公共一致性与社会动员有诸多相似之处。两者都会采用调动教育、大众传播等手段来实现。但是，公共一致性是一种内化的行为和表现，社会动员则是一种外显的行为和表现，是指人们在某些经常、持久的社会因素影响下，价值观等变化发展的过程。也就是说，在现实环境中，一旦形成了某种经常、持久的社会因素，就会使社会动员成为可能。因而我们提出：

---

① 郑杭生，杨敏．权益自主与权力规范——对现代社会中个人与社会关系的多视角分析．华中师范大学学报（人文社会科学版），2003（3）．

② ［美］兰德尔·彼特沃克．弯曲的脊梁：纳粹德国与民主德国时期的宣传活动．张洪译．上海：上海三联书店，2012．186，220．

命题2 某种社会因素越能够经常、持久地存在，就越容易成为公共一致性达成的因素。

政府文件、国家领导人的讲话中的内容、传统的因素等都属于经常、持久的因素。例如“红”歌、革命影视剧，虽然其主题有的涉及暴力革命、阶级斗争、对敌人的仇恨等这样一些在今天或许会显得有些突兀的价值观，然而这些节目却通常成为“主流”。再比如作为经常、持久的社会因素之一的爱国主义，甚至成为某些人破坏公民、法人财产，打、砸、抢，制造社会混乱的理由。原因就在于革命斗争已成为中国的一个传统，被经常、持久地传诵，这成为公共一致性达成的重要因素之一。2013 年 4 月 10 日中央电视台《新闻1+1》中以“‘抗日剧’可以这么拍?”为题，提出了这样的反思：“在这些抗日剧中，历史的真相与当下的真实已经被娱乐得无影无踪，这绝非爱国主义，而是愚民主义。”“现在创作题材的限制还是比较多的，那么抗战剧是一个非常安全的选择，对制作方而言就是选择抗战剧可能不会出什么政治错误，就是题材扎堆做得太多。”究其原因，是因为目前的社会秩序和思想导向本身就是多元的，缺乏社会共识。这样，政府及官员创新可能出错，而坚持经常、持久的社会因素却比较保险。帕金森定律描述了在嫉妒症流行的机关里，首先出现既无能又好嫉妒的人物。其次，这些庸妒症患者不幸进入或原本就在高层，尽一切可能的手段排斥和提升能力强的人，进行“愚蠢比赛”。最后，凡有才智者一概不得入内，机关病入膏肓、无药可救。以此类推，在保守症流行的机关里，也会出现类似的“保守比赛”，直至成为历史前进的绊脚石。

在命题 1 和命题 2 的基础上，我们进而提出：

命题3 如果政府（官员）针对公共事务进行的管理是违背自然或社会规律的，公共一致性会增大其破坏性。

公权力是政府（官员）进行社会动员的载体，也是核心所在。当政府（官员）表现出高度的公共一致性时，根据命题 1 可反观，此时的公权力一般处于较为强势的状态，对社会动员的能力也相应较强，因而影响力也就更大。若政府此时针对公共事务作出的决策是符合自然或社会规律的，那么在产生经济效益与社会效益上自然是事半功倍。但如果政府（官员）针对公共事务作出了不符合自然或社会规律的决策，随着公共一致性的增大，造成的破坏性就越强。在现实中，高层官员即使作出了错误决策，通过运用其公权力的影响，通过自上而下的宣讲，促使体制内形成公共一致性，决策的可行性分析和科学性论证最终只会沦为形式。

正是理性的胜利，驱逐了人类的感情、道德。理性以精确化和数字化为手段，以功利和效率为最终目标，以致不自觉地完全消解了道德和价值存在的意义。在理性主导社会的时代，人类道德系统已处于麻木甚至瘫痪的状态。理性社会最出人意料的结果是造就了一批批罪恶的执行者、旁观者。1933 年到 1945 年间有 600 万犹太人在奥斯维辛集中营被杀害。希特勒政府及士兵怎么会在如此广泛而荒唐的程度上服从杀戮的命令？众多的资料表明，参与大屠杀的德国人并不都是心怀邪恶、十恶不赦的罪犯，他们既不变态也不是虐待狂，他们都是极普通、极平常的一般民众，他们在家中都是好丈夫、好父亲。还有比身旁熟悉的邻居、可敬的同僚和亲密的朋友以理性为工具去做丧尽天良、毁灭生命的恶行更可怕的事情吗？还有比平常笑容可掬、彬彬有礼的普通人一旦进入现代官僚体制后便自觉承担起执行冷酷无情和毫无人性的任务更不可思议的吗？在一个理性和道德背道而驰的系统之内，人性成了最主要的失败者。① 历数那些政策失败的案例，几乎无不是如此。可见，根据公共一致性的产生依据和实施结果，可将其划分为正面的公共一致性和负面的公共一致性。

以上三个命题反映了公共一致性的内在逻辑。命题 1 揭示了公共一致性运行的核心在于公权力，而命题 2 和命题 3 则共同展现了公共一致性的相关特征。同时，命题 3 也揭示了公共一致性的分类思想和划分依据。当然，我们提出的公共一致性理论及其命题仅是初步的研究，还有待完善，需要学界同仁的争鸣和修正。

第三节　启动阶段：自上而下的宣讲

从实践来看，中国政府绩效管理的历史并不长。毕竟，早期的目标考核与以“结果导向”和“公众满意度导向”为核心理念的绩效导向相距甚远。在全国统一部署下，F 市是广东省政府绩效管理工作试点市之一。自 2012 年 6 月开始，我们在 F 市总共访谈了 14 位区委书记、区长、区纪委书记，以及市直、区直部门 150 多位主要官员，同时参与市绩效管理领导小组主任会议十余次。珠三角本身所具有的浓厚民主氛围，使得每次的访谈都达到了“开放式”状态和“真实性”效果。为了更清楚地掌握实际情况，我们设计了一份问卷，主要针对市级和区级领导、市直和区级部门领导、一般公务员和理论专家。发放问卷 400 份，回收有效问卷 376 份，有效回收率为 94%。

启动阶段，官方文件中的表述是要“成立试点工作领导机构，制定并上报试点工作实施方案。加大工作宣传力度，营造浓厚的工作氛围。组织业务学习培训和考察调研”。成立的领导机构级别往往是试点工作规格的体现。领导小组的组长通常不会介入具体事务，仅仅承担一种仪式性、象征性的角色。这与目前社会上流传的“处长治国论”，即真正掌握政策执行权和行政操作权的政府官员是处级官员的观点相对应。在 F 市的绩效管理试点工作中，所谓的市绩效管理领导小组会议，也完全由领导小组办公室成员单位而非领导小组来组织和实际操作，而且主要由一些主导评价的部门承担。

此次 F 市试点方案委托第三方专题咨询。命题 1 提出公权力的大小与公共一致性达成的难易是同向的。围绕试点工作进行的由官方陪同的非官方调研，由于不具备公权力的强势特征，公共一致性的达成会比较困难，但是，调研的目的是摸底、交流和解惑，而不是达成一致，因此，非官方调研可以表现得更为融洽。

在调研中我们发现，越是主要领导，对现有考核的批判就越激烈。主要问题在于评价的体系太多，既存在条条上级部门的考核，也存在块块上级政府的考核；指标太繁，指标考核多套，比如广东省对下级政府的考核指标就包括珠三角规划纲要、科学发展

---

① 何新华. 现代性的悲歌. 书屋，2003（2）.

观、幸福广东、公共服务均等化四大项。各套体系大多分为经济、社会、环境等维度，且具体指标大部分可相互取代。经过不完全统计，现有对F市的考核项目，除了省对市一级的考核项目94项外，还有市级自行设定的考核项目104项，共涉及2 214个指标。可想而知，若此次F市开展绩效管理试点再增加一项考核多项指标，其地位将非常尴尬。以下是我们对F市一些区主要党政领导及部门主要领导的访谈记录：

F市发改局局长：考核会影响政府的工作，瞎折腾起不到实际的作用。

A区统计局局长：目前的考核过多，以经济指标为例，考核指标中有些没有考虑地方实际，指标重叠严重，基层需花费很多时间和精力来应付。很多时候按照规定操作却效果不佳，有好的效果却又违反规定。

B区区委书记：现在实行打分制，被评价对象得分到了小数点后两位的微差还要排名，一点意思都没有。导弹为什么打得准？因为有信息反馈系统。现在的考核几乎不考虑老百姓的信息反馈。

B区纪委书记：目前办事太麻烦。很多事情，比如办证，要跑很多遍才能办成；很多可以不收费或少收费的项目，比如汽车年审，成了相关单位的利益输送渠道，形成了利益同盟。这是不负责任和部门利益的表现，应该有相应指标制约他们。

C区区委书记：下级任务繁杂，疲于奔命。绩效考核首先要明确各级各部门的职能，只有将有限的精力放在重点工作上才能高效。也希望不要因这次绩效管理给下级增加太多负担。目前用1/3的时间开会、1/3的时间应付上级各种检查调研，只剩下1/3的时间来考虑地方发展问题。

D区区长：很多考核形式化、走过场，指标体系缺少科学论证，各部门都是围绕自己的利益开展考核，没有公信力。甚至发生过这样的事，某分管领导要经常去某村视察，以示对某村某项目的重视。而这些视察都是象征性的，所以领导也很厌烦，他再去视察的时候就带了春夏秋冬四套衣服，穿不同的衣服照了不同的相片，以便发新闻稿用，这样以后就不用亲自去了。

E区区长：考核结果好的不一定是贡献大的，贡献大的考核的结果不一定好。我区以前村村通光纤花了20个亿，结果在哪里？仅仅只是得到了荣誉！

绩效管理本来就是对传统考核的继承和发展。一级政府及其部门常年接受来自上级政府及其部门的考核，不管名称是“绩效管理”还是其他，早已将其等同于传统的目标考核。在调研过程中，大部分访谈对象都流露出“不要给下级增加太多负担”的态度。问卷调研结果如图4－1所示，九成以上的对象显示出对绩效管理工作“关注”。虽然关注并不意味着认同，但却能够表明绩效管理试点工作的影响程度。

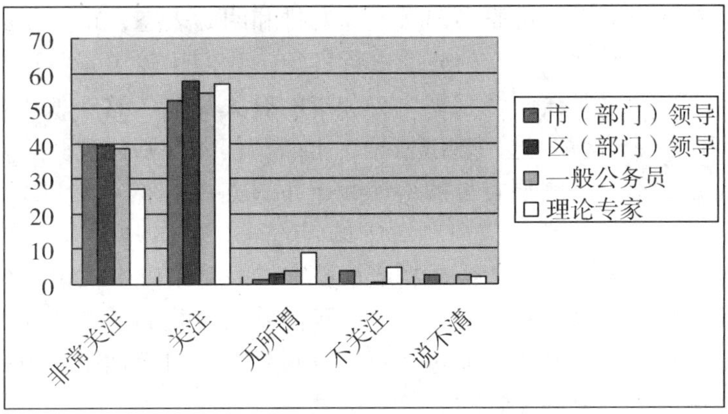

图 4－1　对 F 市绩效管理工作的关注度

启动阶段通过自上而下的宣讲逻辑达成公共一致性，需要多听管理对象的意见和作出相关解释。否则，“政府绩效评价的异化会直接伤害公共行政价值的实现”①。

在政府绩效评估的现实中，似乎存在两种版本的政府绩效评估。一种是宣传上的政府绩效评估，它基本上已发展成为一个范围相当广泛、内涵却又模糊不清的术语。另外一种是技术上的政府绩效评估，具体表现为明确的且可分解的定义、逻辑清晰且完整的指标体系。除此之外，还存在第三种类型，即战略上的政府绩效评估。宣传是表达，技术是解决问题的核心，战略是风向标。仅有表达，根本解决不了问题；仅有表达和解决问题的手段，则可能迷失方向，抓不住问题的本质。唯有三者联系起来，才能达到政府绩效评估的根本目的。当行政力量主导评估时，政府领导需要利用官方语言帮助公务员理解什么是政府绩效评估。但在政府绩效评估知识十分匮乏的情况下，领导者只能在修辞上下功夫，说明政府绩效评估如何有效。在这个阶段，宣传就被官方等同于现实，技术性的政府绩效评估在宣传中被挤出，战略性的政府绩效评估则仅仅起到被宣传的作用，没有做一系列的制度安排；专家在宣传政府绩效评估时，也过滤了其中的知识成分。因此，一些宣传性的语言和符号被赋予了象征性的意义。可以看出，政府领导和参与的学者起着主导作用，控制着政府绩效评估的宣传，同时挤出大部分的技术内容和知识，战略在此仅仅停留在宣传上，而不是在规划中。

值得一提的是，在调研过程中我们发现一部分访谈对象（尤其是基层公务员）不明白为什么他们非得进行绩效评估，而更高层次的官员则不必进行。而且，赞成政府绩效评估的话语处于支配地位，而怀疑的声音却被当成“不和谐”的声音来处理，既难以出现在公开场合，也不可能得到公开辩论。这就为政府绩效评估埋下了隐患。在自上而下的宣讲过程中，官员和专家选择最好听的故事讲述政府绩效评估，公务员、民众也一知半解地消化政府绩效评估。实施者和评估接受者良好的直接互动可以起到关键作用，遗憾的是，很少有关于政府绩效评估在实施之初就存在实施者和评估接受者良好互动的例子。同样，也很少有人关心技术和战略上的政府绩效评估。

① 郎玫，包国宪. 政府绩效评价过程中的“政治”路径. 行政论坛，2012（5）.

在试点工作动员大会上，市委书记做统筹安排和明确表态，市长做具体部署和任务安排，省相关部门领导对试点工作的成绩进行肯定。我们比较了一些试点地方的领导讲话，一般都是党委书记主要强调“根据中央和省的有关要求”这一权力依据，行政首长强调“国内外证明行之有效”这一传统依据，上级部门领导则体现“为全省创出成功经验”的鼓励和肯定。地方最高层官员的讲话赋予了试点工作的“合法性”，从而印证了命题 1 的成立。讲话的依据则对应命题 2 中的“经常、持久地存在”的“社会因素”。当然，若需要的话，媒体采访时还会适当地从被宣讲的对象口中发出“领导布置的工作处处体现科学发展观，鼓舞人心，催人奋进。我们要结合我们的工作实际贯彻好、落实好报告精神”之类的话语。总之，通过官场习惯做法——自上而下的宣讲，政府绩效管理试点工作在体制内具有公共一致性。

第四节　组织实施阶段：内部的民主集中

组织实施阶段，官方文件中的表述是要“构建评价系统，运用科学、规范的技术方法，制定评价指标体系、权重赋值、指标评分标准、基础数据来源、操作程序和结果运用等规范文件，报市绩效领导小组审定”。通过政府绩效管理学科本身的理论性，以及全覆盖的调研，构建出来的政府绩效管理体系相对比较科学。当然，即使是通过规范的科学研究构建出相对科学的指标体系，其本身也难免存在误差，政府绩效的真实值和测量值不可能完全一致，一般用以下公式表示真实值和测量值之间的关系：

$$X = T + \varepsilon$$

X 表示观测值，T 表示真实值，ε 表示误差。从理论上去理解 ε 无须费神，但在实践中往往存在就 ε 争论不休的情形。一些怀疑论者会质疑指标和数据的有效性与真实性等，进而对整个绩效管理体系产生怀疑。如果不从方法论上对此类怀疑进行解释，恐怕难以解决疑惑。

如果没有一种民主式的自由探讨氛围和经常性的互动协商机制，就难以从源头上去弥补命题 3 的缺陷。正如调研访谈中一位街道办主任所言：“我们已经习惯了各种上级考核，也有办法应付各种上级考核。”从而呈现出“规章的制定者和官僚等级最顶端的执行者在病态的官僚体制中总是通过宣传规章来实施控制。当下属的行为与最初的预期不一致时，首长会下达更多的规章作为矫正。很快，规章之间相互矛盾，于是又需要长篇大论来解释规章，如此等等。但是，人类发现漏洞的能力以及解释命令时一向过度地拘泥于字面的本领一向让管理者望尘莫及”①。我们认为，民主式的自由探讨和经常性的互动协商应该建立在信息确定和议题辩护的基础上。因为，在政治领域，公共一致性的达成往往建立在虚假的景象当中。这种景象被尼古拉斯 · 亨利称为“不确定性吸收”，

---

① ［美］查尔斯 · J. 福克斯，休 · T. 米勒. 后现代公共行政——话语指向. 楚艳红等译. 北京：中国人民大学出版社，2002. 18.

即经由这个过程，原本被收集者认为是假设的、不确定的以及薄弱的数据，通过组织决策层向上呈送后，逐渐变成最终的、确定的以及牢靠的数据。

动员之后，试点单位便能够了解上级单位的政策意图。组织实施阶段外松内紧的局面便一直贯穿于组织单位之中。因为试点单位只需等待下一步的安排即可，而组织单位则需要紧锣密鼓地制定好初步的整体方案。组织实施阶段领导小组办公室主任会议召开了两次协商会议，第一次会议达成了思路共识，即为了应对省各个部门都要通过考核来指挥和推动本部门的工作的情况，需要将其统合起来。以下是此次会议的记录：

F市发改局局长：最近广东颁布8个行动计划，每个都要落实考核，根据市委领导意见，接下来将要做具体方案。

F市纪委副书记、监察局局长：我记得很清楚，是发改局和监察局来做具体方案。

F市监察局副局长：①最近省委宣传部下发了学习型机关考核计划，其中开会、发简报、完成多少时间的学习等之类反映日常管理的指标不应该纳入，这是以考核取代管理的行为；②可以将8个行动计划等内容纳入部门绩效蓝皮书中，以解决多头评价的问题。

F市纪委副书记、监察局局长：省里有关部门都要用“鞭子”来指挥，去推动工作，那么，上面十几条“鞭子”打下来，谁受得了？既然我市是试点市，应该由市里打报告给省纪委，由省纪委将情况反映给省直部门，至少试点城市可以不用执行上级政府或部门推行的其他考核。市长已经在绩效管理动员大会上讲要统一评价组织权、统一评价指标体系和统一结果运用，如果现在新增加的上级考核会增加其他部门的组织权和评价指标，那么再施行绩效管理工作就是自寻烦恼。因此，建议省里在政治上应该允许我市不受上级新的考核内容的限制；在技术上可以将相关新的内容统一整合到绩效管理试点工作当中。

F市发改局局长：把上级的考核统一到绩效管理试点工作中可以实现：①人、财、物的节约；②以不变应万变；③既然通常的考核办法都包括总则、对象、程序、组织实施、结果运用等，那统一起来就没问题；④建议定好的奖励不变，新增加的内容可新设奖金。

F市纪委副书记、监察局局长：万一上面要推行新的考核，那么就将相关内容归口到绩效办，由绩效办发文对牵头单位、组织单位、数据采集报送时间、参与人员等进行统一规范处理，实现一个归口。

F市纪委副书记、监察局局长的“鞭子说”，与某区长在访谈时的观点不谋而合：“目前的考核过多，应该整合到一个考核指标体系，避免重复。听老爸（即市里）的就可以了，为什么还要听爷爷（即省里）的、听爷爷的爸爸（即中央）的呢?”因此，统筹考核便成为自然之选。第二次会议达成了方案内容的一致。方案内容的确定的压力不在于试点单位，而在于各职能部门。试点单位只要评价内容越少越好，而职能单位则都想在手里拿一条“鞭子”推动本部门的工作。这从现有大量以考代管的现象中得到印证，也是“懒政”最为明显的表现。

组织实施阶段，通过内部的民主集中逻辑达成领导小组的公共一致性，从而确保政府绩效评估体系的科学性。只有领导小组的公共一致性达成，才有可能进入完善改进阶段，实现外部公共一致性。如果在此阶段只有领导“一言堂”的集中而无民主现象，那么最终很可能产生“拍脑袋”决策的结果。

第五节　改进完善阶段：部门的利益整合

改进完善阶段，官方文件中的表述是要“在广泛征求意见的基础上，认真总结、深入分析，查找不足，及时调整，完善改进”。“攘外必先安内”，试点方案本身必须取得组织单位之间的一致性。然而，恰恰是组织单位本身的一致性最难以达成。政府自身“有着深层的背景和利益链，并不断自我捍卫与强化这种利益格局”①。如果说试点整体方案是顶层设计，那么组织单位中的各部门都有强烈的动力去争取顶层设计中的“顶层利益”。

为了改进和完善试点工作，领导小组办公室主任会议又召开了六次讨论会。在一次会议上，领导小组办公室五个成员单位之一的市机关工委书记，看到机关工委的自留地“党建工作”仅占1%的比重，当场表示不满，强烈表示“我不同意这么少的比重，若非要这样，我只能保留我的意见”。在另外一次会议上，F市发改局局长得知在请示省纪委的报告中，原来各类考核项目分为拟保留、拟取消和拟整合三类，现在变为拟纳入试点工作不再单独进行和拟保留但不纳入试点工作两类后，当场发难：“那还要请示省纪委干什么？”负责具体工作的监察局副局长越解释，反而导致气氛越紧张。这两次会议几乎都是不欢而散。事后，监察局副局长不断懊悔：“我怎么就没注意发改局是不是有项目没有被纳入试点工作，还不断解释这些问题？”

总体来说，F市绩效管理试点工作领导小组办公室主任会议体现了自由发言和协商的特点。作为专家团队，我们在讨论会上也一再公开强调，绩效管理的组织评价权背后就是利益之争。争议现象本身代表各部门的积极行为，这是好事。这种小范围体制内的公共一致性的实现，最终还是要看成员中话语权大的那个人的态度。例如，关于试点方案在召开政府常务会议之前需要经过法制办网上公示而时间紧迫可能没有时间进行公示的问题，某领导在会议上表示：“我一点都不关心法制办的事情，难道市长同意了，法制办还有什么办法？何况法制办主任还是你发改局局长提拔上去的呢。”这符合命题1的描述。

试点要取得成功，首先方案必须取得组织单位之间的一致或大多数同意。因此试点方案讨论的结果就是：“党建工作”的比重加大了，争议的其他问题也就解决了。当然，由于试点工作本身没有可直接参考的样本，任何说法似乎都有道理。例如“党建工作”纳不纳入绩效管理体系都可以，设置多大权重也都有自己的理由。但毫无疑问，某领导强烈要求加大“党建工作”就是自身利益考量的结果，但理由却是“党建工作是历年都需要重视的”等。根据命题2，“党建工作”确实是经常、持久地存在的社会因素，容

① 郑方辉．政府绩效评价是推进职能转变有效路径．南方日报，2012－06－18．

易成为区域范围内公共一致性达成的因素。但我们一开始就把他的提议定位在争取部门利益上，并进行公开的讨论和辩论，因此，最后的结果虽有妥协但与我们所设计的方案并没有太大改变。这使我们更加坚信：公开的讨论和辩论是公共一致性的良药。

当然，决策者与接受者的态度和观点通常会形成鲜明的对比。决策者处于决策和统筹把握政府绩效评估的地位，由于信息失真，他们选择最成功的政府绩效评估故事来维持宣传；评估接受者没有直接参与政府绩效评估的设计，也没有勇气向领导层直陈利弊，更没有能力对政府绩效评估进行调整改进，只能通过发牢骚的方式在小范围内进行宣传。因此，宣传对外界表现出歌功颂德的形式，某一两个部门也被当成学习的楷模。几乎没有什么力量能使领导者纠正政府绩效评估产生的宣传和现实之间存在偏差的情况。相反，为了证明实施政府绩效评估的合法性，为了获得政绩而传播一些成功的故事，而不是为绩效问题去宣传政府绩效评估，各种力量都鼓励着领导者应该加大政府绩效评估的这种偏差。当宣传集中于成就的展示时，政府内外一些反对的声音就被认为“不合时宜”了。

公开的讨论和辩论既是一个利益博弈的过程，也是一个组织成员通过不断补充或修改自己掌握的信息，形成更加集思广益、结论趋同，以及更加接近博弈均衡结果的过程。换言之，公开的讨论和辩论是形成良性公共一致性的重要途径。当然，F市绩效管理试点工作还在继续，今后还将面对更多的矛盾和调整，剖析体制内和体制外公共一致性的达成将变得更有意义。如负责具体工作的F市监察局副局长所言：要把绩效管理作为体制改革的抓手，而不能等同于考核，否则这只不过是增加了一种考核形式而已。

公共一致性由最初作为一种决策规则，进而被当成一种令人关注的社会政治现象，直至将其纳入公共管理视野进行考察，无不显示出其理论解释的魅力。从现实的诉求来看，社会思潮涌动，“从综合国力的角度，从GDP的账面数字看，它取得了举世瞩目的成功；但从道义和人心看，它相当失败。官员——管理者曾经是改革的阻力，现在则成了动力，因为他们‘近水楼台先得月’，体会到了从公有制到私有制的转变对他们不是威胁，而是机会，是寻租、进行权钱交易的机会；而对那些坚持道义立场和承担改革代价的人来说，从20世纪末起，改革的乌托邦就不断破灭，现状令人难以忍受”①。这对公共管理主体提出了严峻的挑战，如何达成公共一致性，需要对哪种公共一致性保持应有的警惕等，都不是可有可无的问题，需要深入研究。

① 徐友渔．进入21世纪的自由主义和新左派．马立诚．当代中国八种社会思潮．北京：社会科学文献出版社，2012．338．

第五章　政府整体绩效评估

政府整体绩效评估就是根据绩效目标，运用评估指标对政府履行职能所产生的结果及其影响进行评估、划分绩效等级、提出绩效改进计划和运用评估结果来改进绩效的活动过程。政府整体绩效评估通常包括政府部门和下级政府两套评估体系。例如，如果是市级政府整体绩效评估，至少包括各市级部门绩效评估和区（县）绩效评估两类。政府绩效评估工作是一项复杂的系统工程，主要包括评估的组织、内容、方法、流程和结果运用的方式等，是一个严谨、规范、科学的过程，需要对考评思路、原则、主体、对象、内容和程序进行严格的界定。

第一节　政府整体绩效评估概述

开展政府整体绩效评估，有一个从目标管理到绩效管理的转变。自改革开放以来，以目标管理为核心的考核评价，在中国各级政府部门中逐步展开，也为政府整体绩效评估的实施奠定了良好的基础。

目标管理（Management by Objective）是管理大师彼得·德鲁克提出并倡导的一种科学的管理模式。所谓目标管理，就是指组织的最高层领导根据组织面临的形势和社会需要，制定出一定时期内组织活动所要达到的总目标。然后层层落实，要求下级根据上级制定的目标和保证措施，形成一个目标体系，并把目标完成情况作为考核的依据。我国政府的目标管理，是在企业推行目标管理责任制取得明显成效的基础上，首先以机关岗位责任制的形式出现的，这一制度最早在辽宁等地试行，继而逐渐在全国展开。1982 年 12 月，劳动人事部发布《关于建立国家行政机关工作人员岗位责任制的通知》，1985 年、1986 年，劳动人事部先后在吉林、四川、湖南三次召开全国岗位责任制和人事制度改革理论研讨会。此后，政府机关目标管理以责任制的形式在政府机关中广泛推广。

随着目标管理的逐渐推广，上级政府对下级政府的评估开始成为常态。如《国务院关于落实〈中华人民共和国国民经济和社会发展第十一个五年规划纲要〉主要目标和任务工作分工的通知》（国发〔2006〕29 号）将“十一五”纲要的主要目标和任务分解落实到各地区、各部门，并要求“各有关部门要按照职责分工，制订工作计划，明确任务和完成时限，研究提出切实可行的实施意见”，同时“各地区、各部门要对《纲要》落实情况进行跟踪分析，加强督促检查，注意研究新情况，解决新问题，及时报告落实《纲要》的进展情况”。在工作任务层层分解、落实的行政体制下，每一项具体内容的目标评价也层层分解、适用于各级政府部门。在“十二五”纲要颁布后，国务院又采取了同样的方式。这种对于五年计划纲要任务的目标管理及其评价，是目前我国政府部门相关应用的典型。目前，目标管理已经成为我国政府管理的有效工具，这一管理模式被学术界界定为“压力型体制”。

从目标管理本身而言，有四个方面的局限难以突破：[①] 一是假定了目标的正确性。目标评价最大的局限性，就是在逻辑上假定了目标的正确性；而整个评价过程都缺乏对这一假设的反思和调整，从而使得这个评价过程成为一个封闭的体系，缺少不断改善的动力机制。与经济等方面的评价存在区别的是，政府整体绩效目标本身具有一定的概括性和抽象性，在具体化、指标化的过程中不能完全避免被扭曲的可能性。例如，社会治安是政府整体绩效中公共安全领域的重要目标，其中一个重要的指标是刑事案件的破案率；但如果仅仅在数字上要求破案率达到一定的比例，则有可能致使侦查机关为了实现这一目标而弄虚作假甚至采用违法的侦查手段，反而与公共安全的要求背道而驰。当然，由于政府整体绩效评估的复杂性和艰巨性，许多具体的目标在设定时未必就显示出其不合理的一面，这需要在评估的实践过程中不断反馈、不断优化。但如果一开始就假定了目标的正确性，那么就很难对整个评估体系进行反思和调整了。二是强化上级政府过程控制。目标管理基本上都采取了自上而下的实施方式，这种模式在技术上体现并加强了上级政府的过程控制。换言之，目标管理的方式加剧了下级政府“对上负责”的特点。然而，从政府整体绩效评估的基本理念来说，政府是应当对公众负责的，过度的对上负责显然会冲击这一点，从而背离了政府整体绩效评估的初衷。三是繁杂的指标体系与程序。目标评价的另一个主要的局限在于指标体系与程序的繁杂。尤其是对于政府整体目标来说，由于许多目标本身具有抽象性和概括性，因此在评估的过程中，势必要用大量的具体指标来描述这些目标，由此形成繁杂庞大的指标体系，随之而来的是同样繁杂的评估程序。在若干一级指标之下，设置几十个二级指标、上百个甚至更多的三级指标，这些都是各地开展政府整体评估时的普遍做法。四是成为评估组织者的部门权力。与上级政府的过程控制相关的另一个局限，就是现有的目标导向下的政府整体评估以政府内部评价为主，从而逐渐异化为评价组织者的部门权力。

与传统目标导向的政府整体评估相比，政府整体绩效评估除了技术上更为精细和严密之外，还具有明确的结果导向和公众满意度导向，从而可以在很大程度上克服前述目标导向所包含的缺陷。其中，结果导向主要影响政府整体绩效评估的指标体系，而公众满意度导向则决定了政府整体绩效评估的最终标准。

强调结果导向的政府整体绩效评估指标体系。从绩效评估的角度来看，结果导向是在政府绩效评估的实践中对过去过分强调过程化管理的一种纠偏。结果导向强调政府绩效的衡量标准要以服务效果和社会效益为最终导向。当然，结果导向并不排斥关于过程的指标；合理的政府整体绩效评估指标体系，不仅要关注政府组织履行职责的最终效果，而且需要关注取得最佳效果的创新能力、内部流程、行动计划等能力类和过程类指标。

以公众满意度为政府整体绩效评估的最终标准，强调公民的广泛参与并为这种参与提供有效的途径。从政府绩效评估的经验来看，发达国家政府绩效评估的一大特点就是高度关注公众的广泛参与，从而使得绩效评估成为公众行政参与的有效渠道，这对于政府绩效评估本身就是非常有帮助的。对于政府整体绩效评估而言，从评估内容、指标、

---

① 郑方辉，冯健鹏. 法治政府绩效评价. 北京：新华出版社，2014. 68.

标准的选择与确定，到评估实施过程的监督、绩效报告的公开透明等，都体现了广泛的参与性。

在实践操作中，政府职能是政府整体绩效评估指标设计的依据，政府整体绩效评估体系是整体政府职能履行的导向。因此，开展政府整体绩效评估，离不开对政府职能的研究。无论是在组成结构还是工作任务方面，政府均呈现综合性的特征。在组成结构上，有党、政、武装、群团组织；在产业分布上，有农、工、商、建筑、运输、服务业等；在工作任务上，有政治、经济、文化、科技、教育、民政、卫生、治安、计划生育、工商、财税、党建等，由此可见，政府的工作具有较强的综合性。因此，政府整体绩效应以政府的整体工作为评估对象，包括其政治、经济、社会、文化等职责履行的总体表现。下面我们以“中国地方政府创新奖”创办以来唯一一个获得政府绩效管理领域奖的案例——北京市政府：“三效一创”绩效管理体系①为例，进行简要说明。

北京市政府绩效管理起源于岗位责任制，经历了目标管理督察考核、多元评价综合考评、综合绩效管理体系三个阶段。1999 年至 2002 年间，北京市政府对部门工作目标、依法行政、勤政廉政开展督察考核工作；2003 年至 2007 年间，推出“群众网上评政府”、委托第三方机构评估政府工作等，逐步形成以重点工作任务落实、加强基础工作、推行电子政务、社会满意度调查、部门互评、领导评价为指标的综合考评体系；2008 年，北京市政府成立绩效管理课题组，按照科学合理、简便易行的原则，借鉴政府管理的“4E”模式（经济、效率、效益、公平），吸纳平衡记分卡、360 度绩效考评等理论，探索建立综合绩效管理体系。

首先是绩效评估指标设计。北京市绩效评估体系的主要内容是“三效一创、八大指标”。“三效一创”由“履职效率、管理效能、服务效果和创新创优”四个部分组成，下设八项评估指标，百分制计分，不同的指标赋值不同（如图 5－1 所示）。履职效率是指基本职责任务的完成情况，设置职责任务指标以评估各部门常规的“三定”职责的履行情况和重点工作任务完成情况，分值 40 分。管理效能指依法行政和能力建设的情况，设置依法行政（8 分）和能力建设（7 分）两大指标来评估政府部门依法行政、行政审批、行政效能监察以及公务员队伍建设的质量。服务效果包括工作效果和服务对象满意程度两个方面，设置服务中央（5 分）、公众评价（20 分）、领导评价（10 分）、协调配合（5 分）四个评估指标。创新创优（5 分）鼓励各部门的创新意识，该指标主要涵盖重大工作创新成果、重要表彰奖励的情况。在“三效一创”之外另设置了“行政问责”扣分项目，出现发生违法违纪案件、发生重大责任事故、造成重大社会负面影响三种情形之一，并被行政问责的，予以减分，出现一项扣 5 分，扣分累计不超过 10 分。“三效一创”考评得分之和减去行政问责扣分为最终考评得分，绩效管理考评结果对各部门得分进行排序。

① 参考陈雪莲．政府绩效管理体制改革的制度环境和发展空间——以北京市“三效一创”绩效管理体系为个案的研究．天津行政学院学报，2011（6）．

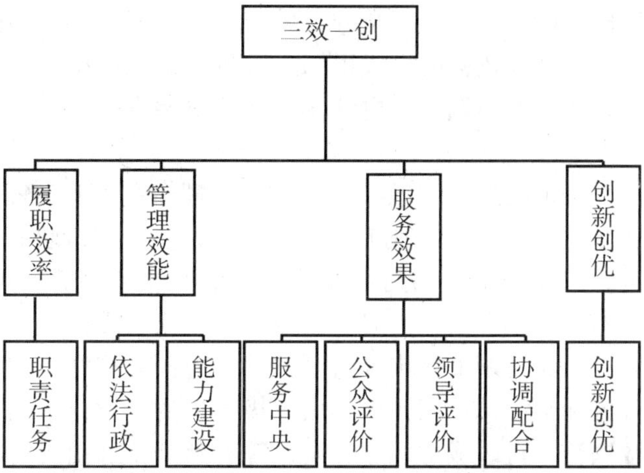

图 5－1　北京市绩效评估指标体系构成图

其次是组织依托。“三效一创”绩效管理体系的组织架构包括三个部门：最高决策机构——政府绩效管理联席会议，日常协调执行机构——政府绩效管理办公室，绩效评估执行部门——各专业部门。政府绩效管理联席会议制度由市政府办公厅、市监察局、市人力社保局、市法制办、市编办等部门组成。政府绩效管理办公室（简称绩效办）与原有的政府督查室为一个机构、两块牌子。政府体系中存在着由不同部门负责的多个专项考评工作，这些专项考评的考核内容被整合进“三效一创”体系，相关指标由各专业部门负责。承担绩效管理专项考评任务的部门按照市政府绩效管理联席会议的要求，负责制定专项考评实施细则并开展考评工作。市政府办公厅、市编办负责职责任务考评，市法制办、市监察局负责依法行政考评，市监察局和市人力社保局负责能力建设考评，市政府办公厅负责对服务中央考评，市绩效办负责公众评价、协调配合、创新创优指标的考评，“领导评价”由市领导负责考评。

最后是运行机制。北京市“三效一创”绩效管理体系的整体运行流程是“绩效计划制定—日常监控管理—年终考评—绩效结果应用”。“计划制定”指被考核单位根据本部门主要职责和所承担的市政府年度重点工作，制定本部门年度绩效计划及落实措施。“过程管理”和“年终考评”主要体现为市绩效办负责对各部门的绩效计划进行汇总和评审，经市政府绩效管理联席会议审议并报市政府审定后，制定《市政府绩效管理任务书》并印发实施。绩效办建立并依托绩效管理信息平台，加强日常考评管理，并落实月底自查、年度抽查、半年检查、年终考评。

北京市“三效一创”管理体系是凭借专家团队所提供的智识支持，在十年督察考核（目标管理）工作经验的基础上，借鉴国际国内的政府绩效管理实践经验而提出的。相对而言，北京市绩效管理体系有三个特点：①体系设计相对科学、完整，以考核为管理工具，考核标准量化、考核主体多元化、公众参与等现代绩效考核的新理念在这一机制设计中都得到了体现和落实；②系统、全面的政府绩效管理信息平台可以有效整合既有考核资源，强化管理的系统性，基本不增加考评环节和各参与方的负担，实现对各单位工作的常态管理、过程监控和综合评价相统一；③该体系导入了中央在京单位、公众、领导和基层等多元评价主体，尤其是100分中公众评价占到了20分，仅次于职责任务指标的比重。公众评价通过公开招标的方式由第三方机构组织实施，第三方调查机构随机抽样产生评估样本，并通过上门调查、电话访谈、网络调查等方式进行评估，以保证数据的真实客观性。

值得一提的是，北京市政府“三效一创”绩效管理体系主要是针对政府部门这一类的，对于各区（县）的绩效评估体系则有所不同。例如，深圳市政府整体绩效就包括市级部门和各区两大类。市政府工作部门的绩效评估指标体系包括行政业绩、行政效率、行政执行力、行政成本等四个方面，而对区级政府、新区管委会的绩效评估指标体系则是公共服务、社会管理、经济调节、市场监管等四个方面。同样，佛山市政府整体绩效评估的对象也包括各区和市级单位两类。佛山市级部门的绩效评估指标体系包括行政业绩、行政效率、行政法治、行政成本和服务满意等五部分，佛山对各区绩效评估的内容则包括经济建设、城市建设、社会建设、政府建设和社会评价等五部分。

第二节　政府整体绩效评估的思路与技术体系构建

一、政府整体绩效评估的思路

作为一级政府的绩效评估指标体系是以与其匹配的该级政府职能为依据的。“政府职能是政府行为的方向、方式和作用。政府作为国家行政机关具有多方面的职能，如作为统治者和领导者的政治职能；管理经济工作的经济职能；管理社会公共事务的社会职能。”① 根据联合国的政府职能分类（COFOG）体系，政府公共服务一般包括四个方面：一是普通公共服务与公共安全，二是社会服务（包括教育事务和服务、健康事务和服务、社会保障和福利、住房、供水、文化等方面），三是经济服务（包括燃油和电力、农林渔业、交通运输与通信等方面），四是未按大类划分的支出（如政府间转移支付）等。② 国内有学者认为政府应该提供的公共品包括教育类、社会保障类、公共医疗卫生类、环境保护类、公共科技类、公共事业类、公共秩序类、公共行政类等八大类。③ 2002年以来中国中央政府的《政府工作报告》一直将政府职能界定为经济调控、市场监管、社会管理、公共服务。

将政府职能按照政府所辖行政区域，在中央政府和各级地方政府之间进行配置，按照这种方式划分出的政府职能称为政府的层级职能。层级职能的划分，遵循“属地”原则，即政府职能范围主要限于本行政区域内。可以说，政府层级越高，其职能越宏观，政府层级越低，其职能越具体。以最低层次的镇级政府为例，改革开放后，全国以经济建设为中心，乡镇政府强化其经济职能。1992年，我国初步确立社会主义市场经济后，

---

① 孙克强，周敏倩，叶克林．中国经济体制改革理论研究述评．南京：东南大学出版社，1992．130．

② 萨尔瓦托雷·斯基亚沃－坎波，丹尼尔·托马西．公共支出管理．张通译校．北京：中国财政经济出版社，2001．77～78．

③ 卢中原．财政转移支付和政府间事权财权关系研究．北京：中国财政经济出版社，2007．159．

提出要进一步转变政府职能，增强服务意识。但是，由于缺乏理论研究和实践经验，在市场经济体制建立及完善的过程中，地方政府职能的范围、工作方式和运行机制的完全转变还受到一定影响。在此期间，关于镇级政府职能如何科学定位、怎样转变还存在争论，意见分歧较大的不在少数，其中有撤销乡镇改为县派出机构的意见，也有强化乡镇机构的意见；既有建议弱化乡镇政府发展经济的职能而转为强化服务职能的，也有认为经济发展与社会管理职能同等重要的。2009 年，《中央机构编制委员会办公室关于深化乡镇机构改革的指导意见》出台，首次清晰地表述乡镇政府职能：促进经济发展，增加农民收入；强化公共服务，着力改善民生；加强社会管理，维护农村稳定；推进基层民主，促进农村和谐。由此可见，增强镇级政府的社会管理和公共服务职能并不是否定镇级政府发展经济的责任，更不是否定镇级政府在农村经济发展的作用，而是要求镇级政府转变发展经济的思路，改革经济管理的方式，划清政府与市场和社会的边界。也就是说，要让镇级政府明白该做什么，不该做什么，既不能缺位，更不能越位、错位。这需要政府绩效评估的引导。虽然镇级政府管辖的范围不大，但与群众生活息息相关的任务都需要其予以落实。正所谓“上面千条线，下面一根针”，镇级政府的工作可谓包罗万象。与县以上政府不同，镇党委、人大、政府及其他组织，虽都有各自的职能和任务，但在实际工作中无法将其截然分开，大多数工作需要各部门全力以赴，又呈现整合性。镇的七所八站等所属部门和单位，又有许多是由上级职能部门派驻的，要做好各项工作，促进全面发展，必须处理好各方面的关系。从这个角度看，镇级政府绩效应以镇的整体工作为考核评价对象，包括其政治、经济、社会、文化等职责履行的总体表现。镇级政府整体绩效评估，就是评估主体运用科学的方法、标准和程序，对镇级政府这一行为主体的业绩、实际作为及其所产生的影响所作的全面评估。

作为政府部门的绩效评估指标体系，由于不同部门分管不同性质的工作，承担不同的业务职能，需要分门别类地进行评估。一般而言，分类越多，部门间的可比性就越强，但评议实施就会越复杂。要对政府部门绩效作出准确考评，需要打破现有的评估对象单一、调查方法单一、不同公共部门“大排名”的现状。只有全面覆盖各个部门服务的直接对象，让每个部门能够被自己的服务对象进行充分的评估，并在抽样方法和调查方法上针对不同服务对象进行设计，这样的绩效评估才是客观的、真实的。要实现这样的目标，对公共部门进行合理分类，并在此基础上设置具有针对性的评估方式成为非常重要的工作。

合理构建政府部门的绩效评估指标体系，一方面，需要遵循一定的原则进行分类：一是各部门履行职责和服务对象相似性的原则。根据工作性质、职责范围、工作难度、基础条件、工作对象和工作环境等，将公共部门合理划分成不同的类型。例如，可以按照与群众生活紧密相连的部门，在党委政府内起综合、协调作用的部门等标准作出相应的分类；另外，也可以按照部门的服务对象有所区别的情况进行分类。二是服务对象与调查方法相对应的原则。由于服务对象分为不同的类型，因此要使得绩效评估有效地覆盖到每一类人群，就需要结合不同类型服务对象的特点来设定抽样和调查方法。例如，对于一些窗口单位，可以采用直接到单位的办事窗口进行随机拦截填写调查问卷的方法。三是有利于考评过程和最终结果相比较的原则。各类部门可以根据其主要职责和面对的服务对象的近似性来进行分类比较，避免“大排名”的不公平现象。四是总体一致，内部有所区别的原则。在总体考评上各个部门遵循同一个标准的前提下，同一个类别的部门又可以根据服务职责特征的不同再进行类别细分，如在同一类部门中再根据开展工作力度强弱的标准进行类别细分。这样既集中体现共性，又体现个性，使每一个部门既能在总体中进行不同类别和不同部门的交叉比较，又能在同类部门中相互比较。

另一方面，分类要按一定的方法进行：一是主要服务对象同一性。公共部门的工作职责，可以分为重点职责和非重点职责。重点职责是指这个部门的重点工作是面对什么样的服务对象，服务对象是一致的，那么服务对象的期望和要求就有相似性。在分类时，可以先看部门重点服务的对象，将重点服务对象一致的部门归在一类。二是工作领域相似性。尽管各个公共部门的职责都不一样，但是从宏观的工作层面却可以分出类别，例如经济管理部门、社会服务部门、公用事业部门、行政执法部门、党群机关部门等。三是工作力度的强弱相近性。根据各类部门在各自工作领域执行工作的力度大小可以进行分类，例如服务于基层的公共部门可以分为有下设基层站所的部门和没有下设基层站所的部门，有下设站所的部门在基层开展工作的力度较大，没有下设站所的部门在基层开展工作的力度相对较弱。

二、政府整体绩效评估的技术体系构建

建立政府绩效评估指标体系的基本方法是把政府绩效结构中所涉及的所有领域的复杂关系简单化，用反映重要职能、体现最终效果、尽量便捷的评价指标获取尽可能多的评价信息。在政府绩效评估中，指标是评估目标的具体化，评估指标体系是政府绩效评估的核心，指标体系的科学性与合理性在很大程度上影响着评估活动的质量和水平。但是，指标体系永远都不是对政府所有工作的完全描述，相反，指标体系旨在突出反映政府工作的某些重要方面，有助于了解政府绩效的关键特征，从而指出政府之间的绩效差别，进而改进整体绩效。

按照一级政府指标构建原则，至少应包括目标层、领域层和指标层三个层次。各级政府绩效评估离不开各级政府职能，与地方政府的发展现状紧密联系。围绕各级政府职能进行评估指标领域层的划分，然后根据某一行政区域内的发展重点和方向界定领域层内涵，在此基础上搜寻对应的具体指标，最后确定对应指标的权重。倪星教授认为，地方政府绩效评估指标体系的设计还应遵循一些具体、特殊的原则：① 一是服务导向原则。地方政府的工作应该以为公众服务为目的，从公众需求出发，以满足公众的利益为最终目标。因此，在地方政府绩效评估指标的构建过程中，不能仅仅以经济指标为中心，而应将公众生活水平、社会保障发展、政治民主化、法治建设等方面的内容纳入到对地方政府的考核中来，切实体现政府为公众服务的目的和导向。二是职能依据原则。地方政府的职能是影响绩效评估指标体系构建的主要因子。职能决定了地方政府所应该承担的责任及义务，绩效评估就是要考察地方政府职能的行使状况和工作任务的完成情况。在构建绩效评估指标体系时，必然要将地方政府的职能作为主要依据。同时，还要根据地方政府职能的转变及时调整指

① 倪星．中国地方政府绩效评估指标体系研究．中山大学博士后研究工作报告，2006．50.

标，使指标适应形势的变化，充分发挥指标的引导与促进作用。三是客观实在原则。绩效指标的设定、评估都必须立足于当地实际，要看其是否实实在在地促进了本地区的综合发展，是否真正、切实地提高了人民的生活水平。四是整体统一原则。在制定各项指标时，要综合反映社会发展的全面性与协调性，而不能只侧重某一方面。五是灵活动态原则。在地方的社会经济环境发生变化时，绩效评估指标也应该进行相应的调整。一成不变的指标体系显然缺乏适应性，必须坚持灵活性原则，不断根据实际情况对现有的指标体系进行修正，使其能够动态地适应地方政府各方面状况的变化。

卓越教授认为，从方法论而言，政府绩效评估体系的构建主要可从以下五个方面来探讨，从而形成政府绩效评估的长效机制：①

（1）强调公共性。在现代政治理念中，政府公共性是政府合法性的基础。在现实政治生活中，政府公共性的特点就是要求政府树立公共精神。在政府绩效评估体系的构建中指标设计应体现公共性。公共产品通常是指具有消费上的非竞争性和受益上的非排他性的产品。政府绩效评估体系的设计要充分反映社会公众的多方面需求和意愿，尤其要突出政府公共财政在教育、卫生和社会保障投入上的比重，如城乡社会保障覆盖率、城乡医疗卫生设施与服务的数量和覆盖率（如每万人医生数），人均教育、科研、文化事业的经费等指标。此外，还要求尽可能地让公众参与其中，引入第三方评估，实现评估主体多元化，力求评估的客观性。这些直接与最大多数人的根本利益相关，具有很强的公共性。

（2）降低行政成本。成本通常指被用于生产过程的所有生产要素的总价格。政府为履行责任，提供公共产品和服务，必然要耗费一定的成本，这些成本由纳税人提供，这就要求我们建设一个“廉价”政府。因此，行政成本占 GDP 的比例就应该成为政府绩效评估的一个重要指标。政府财政支出主要包括政府自身的花费（人员及办公）和为国民的花费（公共投资）两大部分。前者在实际中出现的最大弊端是“吃饭财政”，后者的弊端则是造成“用别人的钱，替自己办事”的官场政绩文化，因此形成了大量“政绩工程”。因此，逐步导入基于绩效的公共预算体系势在必行。评估政府的廉价与否，不在于政府节约了多少钱，而在于政府在哪些地方节约钱，以何种手段节约钱；不在于其开支规模的大小，而在于其开支的合理程度。“阳光行政”和“政务公开”就是要求政府花的每一分钱都置于公众的监督之下。

（3）体现社会公平。当代政府公共管理在社会公平的基础上对公共责任和民主参与的强调，使效率、秩序、社会公平和民主成为政府绩效评估的基本价值取向。公民和民主价值取向在绩效评估过程中具体通过公共责任和公众满意度等来体现。政府管理的根本目标是不断提高城乡居民的物质和文化生活水平，因而，政府绩效评估指标要更多地围绕在民生质量的提高上。政府要特别重视合理调节收入分配关系，缩小城乡差距，加快建立健全社会保障制度，实行有利于扩大就业的经济政策和社会政策，改革和完善公共卫生服务、医疗保障和卫生监督体系等。例如，在城市公共住房建设中，考察政府绩效水平就应包括两个基本指标：城市廉租房占总建筑面积的比例和城镇居民人均住宅面积。可见，行政发展的重要价值维度就在于发展是受惠于广大民众的，政府绩效评估应

① 卓越，杨道田．政府绩效评估：行政发展的新视角．行政论坛，2008（1）．

该以体现公平为基本内容。

（4）重视全面、科学与可持续性。科学发展观和正确政绩观的确立，使政府绩效评估更加重视指标体系的全面、科学和可持续性。坚持全面发展，就是在经济发展的基础上，促进社会全面进步和人的全面发展；坚持科学的发展，就是在行政发展的基础上，促进政府绩效评估指标的科学性与合理性；坚持可持续发展，就是要努力促进行政发展同经济社会发展相一致，实现人与自然、人与社会的和谐发展。绿色 GDP 概念的提出，可以帮助寻求经济发展与环境保护、合理有效利用资源的结合点。因此，要积极引入万元 GDP 水耗、万元 GDP 能耗、万元 GDP 建设用地等指标来评估政府绩效，同时提高地方政府环境治污能力，用空气质量指数、饮用水源水质达标率、城市河流水质达标率、绿化覆盖率、人均耕地面积变动率等指标来考核环境保护情况。另外，政府要带头全面开展节能计划，有效节约能源，普及节能产品和设备，降低政府行政费用开支，建设“绿色政府”。

（5）彰显“以人为本”。科学发展观的核心和首要内容是“以人为本”，这对于建立科学的政府绩效评估体系具有突出的重要意义。建立“以人为本”的绩效评估体系，要求坚持以公众满意度作为政府绩效评估的根本标准。在政府公共产品和服务的生产与提供上，不能把社会公众看作政府服务的被动消费者，应考虑服务提供过程中公众的参与，保证公众参与服务的设计和提供，增强政府的回应性，从而使整个社会受益。即，在政府提供公共产品和服务的范围、内容、方式上，公众具有话语权；在政府决策上，公众具有参与权；在政府监督上，公众具有主导权。西方“新公共管理”运动的重要内容之一就是通过引入市场中的“顾客为导向”理念，推行政府绩效评估，实现“政府再造”，促进行政发展。新公共服务理论更是往前一步，要求公共行政的民主、公平、责任取向，突出行政发展的“以人为本”。“以人为本”揭示了发展的终极目标是人的全面发展，也揭示了行政的发展方向。因此，政府绩效评估指标体系的构建应着重强调公众满意度、政府公信力指数、政府腐败案件数、公众上访与投诉数等指标。概而言之，政府绩效评估指标体系的构建始终要贯穿“以人为本”的理念。

就政府部门绩效指标而言，机关部门作为一个有机的组织体系，有其自身目标和功能，有其活动范围和边界，最基本的要求是依法行政，人民群众对其评价主要看履行部门职能的效果。其次，机关部门的绩效应该有可持续性，科学的评估指标体系在关注“显绩”的同时，应能保证其职能充分发挥所具有的发展动力。公共部门管理活动特性显示，部门绩效既体现在主要职能的完成上，同时也体现在单位内部的管理以及表现出来的作风、形象上。因此，部门绩效可以从完成职能工作和共性的日常常规工作两方面表现出来，即职能工作绩效和共性工作绩效两方面，可以相应地对部门绩效的评估设立职能工作指标和共性工作指标两个一级指标。所谓职能工作绩效，是机关部门在其职能范围内所表现出来的绩效水平，它是部门绩效指标体系的主体。此外，为了突出对一些重点工作和特殊贡献的奖励，绩效评估体系还设置了嘉奖加分指标、扣分指标和一票否决事项指标，使考评指标体系在兼顾全面、突出重点中更趋科学、合理和公平。

指标权重是指在一个指标体系中，各个指标所占的比重。因此，指标权重是对评价内容重要程度的认定标志。在由多项指标构成的评估指标体系中，由于事物本身发展的不平衡性，有的指标重要程度高，有的指标重要程度低。为了表示不同指标对评估结果的影响程度，需要将所有指标进行加权处理，权重大表明指标的影响或作用大，对测评结果的贡献程度也大。在指标体系一定的情况下，权重的变化直接影响评估结果。因此，设置指标权重对评估结果具有重要的导向作用。对一个有多项评估指标的体系而言，对各指标的相对重要性（权重）的确定是一个关键。在本书的指标体系中，指标权重显示了同一个分类层次上每个指标的重要程度。在最后确定指标权重之前，采用了专家意见法（德尔菲法）对各指标的权重和指标内容进行分析认定。具体方法是：考核领导小组设计调查问卷，考核领导小组办公室听取有关方面的专家学者、有丰富实践经验的部门领导干部、广大人民群众的意见，然后回收问卷，对意见进行收集整理、归类统计，并经过七年的实践验证，最后确定出本套指标体系中各指标的权重。

第三节　政府整体绩效评估的比较

近十年来，对政府整体绩效评估的应用性研究浩如烟海，大部分文献集中描述的是为什么评估（目的）、评估什么（指标）、谁来评估（主体）和如何评估（方法）四大问题。关于政府整体绩效评估理论反思性的研究则相对较少。通过理论反思进而推动实践发展的成果更是相对有限。2011 年 6 月 10 日，监察部印发了《关于开展政府绩效管理试点工作的意见》，2012 年初广东开始开展政府绩效管理的试点工作。几年过去了，我们跟踪广东各地试点工作的进展，有三种模式值得探究：第一种是以绩效评估统筹各项考评，这种模式大大减少了考核项目，很大程度上减轻了被考核对象的负担；第二种是在原有考评上增加绩效评估，与原有的其他考评体系并行不悖；第三种是前两种的折中做法，只在形式上增加一种考核，却不会在实质上增加被考核对象的负担。各种模式的探索直接催生了广东省在全国率先大规模清理考核检查和评比表彰项目，2013 年 4 月 7 日，广东省政府新闻办公室在广东大厦召开新闻发布会，介绍广东省原有省级考核检查和评比表彰项目共 459 项，在这次清理工作中，广东省把主要项目分为考核检查和评比表彰两类，对原有的 279 项省级考核检查项目，撤销 74 项，合并 76 项，只保留 33 项，其中 33 项当中有 10 项是单独保留的，有 23 项是合并以后形成的。对原有的 180 项省级评比表彰项目，撤销 82 项，合并 27 项，只保留 49 项，其中单独保留的是 38 项，合并后保留的是 11 项。清理后剩下的 119 项考核检查项目和 23 项评比表彰项目改为常规工作管理和督查督办，不作为省级考核检查、评比表彰项目，其力度和广度在全国具有一定的示范性。本节旨在对广东几个政府绩效管理试点单位模式进行跟踪观察，以期通过理论反思进而推动试点工作实践发展。

一、佛山改革：以绩效评估统筹各项考评

佛山市是广东省确定的三个地级市政府绩效管理试点单位之一，现辖五区，位于珠江三角洲中部。此次试点工作由市监察局牵头，市绩效管理试点工作领导小组办公室（简称市绩效办）设在市监察局（市纪委）。笔者在佛山市访谈了五区和 89 个市直部门的党政主要领导，参加市绩效办研讨会十余次。

根据梳理和不完全统计，试点前佛山市对市直单位、五区的考核共计 86 项，包含

2 133个指标。70%左右的指标来自珠三角规划纲要、省委组织部的落实科学发展观评价指标体系、省发改委“建设幸福广东”评价指标体系三项考核。市绩效办于2012年开展市级设立考核项目清理工作，最后经市绩效办主任会议与专家研究讨论，将其大部分项目进行撤销与合并，纳入市绩效管理体系，不再进行单独考核。如以往的“机关党建工作考核”“党的基层组织党务公开考核”“远程教育考核”“学习型党组织建设考评”等考核，在新的绩效管理体系中的“履职效果”指标中去体现；把“市级财政支出项目绩效评价”“预算绩效管理工作考评”“会计决算工作考核评比”等考核合并分解，纳入到新的绩效管理体系的“部门支出”指标中；将“市有关单位信访工作目标责任考核”“广东省纪检监察机关2010—2012年信访举报工作目标管理检查”“廉政风险防控工作检查考核”等考核纳入新的绩效管理体系的“依法行政”指标中等。除此之外，还有一些针对单位职能工作、专项工作、执法工作、生产责任、党风廉政、行政效能等方面的考核，都融合到新的绩效管理体系指标中，此举大大减轻了被考评单位的负担。

佛山市此次试点工作有两个特点：一是实现组织体系、技术体系和结果运用的“三统一”。组织体系中的组织评价权是核心，由此派生出的技术体系和评价结果构成了考核评价的“三位一体”。统一组织体系是要改变目前组织权分割于不同部门，体现不同部门的意志的局面，使组织权统一到市监察局（市纪委）。但凡涉及考核内容的，重要事项由市绩效管理试点工作领导小组（市长为组长，相关市委常委为副组长，相关局长为成员）确定，最后由市绩效办一个“出口”进行发文。统一技术体系（指标、权重、指标评分）是指考核内容只用一套方案，避免多头考核、重复考核。统一结果应用是对考核结果的奖惩统一规定。在调研中发现，区（县）、街（镇）两级领导对评价的多头状况颇有微词，并希望改变目前1/3的时间开会，1/3的时间应付上级各种检查调研，只有1/3的时间去考虑地方发展的状况。当前政府考核或绩效评价除了上一级政府对下一级政府和部门进行评价外，还有上一级政府部门对下一级政府和部门进行评价。如各级政府除了维稳、计生、劳动安全、节能减排等“一票否决”的考核之外，还有每年的社会经济发展状况考核。同时，市里的年度重点任务，比如污水处理工作、保障房建设工作等，以及省或国家的专项任务，如“三打两建”“八项规定”等。试点前，这些考核评价权分散在组织部、发改、财政、机关工委、纪委监察等部门。试点后则将各组织评价权统一到了市监察局（市纪委），既避免多头评价背后的利益争夺，又维护了评价的稳定性。

二是管理过程方便操作、简单易行。如果绩效指标复杂，则数据采集困难，最终将导致绩效管理的失败。同样，在管理过程中，如果操作复杂，也会使相关部门和人员困惑，不明绩效之所以。因此，只有方便操作、简单易行的绩效管理才更能得到认同。佛山市通过开发“绩效管理信息系统”以优化数据采集及反馈功能，既可提高数据的及时性、准确性和全面性，也能使被评价单位的工作任务完成情况、未完成情况、报送情况、报送预警情况和绩效评价等情况直观明了，从而促进被评价单位改进工作。正是基于“绩效管理信息系统”的现代手段，才可以分阶段性地对政府绩效的总体状况、良好表现、实际效果和落后指标等进行综合分析，为改进绩效提供依据，进而在年终对所负责的全市该项指标（领域）的整体绩效情况进行专题分析，总结各单位成绩，查找不足，提出改进建议。

佛山市以绩效评估统筹各项考评的做法可谓“石破天惊”，就广东省内甚至国内而言前所未有。众所周知，“政府绩效评价肩负价值导向，即以绩效评估作为推动政府职能转变的机制与动力，尤其是引入独立第三方评价，克服了政府内部评价角色重叠的矛盾”①。所以绩效评价在某种程度上亦承担着“破局”的功效。佛山市以绩效评价统筹各项考评的“破局”，将矛盾直接聚焦于市监察局（市纪委）一个部门身上，需要很大的勇气来面对来自被取消考评权的部门的压力。

二、鹤山改革：在原有考评上增加绩效评估

在原有考评上增加绩效评估的增量改革在国内是个普遍的做法，主要基于如下考虑：一是不想触动既有的利益格局，避免与其他具有考评权部门的矛盾；二是站在部门的角度，通过试点工作使得试点部门已经具备一项新的考评权，试点部门受益而其他部门不会受损。

江门市的鹤山市也是广东省确定的政府绩效管理试点单位之一，下辖10个镇，其所推行的政府绩效评估体系与国内大部分试点城市的做法一样，在维持其他既有考评体系的基础上增加绩效评估。增量改革既可以避开因为取消其他考评体系而带来的利益之争，也可以落实现任党委政府的中心工作和重点工作。

鹤山市的试点具有较好的基础。2003年开始，鹤山市委、市政府开始探寻建立科学的镇级政府和市直机关部门绩效评估方法，促进镇级政府和市直机关部门进一步转变职能，提高政府的行政效率、效果和效益。2004年鹤山市建立镇级实绩评估机制，2007年开始对市直机关实行绩效评估。

鹤山市政府绩效管理试点工作的特点有三个：一是强调公众评价。在2012年7月制定的《鹤山市政府绩效管理试点工作实施方案》中，加大了公众评议的权重。政府部门绩效评价实行100分制，其中，基层群众评议等8种面向社会评议的分值就有70分。在镇级政府实绩考核中，民主测评和民意调查占总分值的30%。这就意味着公众满意度可以强烈地影响到干部的政绩，从而有效地约束或鼓励政府的行为。在实际操作中建立的“网上评议党政机关”网站、办事窗口现场考评、基层业务对口部门考评等一系列全方位、多层面、广覆盖的联系群众和服务基层的考评方式，充分发挥了全面真实地倾听群众的呼声，帮助党委政府完善决策、改进绩效的作用。在考评主体的选择上，由广大网民、服务窗口现场办事的群众、镇基层对口职能部门、市四套领导班子、各部委办局主要负责人和各镇党政一把手、上级对口部门、市党代表、人大代表和政协委员、社区党员和群众代表、受评单位的全体干部职工，以及由相关职能部门组成的年终综合检查小组等约1万人参与，考评的人员基本覆盖受评单位全部业务范围；在指标权重导向上，突出体现群众的满意度。以100分制为计分标准，基层群众评议的分值占总分值的35%～40%，领导评议占20%～25%，上级对口部门评议占5%，综合考核小组考评占30%。即评议分占70%，检查分（包括明察暗访）占30%。通过公众评价，广泛听取群众意见，了解机关工作、机关干部在群众中的口碑，获取党政机关在效能建设方面的信

① 郑方辉．政府绩效评价是推进职能转变有效路径．南方日报，2012－06－18.

息，找出管理和服务与公众需求的差距，引导和强化党政机关牢固树立“全心全意为人民服务”的宗旨意识和构建“服务型政府”的思维模式，提高机关干部心系群众、服务人民的意识，进而提高党政机关的公共服务水平和社会管理能力，推动社会和谐发展。

二是坚持责任到人。建立绩效的个人责任制是提高部门绩效的重要基础，各部门的业绩是与工作人员的工作业绩紧密相连的，机关的绩效建设最终要落实到每个公务员的个体行为上。鹤山市引入对公务员公共服务行为规范进行考核评议的方式，将公务员的办事态度、工作效率等列入绩效评估，既反映了各部门的工作成效，又加强了干部年度考核。同时，硬化制度约束，制定《鹤山市国家公务员公共行为规范试行办法》，明确提出公务员在公共服务中“六个应当”“八个严禁”，牢固树立全心全意为人民服务的宗旨；同时制定《鹤山市机关工作人员基本行为规范》《鹤山市文明服务用语规范》《首问首办责任制》《限时办结制》《一次性告知制》《服务承诺制》和《岗位责任制》等七项制度作为配套措施，着力推进党政机关效能建设，加强公务员队伍管理，对敷衍塞责、推诿扯皮造成重点工作未能有效推进的，对责任目标落实不力造成工作滞后影响大局的，坚决追究领导班子和当事人的责任。严格落实国家公务员行为规范投诉查处机制，严肃惩戒“懒怠”和“不作为”的公务员。畅通公务员“出口”，对被服务对象投诉并经查属实的公务人员，视情节轻重，进行相应处罚，直至责令辞职或辞退。

三是范围包括了最基层的自治组织——村（居）委会。据介绍，鹤山市政府绩效管理不仅涵盖镇级政府、政府工作部门、党群机关等领域，镇级政府更是将绩效管理进一步延伸至村（居）委会，形成横向到边、纵向到底，囊括党、政、农村基层全方位的绩效管理体系。虽然镇级政府对村（居）委会进行绩效管理，其权限值得探讨，但在现有的体制下却是一种现实的选择。

三、折中做法：增加考评形式而不增加考评内容

增加考评形式而不增加考评内容的折中做法不太常见，一般基于如下考虑：一是不想造成部门间的冲突，希望维持现有稳定的状态；二是需要完成上级交办的试点任务。

萝岗区（现已撤销，合并到黄埔区）是广州市确定的三个县级区试点单位之一，下辖5街1镇。萝岗区比较特殊，不仅作为一级政府，同时也挂广州开发区管委会的牌子，因此具有开发区的特点。笔者在萝岗区访谈了5街1镇和30多个区直部门的党政主要领导。此次试点工作由区监察局（区纪委）牵头，区绩效办设在区监察局（区纪委）。

根据梳理和不完全统计，试点前萝岗区对区直部门考核共计69项，包含2 021个指标。对街镇考核共计39项，包含898个指标。由于萝岗区试点工作的开展相对较晚，所以其起初通过考察佛山市、深圳市等地的做法来了解情况。一开始萝岗区对于如何开展绩效管理的思路并不明朗，但有两点是清晰的：第一，不要增加基层（被考核对象）的负担；第二，完成上级交办的试点任务。若是减掉已有的一些考核，则会面临与相关部门争夺组织权的冲突；若是新增一项考核内容，则会造成被考核对象的负担。因此，萝岗区监察局（区纪委）倾向于从已有考核体系中提炼出能够反映绩效内容的指标，增加考核形式而非内容。这个折中的思路一致贯穿于整个过程，成为试点工作的核心理念，进而慢慢地清晰化，最终成为试点工作的实施方案。

萝岗区此次试点工作的特点包括：一是增加的是考评形式而不是考评内容。一般的考评包括建立考评组织、颁布考评方案和内容、被考评对象接受考评、公布考评结果四个阶段。萝岗区此次试点工作的考评内容是从原有各考评体系中抽取指标，组合成政府绩效管理体系，因此考评内容不是新的，被考评对象无须增加新的工作内容；同时，被考评对象接受考评不会像传统考评那样，由考评主体去现场考评，现场考评是需要被考评对象做好接待工作的。此次试点工作实施方案只要从原有各考评体系中抽取指标，最后形成考评结果即可，避免了面对面现场考评所产生的人为干扰因素。

二是结果运用不涉及人事方面的晋升和降职。根据实施方案，将各单位得分情况进行排序，分为“优秀单位”“良好单位”“合格单位”和“不合格单位”四类。对年度评价结果为“优秀单位”的单位进行通报表扬，对结果为“不合格单位”的单位进行通报批评，并适当增减该单位年度考核“优秀”等次人数的比例。相应地，对年度评价结果为“优秀单位”的，该单位下年度的人员公用经费增加5%；对年度评价结果为“不合格单位”的，该单位下年度的人员公用经费减少5%。

萝岗区试点工作吸收了佛山市不增加一项考核的思路，也借鉴了鹤山市不触动既有利益格局的做法。这种折中做法产生的背景主要是，萝岗区作为一级政府，大部门改革后，机构设置已逐渐得以优化，一个部门甚至要挂三四块牌子，如发改局同时挂统计局、物价局和粮食局等几块牌子；科信局同时挂知识产权局、地震局、金融办等几块牌子；农林水利局同时挂区委农村工作办公室、畜牧兽医局等几块牌子。若是增加一项综合考核，那就意味着需要分离出人力、物力和财力去应对，这对于这些不太可能增加人员编制和财政预算的部门将是实实在在的一项负担。对街镇亦是如此。据介绍，街镇每年到了十月份基本上就干不了本职工作，要花两三个月的时间去应付上级各种类型的考评。萝岗区作为广州开发区，机构和人员已非常精简，现有的利益格局已经非常清晰，触动既有利益格局的结果可能会适得其反。

以上三种做法各有利弊，需要审时度势加以选择。佛山市“敢为天下先”的魄力直接推动广东省在全国率先大规模清理考核检查和评比表彰项目，这在全国也很有示范意义。鹤山市在既有的框架内不断创新，同样扎扎实实地推进了本地工作。萝岗区结合开发区的特点采用折中办法，也不失为一种稳妥的选择。

从历史角度看，中国各级地方政府在向民众提供公共服务方面往往充当上级政府“分包商”的角色，依靠政治压力和行政命令对整个体制进行动员，将上级交办的任务进行分解、下达，逐级发包至镇（街道）。于是，上级对下级政府的指标化考核被层层加码到下一级政府，最终形成了被称为“压力型体制”的运作特性，并由此产生传统政府考核模式。实际上，现有的压力型政府考核模式已经自成一个封闭运作的体系，自然而然地唯上不唯下、唯内不唯外，而不能满足公民的诉求，亟待新的政府绩效评估体系去突破。一方面，从个人角度来讲，压力型政府考核决定个人的绩效方向，进而影响薪酬和晋升，而压力型政府考核指标多是经济社会发展数量指标而非质量指标，所以公务员，尤其是领导干部基于多种考虑，更重视在压力型政府考核框架内成绩突出，正是由于“公民满意”没有被制度化为考核指标，才导致“事难办、脸难看”。另一方面，从部门角度出发，几乎无一例外都在排斥“公民满意”指标。执法部门，尤其是公安、交通等部门，认为直接与老百姓打交道，普遍比党群部门分数低。纪委、组织部门也为这种意见提供佐证，其中最普遍的说法就是：你找那些被罚款、被打击的对象问他们满意吗，答案当然是不满意。从社会调查方法来看，这样的情况确实存在，即调查的样本不能代表总体的面貌。然而，如果因噎废食，由此否定“公民满意”指标，则无异于将小孩与脏水一同泼掉。部门有其根深蒂固的部门利益，如果公民利益、部门利益和公共利益三者不能协调，自成一个封闭运作的体系的压力型政府考核模式必然倾向于维持部门利益，满足的是自身的利益而非服务对象——公民的利益。

就本质而言，绩效管理是要解决执行力和公信力的问题，而执行力需要纳入公信力这一大视野中才能获得其合法性。将执行力纳入公信力这一大视野，一方面需要使试点工作具有战略性。如果政府绩效管理本身具有战略性，那么被评价对象就能够很好地理解自身的目标和使命，从而主动地去提高绩效，而不是被动地接受评价。我们相信，没有什么比从实现使命中获得尊重与自我实现更能够获得成就感和快乐的了。从政府绩效管理的角度，应该充分给被评价对象理解部门战略和自身使命的空间，并给予正确的引导。例如，公安部2011年印发《关于改革完善执法质量考评制度的意见》，明确要求禁止将“罚没款数额”“行政拘留数”“发案数”“劳动教养数”“破案率”等作为绩效评估指标。这是个进步，因为这些所谓的绩效指标实际上与公安部门的战略和目标使命是不相符的。以往的考评所呈现出的评价主体各自为政，是各部门“权力扩张”的必然，通过考评而获得利益输送的结果。在不影响自身的政治、经济地位时，具有政策制定权的国家机关通常对下级政府及其部门的“权力扩张”保持一种放任姿态。因此，要解决政府绩效管理的无序化和权威性问题，应该将绩效管理过程纳入政策方案制定、执行、监控、评估、修订全过程中，再造政府绩效管理流程。

另一方面，加强绩效管理的结果运用，突出公众满意导向。结果运用要显示出刚性约束作用，可以通过绩效管理结果内部通报制度，组织单位将绩效评估结果每半年度向政府常务会报告，每年向党委常委会和政府常务会报告。评估结果通报党委委员和组织人事部门，并纳入领导班子年度考核体系，作为干部考核和使用的重要参考等。同时，开展常态化的公众满意度网上调查，实时收集社情民意。调研发现，很多地方都已实现党代表、人大代表、政协委员“两代表一委员”参与到历年的考核中，积累了良好的民意基础。有些地方实现了民众评议网、对话民生节目、电子监察系统等相结合的参与体系；有些地方组织在年终评议中选择几千甚至几万人参与评议。公民正是通过参与政府绩效管理全过程而进行判断、认识来确定对政府绩效的接受程度，进而对政府进行满意还是不满意的主观判断。因此，绩效管理过程始终面临着如何获取公民信任和认可的压力。对于政府绩效信任问题的解答，存在诸多解释，而公民参与无疑是其中最具有说服力的方案之一，也就是在政府绩效管理的整个过程中，应该通过各种不同的形式，不同程度地体现公民的声音、反映公民的意志。“让公众参与到公共事务和管理等公共产品的供给中来，具体地说，就是参与政府的决策和执行过程，这对于打破政府在治理上的垄断地位具有积极意义。”① 这也应该是政府绩效管理试点工作未来的一个发展方向。

① 张康之，李传军．变革时代中的公共管理．行政论坛，2010（2）．

第六章　政府整体绩效评估实践案例

2011 年，国务院批准由监察部牵头建立政府绩效管理工作部际联席会议制度，同意选择北京、吉林、福建、广西、四川、新疆、杭州、深圳等 8 个地区开展绩效管理试点工作。本章主要介绍全国绩效管理试点地区的绩效评估开展情况，并以深圳市政府整体绩效评估为例，详细介绍市级部门和各区绩效评估情况。

第一节　政府绩效管理试点工作概况

一、北京市

1. 2012 年起全面推行政府绩效考评

2012 年起，北京市全面推行绩效管理评价，使年度绩效任务指标与地区发展规划约束性指标和党委领导班子实绩考核等相衔接。2012 年底，统一组织区县政府绩效管理考评工作，市政府各部门原则上不再对各区县政府相关工作进行单独考核评价。考评分区县自评、外部评价、年度检查、专项考评、结果反馈和申诉处理等步骤。考评工作分为 6 个步骤，依次是区县自评、第三方调查机构进行外部评价、领导小组进行年度检查、各成员单位进行专项考评、市政府绩效办汇总考评结果报领导小组审议、对考评结果存有异议的区县政府提交申诉。另外，市政府绩效办将组织第三方调查机构，开展区县政府服务社会、公众等情况的调查评价，并形成评价报告。

2. 优化绩效管理评价体系

在市区两级的评价体系中，设置依法行政、效能建设、行政审批制度改革、公务员队伍建设、廉政风险防控等指标，将政府内部管理进行有机集成，形成管理的“拳头效应”。以“民生改善”为例，包括基础教育发展水平、就业水平、社会福利与社会救助、社会保险、基本医疗卫生、药品安全、保障性住房建设与配租配售等 7 个评价要点，考评内容十分具体。另外，评价体系还设立了加分项和扣分项，对年度行政管理体制机制创新等工作给予加分，对发生行政问责等情况的给予倒扣分。另外，北京市以公众评价为切入点，启动“政风行风热线”民主评议，在《首都之窗》开通《纠风专项治理》专栏，并通过政务微博加强与公众的互动交流，加强了公共政策在制定、执行和效果评估等环节的社会参与，积极构建“政府主导、多方协同、公众参与”的公共治理结构，努力探索一条以绩效管理牵动建设法治政府、廉洁政府、责任政府和服务政府的有效途径。

3. 成立政府绩效管理研究中心

2012 年 12 月，北京市成立了市政府绩效管理研究中心，还搭建起公众和政府的交互平台。市政府绩效管理研究中心，由市政府绩效管理工作领导小组与市社会科学院联合发起。该中心依托北京市社会科学院管理所，联合国内知名专家学者建立一个高水平的智库机构，为政府绩效管理制度建设服务。该中心还着力形成学术研究与政府决策的互动机制，打造政府与公众的交互平台。在理论层面，中心要构建绩效考核的理论框架，在借鉴国际先进经验的基础上，结合中国现状，提出有中国特色的政府绩效发展道路。在实践层面，中心要协助相关部门做好绩效管理的宣传、教育和培训工作，使相关人员能够充分接受绩效管理理念、熟悉绩效评价方法，从而有效加强绩效管理的队伍建设，深化政府各部门对绩效管理与评价的理解，同时提高公众对绩效管理的认识。

二、四川省

2011 年 9 月，四川省出台《四川省人民政府关于开展政府绩效管理试点工作的意见》（川府函〔2011〕198 号），对全省绩效管理工作开展的工作思路、工作内容、工作步骤和工作要求作出了详细的规定，成为全省各市（州）人民政府，省政府各部门、各直属机构开展绩效管理的指导性文件。2012 年 3 月，四川省又制定出台了《四川省人民政府绩效管理过错问责及结果运用办法（试行）》，重点对问责情形、方式及结果运用等作出明确规定。2014 年 4 月 26 日，四川省政府网站公布正式实施的《四川省人民政府部门绩效管理办法》（以下简称《办法》），从绩效管理内容、评价等方面对省人民政府各部门的绩效管理进行了详细规定，推动部门加快职能转变和管理创新。

《办法》规定，绩效管理设置三级指标。一级指标 4 项，分别为职能职责、行政效能、服务质量、自身建设。二级指标 12 项，分别为职责任务、依法行政、政令畅通、效能建设、行政成本、应急管理、服务群众、接受监督、协作配合、党建工作、政风行风和廉政建设。

《办法》规定，绩效管理评价在部门自我评价和评估意见提供单位评估意见的基础上，采取政府领导评价、绩效组织评价、部门互评和社会公众评价相结合的方式进行。其中，社会公众评价由省政府绩效办组织在部分市（州）开展抽样调查，重点对省政府部门的服务态度、服务能力、服务效率、服务效果进行民主测评。

《办法》规定，部门绩效管理实行分类计分，总分为 100 分，其中职能职责 60 分，行政效能 15 分，服务质量 15 分，自身建设 10 分。在部门绩效评价的权重和计分中，省政府绩效委各成员对部门二级指标分别作出评价，评价权重为 50%，部门互评评价权重为 15%，社会公众评价权重为 15%。

三、吉林省

2011 年 11 月，吉林省政府工作部门绩效考评组根据《中共吉林省委、吉林省人民政府关于吉林省绩效管理工作的实施意见（试行）》（吉发〔2011〕30 号）制定《2011 年度吉林省政府工作部门绩效管理考评办法（试行）》。2012 年吉林省绩效管理工作系统谋划、初步形成了领导有力、协调顺畅、多元参与、齐抓共管的绩效管理工作机制。

1. 加强组织领导工作机制

吉林省成立了以省长任组长的绩效管理工作领导小组，省委、省人大、省政府、省政协有关领导同志任副组长，党群和政府18家单位的主要负责同志为成员。领导小组下设办公室，并加挂省委、省政府绩效管理监察室的牌子。在省公务员局、省发改委和省直机关党工委分别设立省政府工作部门考评组、市（州）政府长白山管委会考评组和省直党群工作部门考评组，具体组织实施绩效考评工作。

遵循权力相互监督、相互制约、相互协调的思路，坚持决策权、监督权、实施权分离，领导小组统管，负责统筹协调全省绩效管理工作；省绩效办坚持“牵头不包办、督促不替代、协调不越位”原则，负责日常组织协调和检查指导工作；省绩效管理监察室坚守“监察”这一职能定位，负责党政领导干部问责和省政府部门行政审批制度改革工作；省发改委、省直机关工委和省公务员局作为考评牵头部门做好设定指标、组织考评、核验数据、建档备案等具体工作。

2．建立科学合理的指标体系

吉林省绩效管理工作按照“管什么”“怎么管”“谁来管”的思路，建立三级细化的目标机制，科学设定绩效管理指标体系。吉林省绩效管理一级指标紧紧围绕省十次党代会提出的“两翻番”“双倍增”“七跃升”发展目标，内容涵盖省委常委会工作要点、省政府重点工作目标、国家下达和上级部署的工作任务、根据“三定方案”主要职能确定的年度工作要点、“十三五”规划分解的工作任务等方面，明确指标来源根据。二级指标是把一级指标细化为多项具体工作内容。省直各部门（单位）绩效（目标责任制）指标类别由业务类工作指标、共性类工作指标、临时性工作类指标和加减分指标构成；部门指标突出关键业绩、重点工作和职能工作，兼顾依法行政、改革创新等内容，真实反映部门特点；地区指标强调结构调整、民生改善、公共服务、社会管理等目标任务完成情况，真实反映地区差异。围绕重点工作完成情况，适当设置了加减分甚至降档项，对发生重大责任事故被上级部门问责的，实行“一票否决”。通过指标设计与权重倾斜，引导各方面力量向重点任务集中，形成以点带面、整体推进的工作局面。三级指标是将二级指标的工作任务明确为具体要求和措施。

3．实施察访核验长效机制

吉林省高度重视察访核验工作，针对以前部分指标数据统计不够精准、数据采集单一的实际，把及时到位的察访核验，作为绩效管理的关键环节。三个考评组以定期核查和随机暗访相结合的方式，深入各地各部门，对绩效管理工作开展情况进行监督检查，省绩效办适时开展督查抽查。察访核验主要采取听、看、访三种形式：听，即听取汇报，考评组听取项目建设所在地的市（州）、县（市、区）政府推进落实民生实事和重点工作项目情况的汇报；看，即实地查看，考评组深入项目现场进行实地查看，准确掌握工作的推进程度和实际落实情况；访，即访问民意，对涉及民生、直接关系人民群众利益的项目现场，以发放民意调查表的方式，采集知情群众和服务对象对建设项目的定性评价信息，了解人民群众和服务对象的评价与意愿。对一般性工作，察访核验每季度进行一次；重点工作的察访核验则每月进行一次。

4．建立奖优罚劣的导向机制

吉林省委、省政府建立全方位奖优罚劣导向机制，将绩效管理范围由2007年实行政府绩效评估之初的只考评省政府工作部门，扩展至市（州）政府长白山管委会，实行目标责任制管理的党群工作部门和省直参照公务员管理单位，包括省直行政编制公务员，覆盖了承担服务和管理职能的参照公务员管理人员。绩效考评工作遵循“宜粗不宜细、宜简不宜繁，由易到难、循序渐进”的原则，在提高科学性、规范性和操作性上下功夫。

5. 建立统一的信息保障机制

为提高绩效管理工作科学化、规范化水平，吉林省谋划建立全省模式统一的绩效管理信息系统平台，运用“制度 + 科技、预防 + 惩处”等手段开展绩效管理。通过信息系统规范部门绩效指标的申报和审核等流程，实现制定绩效指标的全程留痕；对年度绩效指标进行跟踪纪实，并通过上传图片、视频等佐证材料，直观掌握工作推进情况，实现绩效过程管理功能；支持在线实施年度绩效考评，自动生成考评成绩和结果统计分析，构建部门（单位）绩效电子档案，并以此实现绩效管理工作的网上办公。信息系统的上线运行使指标填报、过程管理控制、数据采集分析等绩效管理程序固化，通过自动生成地区和部门自我考评分值与结果统计汇总等方式，提高工作效率，避免人为干扰，确保考评结果公正、公平。同时，加强信息调度机制建设，一月一调度、一季一汇总，及时掌握全省经济社会发展综合情况，形成规范有序的绩效管理信息报送体系，使绩效管理工作成为推动党委、政府工作落实的重要力量。

四、福建省

福建省经过十多年的探索，初步建立了以绩效目标、绩效责任、绩效运行、绩效评价、绩效提升为基本框架的政府绩效管理制度。2012 年 9 月福建省又出台《中共福建省委办公厅、省人民政府办公厅关于进一步深化政府绩效管理工作的意见》（闽委办发〔2012〕7 号）。2013 年 11 月 29 日，福建省十二届人大常委会第六次会议审议通过《福建省机关效能建设工作条例》（以下简称《条例》）。这是全国首部机关效能建设工作的地方性法规，标志着福建省机关效能建设步入法制化轨道。

1. 拓展政府绩效管理的实施范围

政府绩效管理遵循分级管理的原则。省级政府绩效管理的范围为：九个设区的市人民政府、平潭综合实验区管委会，由省政府组成部门、特设机构、直属机构，逐步扩展到省政府所有部门；市、县（区）政府的绩效管理范围参照省级管理范围确定，也可结合实际拓展范围和层级，原则上，乡镇以上政府机关都要纳入。

2. 建立健全政府绩效管理的制度体系

建立和完善相关管理制度，具体包括：目标制度，即绩效目标设定、目标审核、目标公示等制度；责任制度，即绩效责任分解、责任公示、责任追究等制度；监控制度，即绩效运行定期分析、预警预测、点评通报、督查指导、电子监察等制度；评价制度，即绩效指标数据采集、公众评议、察访核验、联合评审、专项评价等制度；改进提升制度，即双向反馈、结果通报、分析整改、绩效奖励、绩效问责等制度；相关配套制度，包括效能投诉、效能督查、行政问责、行政权力运行监控等配套制度。

3. 完善政府绩效管理的指标体系

完善地方政府的绩效管理指标体系，地方政府重点工作实化细化为绩效指标，综合评价地方经济社会发展水平、发展效益、发展代价，引导和促进地方政府转变施政理念和行政管理方式。完善政府部门的绩效管理指标体系，突出围绕工作推进、依法行政、高效行政、民主行政、廉洁行政和改革创新等方面设置指标，重点评价发挥职能、履行职责的实际成效。完善专项工作的绩效管理指标体系，探索开展对重大公共政策、政府投资项目和重大工作的专项评价，突出围绕决策、实施、结果、效益等方面设置指标，重点强化对科学民主决策、成本效益分析、项目实施质量、资金使用效益、群众满意度等方面的评价。

4．进一步规范政府绩效管理的评价方法

指标考核，科学设计指标考核的权重，规范指标的内涵外延、数据采集和计算方法，健全指标增减的审核机制，规范指标的分类考核；规范指标的考核程序，强化监督检查，认真受理申诉，确保结果客观公正。公众评议，规范公众评议的调查范围、样本数量、调查频率和权重设置；扩大社会知情面，提高公众参与度。综合运用现场评价、问卷调查、电话访问、网上评议等方式开展公众评议；完善公众评议回应机制，维护社会公众的知情权、参与权和监督权。察访核验，改进察访核验的方式方法，拓展察访核验内容，把推进政府绩效管理与规范权力运行、推行政务公开和政府信息公开、治理庸懒散奢、实行行政问责等工作紧密结合。整合考评资源，加强绩效管理与领导班子和领导干部考核评价、经济社会发展综合评价、公务员考核等工作的衔接度，强化绩效管理的整体效应。探索新的评价方式，组织行业性评价机构、高校研究机构、专家委员会等第三方组织，共同参与绩效评价；建立健全第三方参与评价的相关制度，确保评价公开、公平、公正。

五、新疆维吾尔自治区

2011 年，新疆维吾尔自治区召开政府绩效管理试点工作动员会，制定下发了《自治区开展政府绩效管理试点工作的实施方案》，先行选择了伊犁、和田两个地州和奎屯市、奇台县两个市县，以及 12 个联系点单位，开展首批试点工作。2012 年全区共 14 个地州市、50 个政府部门均成立了绩效管理工作机构。初步建立以绩效指标考评为主体，以过程管理、公众评议、效能问责和电子监察为重要手段的“五位一体”绩效管理模式。

1．注重顶层设计，着力构建绩效管理制度框架

成立绩效考评工作领导小组，自治区党委副书记和自治区党委常委、纪委书记分别担任正副组长，全区 14 个地（州、市）、自治区 76 个参评职能部门均组建绩效管理工作机构，形成了“党委、政府统一领导，领导小组具体负责，绩效办组织考核，社会公众参与，内考与外评相结合”的领导体制和工作机制。同时，按照“廉洁高效、优化环境、服务发展、群众满意”的绩效管理目标要求，制定印发《行政机关效能考评实施办法》《绩效考评工作方案》等制度规范。

2．注重导向作用，着力优化绩效管理指标体系

自治区紧扣民生改善、环境保护、资源节约、社会管理、政务优化等目标任务，构建质量、经济、效益、民生、创新、稳定相结合的动态指标体系。2012 年，按照中央对新疆工作的要求，设置了经济发展、社会和谐、生态优美、民生保障改善、对口援疆、

区域特色等10项一级指标。2013年，全面落实党的十八大提出的“五位一体”总体布局，将一级指标调整为经济建设、政治建设、文化建设、社会建设和生态文明建设5项。

3．注重职责落实，着力强化绩效目标过程管理

一方面，自2011年起，每年从社会各阶层选聘100名效能监督员，确定50个效能监测点，不定期对各地区各部门及其服务窗口进行明察暗访。2012年为贯彻落实中央八项规定和自治区“十条规定”，改进机关作风和提升效能效率，按季度开展集中监察。另一方面，突出对各地区各部门保障和改善民生职责履行情况的监督检查，督促和推动自治区重大民生实事工程的落实。2012年，把25类90项重点民生实事工程分解到自治区各职能部门，重点对定居兴牧、富民安居、保障房建设等十大项目进行察验。2013年，把实施25类100项重点民生工程情况列为绩效考核的重要内容。

4．注重外部监督，着力提高人民群众满意度

建立以人民群众为主体的监督和评价机制，加强对政府绩效管理的外部监督。通过报纸专栏、电视访谈、网络监督、手机信息等渠道，把绩效管理从机关延伸到全社会。同时，委托社情民意调查机构，采用CATI（计算机辅助电话调查系统）和社情民意调查热线“12340”，组织“两代表一委员”、普通群众、企业负责人和基层干部，对各地区各部门公众效能满意度情况进行民主测评，通报测评结果。采取座谈会、问卷调查、网上评议等方式，广泛征求社会各界对政府部门的意见和建议，并通过单位内部征集和社区广泛征集，开展征求基层群众不满意事项试点工作，督促各地各部门加大政务公开力度，切实转变工作作风。

六、广西壮族自治区

广西在总结三年已有成效的经验和做法的基础上，进一步规范工作流程，旨在通过倒逼的工作机制，充分发挥绩效管理的杠杆作用，具体进展情况如下：

1．年度工作目标更加明确

通过制定区直机关年度目标责任分解书，把党委政府的重大部署、发展规划的宏观要求逐项分解，细化、量化、实化到具体年度、具体项目，明确路线图和时间表，不仅关注经济发展，而且关注社会建设、民生改善和生态保护；不仅关注发展速度，而且关注发展质量和方式；不仅关注当前发展的显绩，而且关注未来打基础的潜绩；不仅关注上级下达任务的完成，而且关注群众合理诉求的解决，体现考绩与考效的统一，树立起符合科学发展要求的新考核机制和导向，推动了经济发展转型和政府职能的转变。

2．工作责任分解更加清晰

绩效考评办组织各级机关围绕职能职责的全面履行，以结果为导向，对各项年度工作任务实行项目化管理，倒排时间节点，明确任务数量、质量标准和完成时限。2013年，将745项工作目标分解到82个区直机关，细化为2 783项具体的工作任务，明确设区市须承担落实工作任务的一级指标8项，二级指标23项，三级指标100项，构建起纵向到底、横向到边的责任体系，形成推动工作有效落实的倒逼机制，促使各级各部门不折不扣地执行和落实党委政府的各项决策部署。

3. 工作绩效评判更加严格

①增强指标的可考性。要求各被考评单位在年度目标责任分解的基础上进行细化量化，形成可量化、可报告、可核实的年度绩效考评指标体系及评分细则。②增强评分标准的科学性。评分标准既突出强调结果考核，以结果为导向，又注意履行职责、日常监管、制度建设的过程考核。③完善考真考实的机制。健全各被考评单位自我评估、自我管理、自我改进的工作机制，规范年终自评工作的程序和标准，强化自治区主管部门对各市相关工作指标考核的责任，严格规范各部门的考核行为，从制度机制上确保各项考评数据真实可靠。④加大察访核验工作力度，突出强调对弄虚作假现象的处罚，属于自治区主管部门负责考核的，采取“双挂钩”的办法，倒逼各级各部门实事求是地开展自评，规范自治区主管部门考评行为。

4. 机关作风转变更加扎实

坚持内部考核与外部评议相结合，尤其是突出外部服务对象、普通社会公众对机关作风、工作态度、工作质量和工作效果的评议，加大民意在机关绩效考评中的分量，使转变机关作风这一软任务变成实实在在的硬要求，从机制上倒逼各级机关牢固树立群众观点，增强服务意识，自觉在各项工作中实现对上负责和对下负责的统一，采取有效措施转职能、转作风、转方式，改进自身管理和服务。2012 年度自治区公众评议共邀请 7.46 万人次的各级人大代表、政协委员、干部职工、管理服务对象、普通城乡居民等对各市和区直机关进行评价，促使各级机关和广大公务员在完成上级下达任务的同时，更加注重服务基层、服务群众，主动接受群众的监督和评议。

5. 地方政府积极创新绩效管理工作——百色市

2012 年百色市政府绩效管理创新主要体现在以下三个方面：①载体创新。2012 年，百色市出台了《“绩效管理提升年”活动实施方案》，以开展“治骄”“治懒”“治空”“治虚”“治假”“治奢”的“六治正四风”行动为重点，以实施“3568”（“3”指推进绩效管理“差异化、精细化、信息化”三化考核；“5”指实行工作绩效“按责分解、按周建档、按月公示、按季检查、定期评估”五项流程；“6”指完善绩效管理“社会监督、民评民议、督察考评、绩效问责、效能投诉、成果运用”六项机制；“8”指建立促进绩效管理水平八项配套制度）工作法为载体，形成领导负责、部门联动和全员参与的机制。②制度创新。2012 年出台了《百色市绩效管理问责办法（试行）》，并按照问责办法进行绩效问责，全年共发放绩效督办通知书 20 份，绩效督查整改通知书 47 份，绩效督查通报 5 份，并对绩效考评结果适用对象及运用办法等作出明确规定，按照考评结果等次相应确立绩效奖励和评优比例。同时，百色市多举措严抓整改工作，一方面召开督办会（或集体约谈会）进行整改工作部署，另一方面加强社会监督促进整改。③机制创新。采用分类考评，把 12 个县（区）分为“经济发展和生态保护并重”“生态保护和经济发展并重”两个类型进行差别化绩效考评。将市直单位分为党委系统、政府工作部门、群团组织和市直属事业单位分类进行差别化考评。实行市委和市政府领导负责联系县（区）和相关市直单位的绩效考评工作负责制，实行市巡视督察专员挂点联系绩效考评工作机制。开通绩效考评信息管理系统，增强绩效管理手段，成立绩效评估中心，加强绩效队伍建设。

由自治区绩效考评办组织各设区市、自治区有关单位，按照科学发展、全面履职、赶超跨越、差别考核以及公众满意的原则，采取自上而下和自下而上相结合的方式，逐项分解落实党委、政府的各项部署和要求，构建包括职能工作目标、共性工作目标、创新争优目标、工作满意目标在内的年度绩效指标体系框架，并根据各设区市的基础条件、功能定位和发展重点，明确不同的指标内容、分值权重和考评要求，逐个市编制各有侧重、特色鲜明的差异化绩效考评指标体系。

表 6－1　设区市 2014 年度绩效考评指标体系框架

<table>
<tr><th>目标类型</th><th>一级指标</th><th>二级指标</th><th>三级指标</th><th>权重</th></tr>
<tr><td rowspan="10">职能工作目标</td><td rowspan="4">一、经济建设</td><td>（一）经济增长</td><td>GDP 增长、财政收支、贸易增长、项目建设、城乡居民收入</td><td rowspan="10">60%</td></tr>
<tr><td>（二）结构调整</td><td>推进工业化、服务业发展，扩大开放开发、非公有制经济发展、旅游业发展</td></tr>
<tr><td>（三）自主创新</td><td>支持企业创新、专利发明、质量兴桂战略</td></tr>
<tr><td>（四）“三农”工作</td><td>粮食生产和粮食安全、“两高”糖料蔗基地建设、“菜篮子”工程市长负责制、农产品质量安全监督、水产畜牧业发展、农业基础设施建设</td></tr>
<tr><td rowspan="2">二、社会建设</td><td>（五）社会管理</td><td>公共卫生、计划生育工作、食品药品安全、安全生产、社会治安综合治理、应急管理体系建设、气象防灾减灾、防震减灾</td></tr>
<tr><td>（六）民生工作</td><td>为民办实事、就业和社会保险、教育工作、扶贫攻坚</td></tr>
<tr><td>三、文化建设</td><td>（七）文化改革发展</td><td>文化改革发展专项考评</td></tr>
<tr><td rowspan="2">四、生态建设</td><td>（八）生态环境</td><td>“美丽广西·清洁乡村”活动、国土资源保护与利用、水资源管理、大气污染治理、林业生态建设、禁止开发区域生态保护、污水及废弃物处理、突发环境事件</td></tr>
<tr><td>（九）节能减排</td><td>节能降耗、淘汰落后产能、污染减排</td></tr>
<tr><td>五、临时性重大工作</td><td>（十）临时性重大工作</td><td>自治区党委政府部署的临时性突发性重大工作任务</td></tr>
</table>

（续上表）

目标类型	一级指标	二级指标	三级指标	权重
共性工作目标	六、党的建设	（十一）领导班子和干部队伍建设	领导班子和干部队伍建设专项考核	4%
		（十二）党风廉政建设	党风廉政建设责任制考核	
	七、共性指标	（十三）行政效能	行政审批制度改革专项考核	5%
		（十四）政务工作	政府信息公开和政务公开工作、政务服务工作、电子政务	
		（十五）行政成本	“三公”经费支出、政府债务管理、预算绩效管理	
		（十六）依法行政	依法行政考核、社会综合治税工作	
		（十七）信息保密督查工作	党委信息工作、保密工作、督查工作	
		（十八）武装工作	武装工作	
创新争优目标	八、创新加分	（十九）超额创新加分	超额完成目标及工作难度、工作创新加分	5%
		（二十）表彰奖励加分	表彰奖励加分	1%
工作满意目标	九、社会评价	（二十一）评议评价	领导评价和民意调查	25%

七、杭州市

2011年9月，杭州市人民政府办公厅公布《杭州市政府绩效管理试点工作方案（2011—2012年）的通知》（杭政办函〔2011〕233号），明确了杭州市2011—2012年绩效管理的阶段性目标。2012年以来进一步确立科学规范、特色鲜明的杭州政府绩效管理模式，重点开展的工作主要有以下两方面：

1．市直单位综合考评

杭州市将参加考评的116家市直各部、委、办、局及市直有关单位，按照工作职能、性质的不同，分为综合考评参评单位（71家）和综合考评非参评单位（45家）两大类，设置不同考评内容、不同权重，统一考评。市直单位综合考评总分为100分。其中，社会评价占50分，主要是按比例随机抽取市民、企业、市党代表、市人大代表、市政协委员、专家学者等9个层面约1.5万名投票人员，对市直单位进行满意度评价；目标考核占45分，主要是对市直单位职能工作目标、领导班子和党风廉政建设等共性工作目标进行考核；领导考评占5分，由市四套领导班子和法、检两长对市直单位的总体工作实绩进行评价。综合考评非参评单位只设置目标考核和领导考评，其在社会评价中只征求意见。创新争优由市直各单位自愿申报，市考评办组织核验和专家绩效评估（2013 年起改为“两轮评审”，即先通过网络进行远程专业评审，后进行现场综合评估），作为综合考评加分项目。

2. 区、县（市）综合考评

考评对象为杭州市所辖的 13 个区、县（市）。在考评内容与权重设置上，目标考核占 65% 的权重，包括发展指标和工作目标两部分。发展指标按经济建设、社会管理和公共服务、发展潜力三大类设置了 34 项指标，占 30% 的权重；工作目标着重考核市委、市政府确定的年度重点工作任务、地区年度重大工作目标完成情况，以及领导班子、党风廉政建设、社会评价意见整改等情况，占 35% 的权重。领导考评由市四套领导班子成员和法、检两长对区、县（市）领导班子的领导力、执行力、协作力、创新力和总体工作业绩进行综合评定，占 5% 的权重。社会评价占 30% 的权重，主要由当地五个层面的代表对区、县（市）党委政府经济建设、社会管理、公共服务、依法行政等方面的工作业绩和社会效果进行满意度测评。特色创新作为考评加分项目（分值设定为 5 分），由各地自愿申报，实行绩效评估。

第二节　深圳市政府整体绩效评估案例

一、深圳市政府绩效管理概况

深圳市政府绩效管理工作是在深化行政管理体制改革、推进服务型政府建设、提升行政监察工作科学化水平的背景下产生和发展起来的。2007 年至 2009 年，连续 3 年在市政府 16 个部门及 6 个区政府进行试点，2010 年在全市政府系统全面试行，2011 年起正式推行，对贯彻落实科学发展观、加强服务型政府建设、提高政府执行力和公信力、改进机关作风发挥了积极有效的作用，多次得到上级纪检监察机关和市委市政府的充分肯定。2010 年 6 月，深圳市政府绩效管理工作入选中央纪委监察部首次召开的“全国反腐倡廉建设创新经验交流会”50 项书面交流材料之一。2011 年 4 月，深圳市被确定为全国开展绩效管理的试点地区之一。2011 年 6 月，深圳市政府领导作为唯一的副省级城市代表在全国政府绩效管理试点工作动员会上作了发言。2010 年以来，这项工作已先后 7 次在全国性会议上进行了介绍和交流，其主要做法如下：

一是设立科学合理的评估指标体系。针对市政府工作部门、区政府（新区管委会）的不同职责特点，设计了两套不同的评估指标体系。对市政府工作部门的评估指标包括行政业绩、行政效率、行政能力和行政成本等四个方面约 20 项具体指标，对区政府（新区管委会）的评估指标包括公共服务、社会管理、经济调节和市场监管等四个方面约 30 项具体指标。指标体系分成三个层级，一、二级指标相对稳定，三级指标动态开放，每年根据市委市政府的工作重点做适当调整，着重突出对市委市政府重大决策、重大项目、民生实事和加快转变经济发展方式、“十二五”规划目标、打造“深圳质量”等落实情况的评估，更好地体现围绕中心、服务大局的要求。

二是建设实时动态的电子评估技术平台。开发了“深圳市政府绩效电子评估与管理系统”和“深圳市政府绩效评估模型”，将绩效评估与网络技术紧密结合起来，通过实时抓取数据和数据采集单位定期传输数据，实现数据采集、报送和评估的自动化，完成了非人力所能为的海量数据处理工作。

三是建立过程监控、综合评估和专项评估相结合的评估方式。年初通过指标体系、实施方案和公共服务白皮书确定工作目标，每季度通过电子评估系统采集工作进展情况并自动生成评估结果，不定期对公共服务白皮书和各项指标完成情况进行察访核验，每半年进行绩效状况分析并报告市政府，随时将发现的问题反馈给相关单位并督促改进。年末开展综合评估，包括电子系统客观评估（占65%）、市委市政府领导评价（占10%）和社会公众满意度调查（占25%），力求全面、客观、公正地评价各单位的年度绩效。对转变经济发展方式、民生实事、自主创新、安全生产管理等特别重大的年度工作和政府重点投资项目实行专项评估。

四是制定相对完备的法规制度。起草并提请市政府颁布了《深圳市政府绩效评估与管理暂行办法》及3个配套文件，对绩效管理各个方面的工作要求进行了规范，不断提高绩效管理的科学性、规范化和公信力。

五是建立覆盖全市的工作网络。市政府成立了绩效管理委员会，市长担任主任，分管副市长担任副主任，有关部门为成员单位。委员会办公室设在市监察局，从成员单位抽调专人组成。各区、各部门也成立了相应的临时机构，加强组织保障。

在实际工作中，为更好地推进政府绩效管理工作，使其在政府管理创新中发挥更大的助推作用，推动政府更有针对性、更高效地为社会提供服务，深圳市特别注重以下四个方面：①

1．突出考评重点，强化绩效管理的导向性

当前政府职能仍然比较广泛，绩效管理既要整体推进，又要突出重点，树立政府工作的正确导向。深圳市在设计绩效指标体系时，突出对以下工作进行考评：一是加强对党委政府重大部署落实情况的履职性考评，将年度重点工作落实情况作为重要内容，实行过程考评和全程监控，提高行政执行力；二是加强对政府工作战略目标的前瞻性考评，围绕加快转变经济发展方式、打造“深圳质量”、实现五年规划目标，设立引导性、约束性指标，统筹考虑和推动深圳当前发展、未来发展和可持续发展，促进深圳发展速度与结构、质量、效益相协调；三是加强对解决政府管理薄弱环节的驱动性考评，抓住政府工作推进的难点问题，如重大项目建设、土地整备、跨部门协作等，设置绩效指标或开展专项考评，推动政府机关采取切实措施认真解决，促使政府机关不断查找不足，改善行政管理。

2．改进工作方法，强化绩效管理的科学性

一是推行标准化操作。绩效考评结果的科学合理来源于每个指标考评工作和数据采集的科学合理。深圳引入标准化管理模式，逐一制定“绩效指标考评工作标准化操作规程”，对评分标准、考评规则、计算方法、数据采集流程、审核监督程序等要素进行格式化、标准化，实行全程质量控制，减少评分的弹性，防止工作的随意性，保证考评结果的真实性和公信力。二是实行精细化考评。适当分类考评，实行较合理、有差别的指

---

① 朱衍强．中国地方政府绩效管理探索——以深圳市为例．中国市场，2014（15）．

标设置、权重分配和考评标准。细化评分方法，加强对被考评对象自身工作进步情况的考评。改进公众满意度调查方法，根据被考评对象的特点，更加科学地确定调查内容、调查对象、调查方式。三是提高信息化水平。推进电子政务建设，加强政府绩效评估电子系统与政府部门业务系统的连接，提高数据采集的自动化程度，着力在实时、简便、客观上下功夫。强化电子评估的预期预估和纠偏纠错功能，自动诊断和分析绩效变化趋势与轨迹，为改进政府工作提供准确的依据。加强绩效状况和社情民意的及时收集与实时反馈，促进同步改进工作。

3. 延伸管理范围，强化绩效管理的系统性

系统推动绩效管理手段的广泛运用，实现政府整体绩效、政府部门绩效与公务员个人绩效“三位一体”和相互统一。一是绩效管理向下级机构延伸。各区政府将绩效管理延伸到区属部门、街道办，政府各部门延伸到部门内设机构，与现行的政府绩效管理体系互相衔接。二是绩效管理向公务员个人延伸。由部门对公务员个人实行绩效考核，将政府绩效管理与公务员个人评价和岗位考核紧密结合。三是绩效管理向专项业务工作延伸。发改、财政、审计、环保等部门分别就相关行政管理工作，开展专项绩效管理，对整体绩效管理形成补充。

4. 加强结果运用，强化绩效管理的实效性

一是加强机关内部通报制度。考评结果每半年向市政府常务会议报告，每年向市委常委会报告，同时通报市委委员和组织人事部门，纳入市管班子年度考核体系，作为干部使用的重要参考。二是实行刚性奖惩措施。考评结果等次“优秀”的，提高单位公务员年度考核“优秀”比例，并视不同情况给予通报表扬、嘉奖等。对连续排名靠前和排名较前一年明显进步的，给予通报表扬。考评结果等次“一般”“较差”的，分别给予降低年度考核“优秀”比例、责令限期整改、通报批评等。对连续两年排名后三位的部门和连续两年排名最后一位的区政府，即使考评结果等次为“良好”，也要由市领导进行绩效面谈。

通过几年的努力，深圳市政府绩效管理呈现出系统化、电子化和实时化三个鲜明的特点。系统化就是从内容、方式、制度等方面建立起比较完整的工作体系，形成绩效计划、实施、评估、监控、反馈、改进和结果运用相统一的工作链条。电子化就是绩效评估的数据采集、计算处理、分析评估和结果展示等工作都依托电子评估系统完成，解决了绩效管理工作量大、操作烦琐的难题。实时化就是绩效管理与政府工作落实的过程同步进行，从年初持续到年末，融入政府工作的全过程，而不是在年末一次性开展。

二、深圳市政府工作部门绩效评估体系

以 2015 年为例，深圳市政府工作部门绩效评估指标体系包括行政业绩、行政效率、行政质量、行政支出、满意度 5 个一级指标，下设 11 个二级指标、39 个三级指标，分为“A 类”“B 类”进行分类评估。

表 6－2　2015 年市政府工作部门绩效评估指标体系框架

一级指标	二级指标	三级指标	数据采集、责任单位	周期
行政业绩（A 类部门 49%、B 类部门 48%）	创造深圳质量状况	1. 经济发展质量（含自主创新）	市发改委	年度
		2. 社会发展质量		
		3. 城市发展质量		
		4. 生态发展质量		
		5. 文化发展质量		
	打造深圳标准情况	6. 经济发展标准	市市场和质量监管委	年度
		7. 社会发展标准		
		8. 城市发展标准		
		9. 生态发展标准		
		10. 文化发展标准		
		11. 政府服务标准		
	政府督查事项落实	12. 市政府年度重点工作	市政府督查室	季度
		13. 市政府年度民生实事		
		14. 市政府重要会议议定事项		
		15. 市长批示交办事项		
		16. 其他重要督查事项		
	年度重要专项工作	17. 地下管线管理	市规划国土委	年度
		18. 保障性安居工程任务落实	市住房建设局	年度
		19. 临时性重要专项工作	牵头单位	季度
行政效率（A 类部门 21%、B 类部门 18%）	政务服务	20. 办文质量和效率	市政府办公厅	半年
		21. 审批和服务效能	市监察局	季度
		22. 政务信息共享	市经贸信息委	半年
	政务协同	23. 党代表提议等办理	市委组织部	年度
		24. 人大建议办理	市人大办公厅	年度
		25. 政协提案办理	市政协办公厅	年度
		26. 与人大政协工作联系	市政府督查室	半年
		27. 行政责任联动	市绩效办	季度

（续上表）

一级指标	二级指标	三级指标	数据采集、责任单位	周期
行政质量（A类部门37%、B类部门37%）	政务管理	28. 改革执行与创新成效	市委改革办、牵头单位	年度
		29. 政府信息公开	市政府办公厅、财政委、市市场和质量监管委、市监察局	季度
		30. 政府网站建设与管理	市政府办公厅	半年
		31. 信息安全（含密码管理）	市经贸信息委、密码管理局	半年
	依法行政	32. 法治政府建设（含普法教育）	市法制办、依法治市办（普法办）	年度
		33. 行政处罚状况	市监察局	季度
		34. 违纪违法案件和问责发生率	市纪委、检察院、市监察局	半年
行政支出（A类部门13%、B类部门17%）	经费管理	35. 追加预算核减率	市财政委	年度
		36. 行政经费节约率		年度
		37. 财政财务审计及整改落实	市审计局	半年
满意度评估（20%）	领导评价	38. 市领导评价	市绩效办	年度
	公众评价	39. 公众满意度调查	市统计局	年度

根据《深圳市政府绩效管理办法》，市绩效办每年初制定市政府绩效管理工作方案和市政府绩效评估指标体系，报市绩效委批准后印发执行。被评估单位应当制定本单位年度绩效管理工作方案，并结合本单位职能和年度工作，提出本单位年度绩效管理目标。被评估单位每年初制定年度公共服务白皮书。市政府直属单位公共服务白皮书经市绩效办审核并报分管副市长批准、区政府公共服务白皮书经区政府常务会议（新区管委会领导班子办公会）审定后，通过《深圳市人民政府公报》、政府门户网站等途径向社会公布。

公共服务白皮书的主要内容包括：①市政府年度重点工作中涉及本单位的内容；②全市国民经济和社会发展计划中涉及本单位的内容；③市政府确定的年度民生实事中涉及本单位的内容；④市委市政府其他重大专项工作部署中涉及本单位的内容；⑤本单位的其他重要职责和工作任务。

三、区政府、新区管委会指标体系

区政府、新区管委会绩效评估指标体系包括公共服务、经济调节、社会管理、市场监管、满意度5个一级指标，下设13个二级指标、44个三级指标。

表6-3　2015年区政府、新区管委会绩效评估指标体系框架

一级指标	二级指标	三级指标	数据采集、报送责任单位	报送频度	权重
公共服务	创造深圳质量状况	1. 经济发展质量（含自主创新）	市发展改革委	年度	25%
		2. 社会发展质量			
		3. 城市发展质量			
		4. 生态发展质量			
		5. 文化发展质量			
	政府督查事项落实	6. 市政府年度重点工作	市政府督查室	季度	15%
		7. 市政府年度民生实事			
		8. 市政府重要会议议定事项			
		9. 市长批示交办事项			
		10. 其他重要督查事项			
	年度重要专项工作	11. 重点区域开发建设	市发展改革委	半年	5%
		12. 地下管线管理	市规划国土委	年度	2%
		13. 保障性安居工程任务落实	市住房建设局	年度	2%
		14. 临时性重要专项工作	牵头单位	季度	2%
	服务质量	15. 办文质量和效率	市政府办公厅	半年	2%
		16. 改革执行与创新成效	市委改革办、牵头单位	年度	5%
		17. 法治政府建设（含普法教育）	市法制办、依法治市办（普法办）	年度	9%
		18. 财政财务审计及整改落实	市审计局	半年	4%
		19. 政府信息公开	市政府办公厅、财政委、市监察局	季度	3%
		20. 政府网站建设与管理	市政府办公厅	半年	2%
		21. 审批与服务效能	市监察局	季度	3%
		22. 信息安全（含密码管理）	市经贸信息委、密码管理局	半年	2%
		23. 财政性科教文卫人均支出水平	市财政委	半年	2%
		24. 行政责任联动	市绩效办	季度	2%
	机关作风	25. 违纪违法案件和问责发生率	市纪委、检察院，市监察局	半年	3%

（续上表）

一级指标	二级指标	三级指标	数据采集、报送责任单位	报送频度	权重
经济调节	经济发展	26. 投资推广	市投资推广署	半年	3%
		27. 固定资产投资状况	市发改委、统计局	半年	3%
		28. 每平方公里 GDP 产出状况	市统计局	年度	3%
		29. 财税收入发展状况	市统计局、国税局、地税局	半年	3%
		30. 专利申请量增长水平	市市场和质量监管委	半年	2%
		31. 战略性新兴产业发展状况	市统计局	年度	2%
	生态文明	32. 万元 GDP 能耗下降率	市统计局	年度	2%
		33. 万元 GDP 水耗	市水务局	年度	2%
		34. 污染减排任务完成情况	市人居环境委	年度	3%
社会管理	公共安全	35. 安全生产任务完成情况	市应急办	半年	3%
	人口管理	36. 分区域人口调控计划完成情况	市发改委	年度	2%
	市政管理	37. 查违共同责任	市规划国土委	年度	3%
		38. 城市更新实施	市规划国土委	半年	2%
		39. 水务建设与管理	市水务局	半年	3%
		40. 城市市容环境状况	市城管局	年度	2%
市场监管	重点监督	41. 食品安全状况	市市场和质量监管委	半年	2%
		42. 药品安全状况	市市场和质量监管委	年度	2%
满意度评估	领导评价	43. 市领导评价	市绩效办	年度	10%
	公众评价	44. 公众满意度调查	市统计局	年度	10%

第七章　公共政策绩效评估

公共政策绩效评估是指基于结果导向，运用科学的方法、规范的流程、相对统一的指标及标准，对政府公共政策的投入、产出进行综合性测量与分析的活动。[①] 公共政策绩效评估融合了公共政策学和政府绩效管理两门学科，然而，目前对作为公共政策学中的绩效评估领域和作为政府绩效评估中的公共政策领域两方面的研究还处于探索阶段，而对公共政策绩效评估体系的研究则几乎一片空白，亟待深入研究。建构公共政策绩效评估体系，对于公共政策学和政府绩效评估的学科发展，以及政策科学和绩效评估的实践需要都有着重要意义。

第一节　公共政策绩效评估概述

一、作为公共政策学的公共政策绩效评估

公共政策评估活动的历史由来已久，但现代意义上的公共政策评估历史却并不长。公共政策评估在教科书中通常被描述为公共政策过程中的一个环节，正是通过公共政策评估，才能够对公共政策目标的实现程度、公共政策的执行效果作出全面评估，进而决定一项政策是应该延续还是调整、替代、分解或合并。相对于公共政策过程的其他阶段都是期待一个未来的目标而言，公共政策评估是一种典型的“回头看”的行为。

公共政策绩效评估是公共政策评估层面更为具体的领域。从现有文献看，绝大部分公共政策研究者并没有将政策绩效评估从政策评估中独立出来，而是将其等同于政策评估或内含在政策评估中进行阐述。透过历史发展的脉络，著名的公共政策研究专家安德森认为，政策评估经历了三种模式：[②] 第一种评估模式主要是一种功能性活动，其历史与政策的历史一样久远。评估造成了许多冲突，因为不同的评估者依据自己的价值和标准，对同一政策的优劣与否可能会得出截然不同的结论。第二种评估模式则关注过程，即某一政策或计划项目的运行或管理过程。有关某一计划如何运转的问题包括：它的财政成本是什么？谁得到好处？得到多少好处？它与别的计划存在不必要的重叠与相同之处吗？它是否遵循了法律标准与程序？这项计划是否被忠实地执行？等等。第三种评估模式相对较新，是对计划所作的系统的、客观的评估，它运用社会科学的方法论来测量政策或计划的社会影响以及它们达到预定目标的程度。安德森所说的三种模式实际上是从政策实践角度进行概括的。

任何一门学科或一种理论的产生，都是社会需要和时代呼唤的产物。在诸多学者看

---

① 中国行政管理学会课题组．政府公共政策绩效评估研究．中国行政管理，2013（3）．

② ［美］詹姆斯·E．安德森．公共政策制定（第五版）．谢明等译．北京：中国人民大学出版社，2009．296～297．

来，公共政策评估的兴起与美国总统林登·约翰逊的“大社会计划”以及“向贫困宣战计划”紧密相联。因此，“在20世纪60年代，美国政府的干预导致了公共机构开始正式的政策评估过程。20世纪70年代，政策评估的分析水平得到了更明显的提高”①。因为美国政府的干预，一方面，政府招募人员从事计划、分析及项目发展的工作，佐证了安德森提出的后两种模式，即关注过程和进行系统的、客观的评估的繁荣景象；另一方面，主要大学纷纷建立政策研究机构和培养人才而蜂拥进入政策研究领域。在此过程中，“分析和评估的字眼成为集合那些与政府计划和行为有关的专业管理者与专家的图腾”②。然而，一些学者也开始意识到政策评估领域过于狭隘、以技术为导向的假设以及在此过程中试图质疑整个行业的客观特性的种种缺陷。这些缺陷最明显的表现就是认为政策分析家们开始表现得更像律师而不是科学家，十分热衷于提出适合其客户需要（而不是科学）的论据。公共政策评估从一开始就在技术分析的层面和价值判断的层面左右徘徊，在相当长的一段时间里倾向于技术分析层面，主张应用实证技术方法测定政策目标与政策效果之间的对应关系，而忽视了对政策的价值评判。

作为美国政策评估研究的权威专家，古贝和林肯在1989年出版了专著《第四代评估》，他们将公共政策评估理论与实践发展分为四代：③ 第一代评估理论盛行于19世纪末至20世纪30年代的测验时期，故也称为测量时代。评估者的角色是技术性的，目的是测量任何指定的变量。当然，技术性的评估至今依然存在。第二代评估理论盛行于20世纪30年代，其特点是描述以某些规定目标的优劣模式为特征的方法。尽管还保留早期评估的技术性，但评估者的角色是描述者。测量不再等同于评估，而是作为评估工具。第三代评估理论发端于1957年并延续至20世纪80年代，其特点不仅限于技术性和描述性的功能，而且评估者扮演评判员的角色，是以判断为特征的时代。由于前三代评估理论一方面往往把评估对象及其他一切有关的人都排除在外，因此容易在评估者与评估对象之间形成紧张对立的关系；另一方面忽略价值的多元性和过分强调在评估过程中采用“科学方法”，从而造成对背景因素重视不够、评估过程缺乏灵活性以及忽视定性评估方法的不足。前三代评估的不足也是安德森三种模式缺陷的体现。

第四代评估理论针对前三代评估理论中的不足，更加重视在评估中对不同价值体系存在的差异进行协调，并视之为评估工作的关键问题。在方法论上，第四代评估理论反对主客观二元结构，强调认识的相对性和多元性。与此相对应，在研究方法上，建构主义强调观察者与被观察者以及不同观察者之间的相互作用，反对实证主义采纳的实验等人为操控手段。古贝和林肯认为，第四代评估理论为了打破以往评估中管理主义的倾向，使评估在各方形成共同的心理建构。就其本质而言，建构性的探究过程是一个诠释辩证的循环圈。在这个循环圈中，首先要尽可能地吸收各方见解，在各有关方面充分阐述、解释的基础上，通过协商和分析，逐渐形成共识，即共同建构。古贝和林肯以非常

---

① ［美］弗兰克·费希尔. 公共政策评估. 吴爱明等译. 北京：中国人民大学出版社，2003. 5.

② ［美］弗兰克·费希尔. 公共政策评估. 吴爱明等译. 北京：中国人民大学出版社，2003. 5.

③ ［美］埃贡·G. 古贝，伊冯娜·S. 林肯. 第四代评估. 秦霖等译. 北京：中国人民大学出版社，2008. 2～47.

具有思想性和想象力的“共同的心理建构”观点，超越了以往公共政策评估管理主义倾向的评估模式，提出了人与人之间共识的重要性。这真正反映出公共政策的本质特征。

公共政策学的学科土壤给予公共政策绩效评估更大的研究空间，促使学者对公共政策有了实质性的关注。如今，一些学者尝试将政策绩效评估从政策评估中独立出来，如邓恩给出“政策绩效是指政策行为对目标群体需要、价值和机会的满足程度”① 的定义，但他更多地把笔墨花在绩效信息探讨上，没有系统研究公共政策绩效评估。豪利特与拉米什两位作者在将政策评估分为行政评估、司法评估和政治评估之后，进一步对行政评估进行细分，认为行政评估的形式之一是公共政策。绩效评估是检查计划的产出而非投入，“绩效评估的主要目的仅仅是确定政策的结果是什么，而不考虑提出的目标”②。他们的描述使公共政策绩效评估的定位逐渐清晰起来。

二、作为政府绩效评估的公共政策绩效评估

从西方国家政府绩效评估的历史发展来看，其理论导向和实践演进都经历了从效率导向型评估向结果导向型评估的演变过程。就其理论渊源而言，“效率导向型评估的绩效评估是在传统公共行政范式下以政治—行政二分理论、科学管理理论和理性官僚制为理论基础的，是坚持传统公共行政‘效率中心主义’这一核心价值的产物。结果导向型的绩效评估是以新公共行政理论和新公共服务理论为基础的，其理论渊源来自于对传统‘效率导向’的政府绩效评估及其理论前提的批判”③。政府绩效评估在中国化的过程中，同西方国家政府绩效评估从效率导向型评估向结果导向型评估的演变过程是一致的。

20 世纪 90 年代以来，国内涌现出一批从事绩效评估的学者，通过引进、消化、吸收西方发达国家政府绩效评估的理论和实践，建构我国的政府绩效评估体系。同时，结合地方政府的诉求，在地方政府实践中打造出思明模式、青岛模式、甘肃模式、珠海模式等。总体而言，从实践出发，我国政府绩效评估的历史并不长，且评估实践并未触及体制核心，没有解决评价组织权混乱、运行过程充满利益纠葛等问题。

一般认为，政府整体、公共部门、公共政策、公共项目、部门整体支出绩效评估构成现代政府绩效评估的框架体系。在郑方辉看来，所谓公共政策绩效评估，从逻辑上审视，可视为基于绩效导向的公共政策评估。“与公共政策评估不同，公共政策绩效评估是指对公共政策行为对目标群体需要、价值与机会的满足程度的评价。或者说，公共政策绩效是在一定时期内政府政策在特定施政领域的成绩与效益，它与政府整体绩效、公共部门绩效、公共项目绩效共同组成现代政府绩效的内容体系。相对于政策评估，公共政策绩效评估更加强调结果导向，更加关注政策目标群体的满意程度。”④

---

① ［美］威廉·N. 邓恩. 公共政策分析导论. 谢明等译. 北京：中国人民大学出版社，2002. 436.

② ［加］迈克尔·豪利特，M. 拉米什. 公共政策研究：政策循环与政策子系统. 庞诗等译. 北京：生活·读书·新知三联书店，2006. 296.

③ 盛明科. 服务型政府绩效评估体系构建与制度安排研究. 湘潭：湘潭大学出版社，2009. 33.

④ 郑方辉等. 取水许可与水资源费征收政策执行绩效评价. 华南农业大学学报，2010（1）.

通过对中国知网上的文献（包括中国期刊全文数据库、中国博士学位论文全文数据库、中国优秀硕士学位论文全文数据库、中国重要报纸全文数据库）及已出版的著作进行分析，发现政府整体绩效、公共部门绩效、公共项目绩效三者的评估（评价）研究成果颇丰，而鲜见公共政策绩效评估（评价）的研究成果。从现实看，近年我国因公共政策不当所引发的群体性事件频发，其中产业政策（如大连、厦门PX项目）、拆迁政策尤为明显。加强公共政策绩效评估，不仅能及时纠正公共政策失误和总结经验教训，而且可以提高公共政策的有效性，减少公共资源的浪费。因此，基于我国特殊的行政管理体制，更应该重视公共政策绩效评估。通过对已有文献的对比发现，学者对公共政策绩效评估的研究有两种普遍倾向：一种倾向是直接将公共政策绩效评估等同于公共政策评估，这显然忽视了“绩效”的丰富内涵。虽然一些学者在制定政府绩效评估指标时，能够将政策的制定和执行作为设计指标的一项要素，但没有将其作为政府绩效的重点内容加以评估；另一种倾向是将公共政策绩效评估等同于项目评估，忽视公共政策的本质，从而陷入效率、成本的泥潭中。前一种倾向不能运用最新研究成果，导致公共政策绩效评估理论和实践创新不足；后一种倾向可能出现绩效越高，后果越严重的悖论。

公共政策评估的重要意义逐渐凸显，开始引起学界的关注。学者们就政策评估的类型、标准、作用及影响政策绩效的主要因素等进行了研究，但总体而言，相对于实践探索，我国对公共政策评估的研究明显滞后，已有的对公共政策评估的研究又多数局限在政策评估的重要性、必要性、评估主体、评估价值取向等方面，严格来说是政策的执行力评估，与以“结果导向”和“公众满意度导向”为核心理念的绩效导向相距甚远，而探索适合我国国情且与已有实践相结合的公共政策评估方面的研究更加鲜见。我们认为，由于公共政策绩效评估是以公共政策为研究对象，以绩效评估作为工具的活动过程，因此，公共政策绩效评估既要遵循公共政策本身的规律，体现公共性这一本质特征，同时也要运用绩效评估最新的研究成果，抓住实现政府责任和公民满意两大核心问题。

第二节　国外公共政策评估的经验

20世纪60年代以来，政策评估在世界各国中逐渐成为一种“成长工业”，成为监督政府公共开支、促进政策系统优化的系统工程。鉴于许多国家政府对绩效评估的迷恋，西方学者宣称“评估国”正在取代“行政国家”。自20世纪70年代起，美国许多著名大学纷纷设立了政策科学、政策分析专业，培养了许多政策评估博士，并借助社会上的评估组织使评估活动职业化；同时，纷纷建立了政策研究机构，提供研究数据，并为不断扩大的政策分析市场培养人才，关于公共政策评估研究的相关理论和方法都已大体走向成熟。概括来看，其特点主要有以下五个方面。

一、发达国家政府普遍推行政策评估

随着各国政府改革的推进，公共政策绩效评估受到越来越多国家的重视，韩国、日

本、美国、法国等国家都开展了公共政策评估等，其类型大体可分为综合政策评估和单项政策评估两种。

实行综合政策评估的国家有日本、韩国、英国和法国等。日本不仅对内阁和政府各部的各项政策进行全面深入的评价，而且对政府各部实施的政策评价进行再评价等。英国的政策评估将政府各部门的所有重大开支，以及政策在实施之前的各种建议纳入评估范围。法国的公共政策评价方式因政府行政级别不同而有区分：中央公共政策，由国家级的评价机构组织实施；大区公共政策，一般采用大区自己的集体评价机构，如大区评价委员会；省级政策，省政府下设评价处；中小城市，一般界定为 5 万人以上设评价专员。①

实行单项政策评估的国家很多，几乎所有实行市场经济的国家都实施了财政政策评估。美国、荷兰、加拿大、西班牙、德国、丹麦、挪威、澳大利亚、新西兰等国家实行了环境政策评估。新加坡等国家实行了住房政策评估。还有许多国家在土地政策、教育政策、产业政策、科技政策的评估方面作了探索。

二、政府公共政策绩效评估的组织体系完备

公共政策绩效评估的组织体系是公共政策绩效评估活动开展的组织载体，主要指评估主体与模式、评估机制与流程、评估结果应用等，涉及组织权、管理权与评价权。从一定意义上说，公共政策绩效评估组织体系的建设水平直接决定和影响着公共政策绩效评估功能的实现与发挥。发达国家的政府公共政策绩效评估在评价组织方面体现了以下特点：

组建专门的政策评估主管部门总领政策绩效评估全局。美国的国家绩效评估委员会，负责对联邦政府的政策制定框架和政策绩效进行评价。法国的全国评价委员会，领导跨部门的评价工作。韩国除了专门的政策评价委员会，还有直属于国务总理的政策协调办公室，以及在政府内部专门设立的政策分析与评价局。1999 年 4 月，日本内阁会议制定《关于推进中央省厅等改革的基本方针》，将总务省的行政监察局改为行政评价局，赋予其可以超越各府、省的界限，行使包含政策评价职能在内的行政评价和检查职能，负责对内阁和政府部门的各项政策实施全面深入的绩效评价，同时对政府部门已实施的政策评价实行再评价。有一个专门进行政策评估的主管部门，能增强政策评估的组织保障，从而避免政策评估成为政府部门运动式或阶段式的活动，使政策绩效评估工作趋于连续，并使评估的权威性得到保障。

政策绩效评估活动走向专业化和职业化。在发达国家，政策评估已逐渐发展成为一项独立的、成熟的职业活动，政策绩效评估的从业人员必须经过专业培训，素质要求很高。美国的政府和许多大学的政策研究机构，培训了一大批职业政策分析人员。法国政策评估从业人员的选择极其严格，必须接受资格认定，普通的大学毕业生要在专门的政策评估培训学校受训，接受严格的考核后才能成为正式的评价师。从业人员的高素质使

---

① 奚长兴．对法国公共政策评估的初步探讨．国家行政学院学报，2005（6）．

政策评估的能力和水平日益提升，专业化程度越来越高。

评估主体的参与多元化，注重保障民意的表达。在发达国家的政策评估活动中，参与者除了纯官方的政府部门，还有半官方组织、完全独立的民间组织。在政策评估的过程中，除了专业政策评估从业人员，还会积极吸纳民间人士的参与，使政策评估不再局限于精英阶层，公众意志得到充分表达和尊重。在美国，民间机构是重要的公共政策绩效评估主体。布鲁金斯学院、兰德公司、外交政策学会等著名智库作为相对稳定且独立于政治体制外的政策研究和咨询机构，在政策绩效评估中所起的作用越来越大，已成为影响政府决策和推动社会发展不可忽视的力量；各大有名的期刊也经常对公共政策进行绩效评估，有时甚至会引起国会的关注及调查；此外，各利益团体也颇能发挥政策评估的功能，如商会、全国制造业协会、美国医师协会等，常对影响其团体利益的政策作评估活动。[①] 法国的大区委员会由公务员、民选议员和评估专家组成。日本的政策评估和独立行政机构评估委员会，从全国专家学者和名望较高的人中选出 5 000 名作为委员。政策评估主体的多元化，使更多的主体参与到了政策评估活动中来，民众政策参与的扩大，使公众的诉求得到充分表达，提升了政府公共政策绩效评估的科学性和民主性。

三、政府公共政策绩效评估内容全面

政府公共政策绩效评估的评价内容一般既包括政策结果评价，也包括政策过程或政策实施能力评价。如韩国在 20 世纪 90 年代末通过的《政策评估框架法案》和《政府业务评价基本法》等法案，规定评价内容包括政策结果评价、政策实施能力评价、公民或客户对政府提供服务和政策实施满意度的调查三方面内容，三个方面的评估主体及所侧重的方面各有不同。

政策结果评价主要是对政府机关及其代理机构所实施的政策进行绩效评估，强调通过评估来不断完善公共政策的制定，提高政府系统的服务效果。其做法主要是在总理办公室的协助下由政策评价者实施，政策评价者都来自政策分析和政策评价委员会，他们根据国家事务评价和协调规则制定评价的指导方针及评价标准，并对政策进行评价。

政策实施能力评价主要关注政府机构实际执行政策的能力。评价主要由总理办公室官员来实施，他们包括政府绩效评价单位的成员，并对其执行政策的能力进行评价，评价结果在有政策协调办公室人员和政策评价者出席的联合会议上进行探讨，并提出改进意见。

公民满意度的调查由民间人士主导，体现公众对政府公共政策的主观感受，保障国民的公共利益表达，督促政府官员对不合理的地方进行整改，实现公共政策绩效评估的公正化和科学化。同时，韩国的政策评价委员会中仅有一位只挂职而并不履行评价的国务调整室室长是政府官员，其余皆为民间专家，表明他们对民间评估力量的重视和信任。

---

① 张国庆．公共政策分析．上海：复旦大学出版社，2004．407 ~ 408．

四、政府公共政策绩效评估技术精细

政策绩效的评估技术体系，主要是指评估标准设定、指标体系及评分标准设计、评估模型的构造、评估的技术路径等。目前西方公共政策绩效评估大都体现了以定性分析为基础、以定量分析为手段、十分注重细化指标设计的特征。如在《政府绩效与结果法》的指导下，美国国家绩效评估委员会建立了一整套较为完善的评估体系，从不同角度不同程度地反映了政策的质量、经济、效率、效果等绩效标准。法国国家审计学院为政府设计了40大使命，使命下面又细分不同计划，每个计划设5个目标，每个目标又设有2~3个具体指标，并明确具体任务的承担人。各部门在做政策绩效评估时，只需根据评价需求，在众多的目标中选择几个来做，接受定性与定量相结合的评价和检查。

在已开展的政策评估中，日本政府部门多采用PDCA的评价管理模式，即计划（Plan：Planning）—执行（Do：Implementation）—检查（Check：Evaluation）—行动（Act：Reflected in Planning），取代传统的计划—做—看（Plan—Do—See）和计划—操作—评价（Plan—Operation—Evaluation）等管理模式。相对于传统模式，PDCA有两个主要优点：一是评价广泛应用在管理的每个环节；二是评价结果能及时得到反馈，并充分应用于下一阶段政策的制定。PDCA模式能及时发现项目、政策在设计和实施上的问题，对不合理或不恰当的项目、政策进行及时整改，并最终完善政策机构。资料显示，日本2002—2009财年，各部门共有241个公共建设项目因政策评价结果而被推迟或取消，涉及金额约4.1万亿日元。2009财年各部门评价的389项政策中，有163项（占42%）在当年得到了修订或改进。

五、政策绩效评估有具体的法律规章作为保障

发达国家的政策评估工作十分重视程序化，对政策评估工作的步骤一般都有明文规定，细化的绩效评估标准和流程有力地推进了政策执行。如法国的《研究政策与技术开发的评估》、日本的《政策评估法》、英国的《政策评估绿皮书》等都为政策评估提供了有力保障。

美国在2003年9月正式颁布了《政策规定绩效分析》，对实施公共政策绩效评估作了系统、全面的规定，其目的是预测和评价政策规定实施效果，帮助政府部门分析政策规定绩效，尤其是分析政策规定的经济效益。

法国的公共政策绩效评估立法较早，法律条文也更加细化。1985年，法国政府颁布了《研究政策与技术开发的评估》，对科技评价作出明确规定，其中指出："法国研究与技术开发研究计划需根据各自的指标受到评价，在计划实施之前，评价的指标和方法都要确定，公共研究机构必须定期按照评价的程序实施绩效评价。"1989年成立的法国全国评价委员会，受到16个法律条款的约束，其机构职能、人员组成、评价费用乃至出差旅费都有明文规定。

日本政府2001年通过了《关于政策评价的标准方针》，对政策评价的客体、主体以及评价视角和评价方式都作了具体规定。同年颁布的《政策评价基本方针》，拉开了日

本政府政策绩效评估制度建设的序幕。2002年颁布实施《关于行政机关实施政策评价的法律》（文献一般简称为《政策评价法》），对政策评价的目的和宗旨、范围和范畴、原则、评价主体、评价流程、评价标准、评价方式、评价结果应用作了明确规定，标志着日本的政策评价制度正式走向成熟。目前日本所有47个县级政府（一级行政单位）、17个政令指定都市（人口超过50万，并在经济和工业上有高度重要性的主要都市）、782个（约占43%）市町村（二级行政单位）都已开展了政策评价活动。①

在实施公共政策绩效评估时，为保证评价的有效性，法律通常赋予评价机构一些特定权力。如法国规定，除涉及国家安全外，评价机构能接触所有被评价相关单位的资料，对任何地方进行检查。如评价人认为有必要，可以召开新闻发布会，听取各方面意见，以形成有价值的报告。在评价过程中，被评价者如有异议，可以阐述其自身观点，由评价人员进行权衡。但评价报告一经确定，被评价者必须无条件服从，根据报告建议采取相应整改措施。

第三节　公共政策绩效评估的组织体系

公共政策绩效评估的组织体系是公共政策绩效评估活动开展的组织载体。现有大量的著作和论文，无论是公共政策学还是政府绩效评估，都将评估组织体系等同于评估主体，因此在阐述公共政策评估或政府绩效评估时，组织体系被描绘成执政党、立法机关、司法机关、行政机关、利益团体、公民、大众传媒、研究机构等主体的结合物。当然，描绘各评估主体确实能够揭示评估行为者如何行为、如何及多大程度影响评估结果。但是，这往往呈现出一幅奇怪图景，即诸多评估主体都对评估负责，其实却无责可负。

我们认为，公共政策绩效评估的组织体系可分为广义上和狭义上的，广义上的评估组织体系可以等同于评估主体。评估主体一般是指组织和参与评估的机构、组织和公众及其资格条件的规定。它通常包括三大基本类型：①执政党和国家机关性质的专门绩效评估机构。一般是由政党或国家机关根据党的纪律要求或法律和组织原则，按法定程序建立的专门绩效评估机构，具有政治或法定的权威性。②中介机构性质的专门绩效评估机构，属于社会组织的范畴。③公民个人。卓越教授认为，评估主体多元结构是保证公共部门绩效评估有效性的一个基本原则，因为任何一个业已确定的评估主体都有自身特定的评估角度，有不可替代的比较优势，同时，具有特定身份的评估主体亦有自身难以克服的评估局限。公共部门绩效评估主体结构至少应包括综合评估组织、直管领导、行政相对人、评估对象和其他一些相关评估组织等。②

狭义上的评估组织体系是指具有组织评估权或在参与评估中负有相应数据收集、结果公布、进行奖惩等责任的机构、组织。本书所指的是狭义上的概念。如果将评估组织

---

① 庞宇，崔玉亭．日本的政策评估体系和实践及其对中国科技评估的启示．中国科技论坛，2012（3）．

② 卓越．公共部门绩效评估的主体构建．中国行政管理，2004（5）．

体系等同于评估主体，是对组织体系泛化的表现，因为无论是公共政策评估还是政府绩效评估，都具有行政上的意义，其工作的失误或偏颇理应担负行政责任或受到行政问责。但是，在评估过程中，无论是作为研究设计方面的中介机构，还是作为参与者的大众传媒、公民个人，不管评估结果如何糟糕，都是不需要负行政责任的。

学术研究组织作为第三方独立机构，依靠其自身人才、理论和技术方面的优势，以其严谨的学术态度、扎实的专业知识和独特的超脱地位，正成为绩效评估的一个主体，弥补其他评估主体的缺陷，可以更加客观公正、独立自主地评价政府的绩效。然而，胡鞍钢认为第三方机构存在四个方面的问题：①

第一，尚未建立规范化、程序化、专业化的第三方评估制度。我国目前开展的不同层面和不同类型的公共政策实施第三方评估，总体上还处于零散的、自发的探索阶段，尚未建立起广泛覆盖、常态化、规范化的第三方评估制度。第二，各级政府对独立第三方评估的重要性、独立性、客观性还缺乏足够的认识。政府对于第三方评估有诸多顾虑，在借力第三方评估的同时，往往又希望能够掩饰问题，不希望有过于尖锐的批评，这就使得第三方评估在评估主体选择、数据采集、报告发布上受到很大限制。第三，数据和资料采集的困难。数据和资料的采集是开展第三方评估的基础。而公共政策相关统计指标不完善、相关政府公共政策信息披露不足，使得开展第三方评估面临基础性的困难。第四，公共政策评估结果的效用发挥不足。这其中一个原因是评估机构的影响力弱，评估结果对政策改进的作用不大，甚至政策评估的结果没能进入政策制定者的视野。第二个原因是评估结果质量有待提高，给出的意见建议不贴切，不具备可改进性，这又削弱了政策评估的影响力。

在 2014 年 8 月 27 日的国务院常务会议上，李克强总理提出："我们过去评价政府工作做得好不好、是否落实到位，往往通过主管部门自我检查、自我评价。这就造成了'自拉自唱'，自己给自己'唱赞歌'，和群众的实际感受往往有较大差距。"他要求有关部门要逐步尝试，将更多社会化专业力量引入第三方评估，进一步加强对政策落实的监督、推动，不断提高政府的公信力。"政府既要自觉接受人大、人民政协和社会舆论的监督，也要建立第三方评估的常规机制，推动建立决策、执行、监督既相对分开又相互制约的现代行政运行机制，推进职能转变，打造现代政府。"②

从地方政府实践看，在"思明模式"中，思明区机关效能建设领导小组是整个绩效评估工作的领导机构。区机关效能建设办公室负责绩效评估工作的具体组织和实施，是绩效评估的办事机构。区效能办下设"基本建设""业务实绩"和"公众评议"三个评估小组，具体负责评估工作。领导机构—办事机构—评估小组构成了一个政府内部比较完整的绩效评估组织体系。在"青岛模式"中，成立了由市委主要领导任主任，有关部门负责同志为成员的市目标管理考核委员会，下设办公室，市委督查室、市政府督查室为办事机构。市委督查室下设考核处负责组织实施全市目标管理考核。在"甘肃模式"中，从 2004 年起，甘肃省政府委托兰州大学对全省 14 个市（州）政府及 39 个所属职能

① 构建中国公共政策评估机制迫在眉睫. 中国经济时报，2014－04－30.

② 李克强. 用第三方评估促进政府管理方式改革创新. 中国政府网，2014－08－27.

部门进行绩效评估，这是我国首次将政府绩效评估委托给第三方评估机构进行评估，评估活动方案的设计、调查问卷印制、调查表发放和回收、专家选择、调查分析以及最终评估结果的形成完全由第三方评估机构完成。在“珠海模式”中，将本级人民政府所辖的所有职能部门作为评价对象，评议主体是社会各界人士；在操作上，主要是网上评议和发放问卷两种方式；将评价结果作为考核各部门和单位领导政绩的重要依据。可以看出，“思明模式”和“青岛模式”以具有组织评估权的党委或政府机构为主导，“甘肃模式”和“珠海模式”则以没有组织评估权的第三方机构或公民为主导。

随着绩效评估的推广，从地方政府到中央部门、从单一单位到政府整体开始形成绩效评估的燎原之势。当前的政府考核或绩效评估除了上一级政府对下一级政府和部门推行外，还有上一级政府部门对下一级政府和部门进行考核或评估。同时，各地各部门除了维稳、计生、劳动安全等“一票否决”的考核之外，还有每年地方政府的年度重点任务。调研显示，被评估的单位领导对评估的多头状况无不抱怨。

面对遍地开花的绩效评估，中央层面开始有整体思考、统一设计，作出了推行政府绩效管理制度的决策。2008 年底，国务院明确由监察部牵头负责这项工作。2010 年 7 月，经中央编委批准，中央纪委监察部增设了绩效管理监察室，负责具体组织协调政府绩效管理工作。2011 年 3 月，经国务院批准，建立了由监察部牵头，中央组织部、中央编办、国家发展改革委、财政部、人力资源社会保障部（国家公务员局）、审计署、国家统计局、国务院法制办为成员单位的政府绩效管理工作部际联席会议制度。2011 年 6 月，经国务院同意，选择北京、吉林、福建、广西、四川、新疆、杭州、深圳等 8 个地区和国家发展改革委、财政部、国土资源部、环境保护部、农业部、质检总局等 6 个部门，部署开展了政府绩效管理试点。据中央纪委监察部绩效管理监察室统计，截至 2012 年底，全国已有 27 个省（自治区、直辖市）不同程度地开展了政府绩效管理工作。

第四节　公共政策绩效评估的技术体系

所谓评估的技术体系，主要是指评估模型构造、评估标准设定、评估指标体系及评分标准设计、评估的技术路径等，其中最为核心的就是评估指标体系。然而，由于指标体系本身不仅包含绩效的某种价值取向与定量描述，而且在逻辑上要能自成体系和自圆其说，因此，指标体系的构建最能体现智力程度和价值。本章仅就评估指标体系的构建进行探讨。

作为技术载体的评估指标体系，引导着政府的行为选择和发展方向。国内外实践部门及学者纷纷就不同角度不同领域提出指标体系，萨茨曼较早概括的政策评价五项标准为工作量、绩效、绩效的充分性、效率以及执行过程。邓恩在《公共政策分析导论》一书中提出的评价标准为效果、效率、充足性、公平性、回应性和适当性，其中效果标准即政策方案能否实现预期目标；效率标准即政策实施收益与成本的比率；充足性标准即政策效益满足引起政策问题的需要、价值或机会的程度；公平性标准的衡量方法有很多，包括帕累托最优标准、卡尔多·希克斯标准、罗尔斯标准等；回应性标准即政策可以满足政策目标群体的需要、偏好或价值观的程度；适当性标准即政策的实施是否合乎社会主流价值与利益标准，例如是否有利于促进平等与效率，是否合乎人道主义，是否有助于保障公民权利等。在《政府绩效与结果法》指导下，美国国家绩效评估委员会建立了较为完善的衡量政府部门和个人工作绩效的评估体系，对于构建公共政策绩效评估体系很有借鉴意义。该体系从不同角度不同程度地反映了质量、经济、效率、效果等绩效标准，主要包括投入指标（衡量某一项目或服务消耗的资源）、能量指标（度量机构提供服务的能力）、产出指标（衡量为服务人口提供的产品数量或服务单位）、结果指标（衡量项目和服务的结果）、效率和成本效益指标（衡量单位产出或结果的成本）、生产力指标等六大类指标。①

2001 年 1 月，日本政府政策评价各府省联络会议通过《关于政策评价的标准方针》，对政策评价的对象范畴、实施主体、评价视角和评价方式作出具体规定。2002 年 4 月实施《关于行政机关实施政策评价的法律》，提出评价的关注点是必要性、效率性、有效性、公平性及优先性等，要根据评价的目的和评价对象的性质等适当地有所选择与侧重、综合统筹。②

国内学者也逐渐探索建立政府绩效指标。如吴建南从“投入—产出—中期效果—长期结果”4 个维度提炼出 46 个四级农业财政支出绩效指标。中国科学院可持续发展战略研究组制定的《中国可持续发展指标体系》从生存支持系统、发展支持系统、环境支持系统、社会支持系统及智力支持系统五个方面来评价全国及各地的可持续发展状况。张国庆在《现代公共政策导论》中提出评价的“首要标准”和“次要标准”概念。他认为一项政策的整体评价建立在若干单元评价的基础上，用于整体评价的标准即是首要标准，用于单元评价的标准即为次要标准。倪星从“投入—管理过程—产出及结果”3 个维度提炼出 65 个三级指标等。总体而言，根植于不同时代背景下的政府发展现实，针对公共政策进行绩效评价的标准变化也具有一定的延续性和普遍性。这些理论成果为构建公共政策绩效评估指标体系提供了思路。我们认为，构建公共政策绩效评估指标体系，需要紧紧抓住实现公共性、政府责任和公民满意三大核心问题，即指标体系的形成维度。

公共性是检验公共政策绩效评估真实性的试金石。公共政策的本质特征毫无疑问是公共性，公共政策绩效评估的出发点与归宿必然落在公共性问题上。在郑永年看来，多年来尽管我国执政党高层也在主张改革，但实际上很多改革是由官僚阶层主导的。官僚本来是执行者，现在则成了政策制定者。如果考察一下产业、教育、住房、医疗和社会保障等等领域所进行的“改革”，人们不难发现这一点。很多美其名曰“改革”的政策，不过是各个官僚阶层或者既得利益者为了追求私利而形成的特殊政策，而绝非为了社会整体利益的真正改革。③ 偏离公共性的公共政策绩效评估，将沦为特殊利益集团的遮羞布。

政府责任是实现公共政策绩效评估的最低要求。政府责任限制了政府行为，亦即界

---

① 王玉明．美国构建政府绩效评估指标体系的探索与启示．兰州学刊，2007（6）．

② 吴松．日本政府政策评价制度与科技政策绩效评价浅析．政策计划，2007（7）．

③ 郑永年．十八大与中国的改革问题．联合早报，2012－07－31．

定和限制了公共政策绩效的范围。反之，从公共政策绩效中也可归纳出政府的责任范畴。政府责任从宏观上说就是保障人民的权利和增加人民的福利。从微观上说是根据各级政府现有的日常职责来明确每一项工作中的政府责任，并把责任落实到每一个具体的工作机构和人员。在公共政策绩效评估指标体系构建中，政府责任决定了公共政策绩效评估的基本内容。政府责任、政府行为、公共政策绩效处于系列因果关系链上，一定程度上反映出公共政策绩效水平。因此，公共政策绩效评估指标体系的构建必须依托于政府责任，在主观上能反映公共政策的科学的价值导向，在客观上能全面体现政府的责任。在实践中，每年我国都存在数不胜数的信访案例、触目惊心的腐败案件、不计其数的维稳费用，从机构设置来说，党委、政府、人大等几套班子都有各种各样的信访机构、反腐败机构和维稳机构，但信访量有增无减，腐败继续横行，维稳费用居高不下。为什么？就是因为没有机构承担这些责任，信访、反腐败和维稳的任务分散在多个机构中，“一个和尚挑水喝，两个和尚抬水喝，三个和尚没水喝”的故事不断地在现实中上演。

公民满意是进行公共政策绩效评估的最终目的。公众对公共政策的满意度是检测公共政策完善与否的关键。因此，把公民满意作为公共政策绩效评估重要的价值取向纳入其指标体系之中，具有重要的现实意义。不可否认，公民满意是一种主观评价，不免存在一些偏颇或误差，但不能为此而因噎废食。当今社会已大量充斥“被幸福”“被代表”“被增长”等“‘被’时代”的荒谬，“被满意”亦可能出现，但这种伪满意不属于本书的研究范畴。我们认为，为了避免“被满意”，应该将评估组织者、评估对象与满意度调查执行者分离出来，可以由党委政府部门发起组织（提出要求、提供经费和配合工作），由独立的专业评估机构具体执行。公共政策的最终落脚点与最终目标的相关者是社会公众，公共政策的最终绩效如何，最有发言权的是作为受众群体的社会公众，只有他们满意了，才能真正体现公共政策的合法性。

公共政策绩效评估指标体系将过程控制融合进指标中，指标维度主要强化结果导向（公民满意），理顺评估权责（政府责任），注重公共政策本质（公共性）。二级指标将从指标维度的目标层转变为领域层，例如公共性可分解为程序合法、公共利益增量增长等。三级指标则可以将二级指标从概念变为具体。正是通过层层分解，才使公共政策绩效评估指标体系的逻辑相对严谨。

第五节　公共政策绩效评估的成功保障①

改革已经成为当前公共管理的主导话语。在我国社会利益已经高度分化的今天，认为官员可以超越自身利益，自觉维护社会整体利益和国家长远利益的想法是天真的。一方面，公共政策作为公共事务的载体，很容易将官员自身利益包装和隐藏进去，从而借公共之名行官员利益之实。例如近 20 年来，政府官员以基础设施落后需要进行旧城改

① 本部分主要引用中国行政管理学会课题组．政府公共政策绩效评估研究．中国行政管理，2013（3）．

造为名，拆迁了绝大多数旧建筑，而一出事故，则推说是基础设施落后！此种情形严重消解了公共政策本身的特性，透支了公民的信任。另一方面，在社会发展的新形势下，公共政策深层理念的矛盾与冲突不断增多且复杂起来，这给公共政策的科学化提出了严峻的挑战。例如，主流舆论天天批判美国文化和普世价值，但几乎我国所有官员都以去欧美考察和进修为荣。天天讲中国特色，但我国所有好大学的招聘政策都附加一条——原则上要有欧美教育背景，即使中文系也是如此！能否回应这些现实诉求和严峻挑战，不仅仅是一个实践问题，更是一个重大的理论问题。

公共政策绩效评估的系统研究，能够为公共政策的科学化和民主化提供理论上的指导以及直接出谋划策。通过构建公共政策绩效评估体系，可以避免公共政策出现诸如被利益集团绑架甚至制定出“恶法”等低层次错误，更为乐观地看，以公共政策绩效评估为切入点，可以作为我国政府改革的方向，实现社会的整体利益和长远利益。

公共政策需要耗费大量资源，对公众生活影响重大。据世界银行估计，“七五”到“九五”期间，我国决策失误率在30%左右，资金浪费及经济损失在4 000亿~5 000亿元。可以估测，随着我国经济的快速发展和社会的快速转型，这一数据在“十一五”到“十二五”期间会更大。决策失误是最大的失误！近年来，我国一些国家重大政策规划都开始进行评估，如国民经济与社会发展五年规划的评估，中长期科技发展规划的中期评估等。但从决策科学化与民主化的角度看，我国公共政策的绩效评估发展仍不尽如人意，公共政策体系在总体上缺乏合理规划，造成公共资源浪费的问题没有得到根本解决。公共政策专业性强和极其复杂的特点使得评价公共政策的效果非常不容易，公共政策的质量和效果往往很难凭简单的直觉或印象来决定。正因为如此，构建包括第三方公共政策绩效评估机构的中国公共政策评估体系意义重大。

（1）加强公共政策绩效评估的研究，条件成熟时设立专门负责政府公共政策绩效评估的机构。

政策评估是政府实现科学决策、民主决策、依法决策的重要工具。科学化、制度化的公共政策绩效评估不仅反映政府制定和执行公共政策的能力和效果，而且决定和影响着整个政府的效能。目前，面对日益复杂的社会问题，政府公共政策的数量日益增加，干预规模日益扩大，政策实施的各种风险加大，社会对政策效果的要求和预期也日益提高。如何加强应对，进一步提高政府决策的科学性和有效性成为非常迫切的课题。尽管已有一些社会中介组织和高校的研究人员在做相关评估工作，但这并不能替代政府自身的主导性研究。当然，这要处理好两方面的关系：一是建立、健全、规范政府公共政策评估组织。按照“决策、执行、评估”相分离的要求，让政策制定、政策执行和评估分别由相互分开的机构独立履行，使其各司其职、各负其责，加强沟通和协调，实现信息交流共享，减少不必要的干扰和阻力。二是鼓励和引导民间政策评估组织的发展。第三方机构非营利性、非强制性、民间性、独立性和组织性的特点，使其在政策评估的过程中天生具有超然地位，评价结论较为客观、公正，因此应积极倡导第三方独立评估。

（2）以重点领域的公共政策评估为切入点，逐步扩大政策评估的范围和内容。

随着社会的不断发展，社会问题也层出不穷，但并不是所有的社会问题都会被纳入公共政策制定的议事日程，也不是所有的公共政策问题都需要同步进行评估。我们认为，可以先对那些事关国计民生、具有广泛影响并亟待解决的、具有优先性的公共政策进行系统化的评估研究，如社会保障政策、教育政策、调节收入差距政策、环境保护与治理政策、治理贪污腐败政策、治安整顿政策、婚姻政策等，并逐步扩大到政策过程、政策能力的评估研究。

（3）完善公共政策绩效评估的组织体系。

公共政策绩效评估的主体要进一步规范，使参与评估的机构、组织、公众在资格、条件等方面有章可循。一是国家机关性质的专门绩效评估机构要由国家和行政机关根据法律与组织原则，按法定程序建立。二是中介机构性质的专门绩效评估机构要依据各类社会组织、教学研究机构的章程，经申请批准而设立。三是公民个人作为公共政策的对象和公共服务的消费者，要明确其应具备的相应知识、经验、责任、采集政府绩效信息的渠道和能力。同时，对这三种评估主体如何发挥各自的优势，也需要有统筹考虑。

（4）探索构建科学的公共政策绩效评估指标体系。

公共政策绩效评估指标要突出“三个结合”：一是系统与简便相结合。评估指标既要全面系统，又要抓住关键，工作方式方法既要综合配套，又要简便易行。二是能力指标与结果导向相结合。把结果作为绩效评估的目标，把决策过程和能力作为取得预期效果的重要保证。三是客观评价与满意度评价相结合。全面评价客观上“做出了什么”和主观感受上“做得怎么样”，在注重客观评价的同时，拓宽公众参与渠道，增强满意度评价的科学合理性，着力构建科学、规范、全面、可行的公共政策绩效评估机制和制度框架。我国地区差异较大，要结合我国国情、省情、市情等，从有利于改进组织管理、改造业务流程、关注绩效结果三个方面入手，以职能为依据，以各级政府中心工作为导向，构建公共政策绩效评估指标体系。加大对各级政府重大决策的评价力度，围绕当前经济社会建设中的薄弱环节加强有针对性的评价，根据未来发展需要开展前瞻性和导向性的评价。

（5）加快建设公共政策绩效信息平台。

加快公共政策绩效评估技术平台建设，完善数据采集、反馈、分析和改进机制。一是开发“公共政策绩效评估信息系统”。优化数据采集及反馈功能，被评对象报送各项指标的结果信息，经系统采集处理后反馈给被评估单位，以促进被评估单位改进工作。二是建设公共政策绩效管理信息库。分类收集各单位公共政策绩效管理的做法和效果、意见和建议、问题和不足、改进措施，加强交流反馈、跟踪处理和统计分析，使之成为绩效管理工作的“电子智库”。三是实行公共政策绩效评估状况分析。充分利用实时评估和信息库数据，每半年对公共政策绩效的总体状况、实际效果和落后指标等进行综合分析，为改进绩效提供依据。

（6）加强运用评估结果。

加强公共政策绩效评估结果运用，充分发挥结果导向和刚性约束作用。可借鉴韩国公共政策绩效评估结果在新闻媒体和互联网上公布，同时在政策评估者、政府机构和代理机构负责人参加的联合会议上报告给总理与总统的做法，以及日本总务省和政府各部门每年除向国会提交年度政策评估报告书外，还将报告书向社会公众公布的做法。建立公共政策绩效评估结果内部通报制度，将政策绩效分析报告以简报等形式印发给各单位，互相借鉴，互相监督，互相促进。将公共政策绩效评估结果定期向政府报告。

（7）突出公众满意导向。

完善满意度评估机制，突出公众满意导向。可将除涉及隐私、产权、国家和商业机密外的政策评估结论公示于互联网上，同时注明资料来源、模型假设、方法采用、数据分析等各方面的不确定性，让社会能够清楚地理解政策分析的过程和结论。要充分听取和收集公众对政府的评价意见，及时反馈给相关部门，开展常态化的公众满意度调查。如2012年中秋国庆高速公路免费通行的政策，群众议论很多，建议有关部门就“好事办得怎么样”进行政策评价，对决策始末、执行过程等作出认真分析，这样不仅可以还政府一个公道，而且可让社会了解今后该项政策会怎样改进。

第八章　政府扶贫政策绩效评估案例

缓解和消除贫困是全球社会经济发展所面临的重大难题，是全人类的共同责任，是人类社会的一个基本主题。如今，政府扶贫开发绩效评估已逐渐成为各国关注的重点。很多国家都清晰地认识到：应该继续从稳健的评估中建立起一种系统性的学习机制，这样才能更好地提高各国政府扶贫开发的绩效，切实减轻贫困问题。探讨政府扶贫开发中的政策绩效评估问题，可以更好地揭开我国政府政策绩效评估的神秘面纱。

第一节　政府扶贫政策概况

对贫困的理解和定义是制定扶贫政策的基础。在对贫困研究的初期，我国学者主要是从物质层面和经济学意义上来解读贫困的。国家统计局《中国城镇居民贫困问题研究》课题组和《中国农村贫困标准》课题组对贫困的界定是："贫困是指物质生活困难，即一个人或一个家庭的生活水平达不到一种社会可接受的最低标准。他们缺乏某些必要的生活资料和服务，生活处于困难境地。"① 随着社会的发展，人们对于贫困的认识也开始多元化，已经超越简单的收入和支出等经济上的概念。如童星、林闽钢认为贫困是经济、社会、文化落后的总称，是由低收入造成的缺乏生活所需的基本物质与服务以及有发展的机会和手段这样一种生活状况。②

反贫困是一种政府行为，也是政府的主要职能之一。20 世纪 80 年代中期，中国政府组建了专门的扶贫开发工作机构，强化国家主导的有组织、有计划、大规模的开发式扶贫。根据这一时期贫困人口的分布特征，国家确定了扶贫开发的县级瞄准机制，在全国范围内开展扶贫开发工作重点县的专项扶贫工作。1984 年 9 月 30 日，党中央、国务院发出《关于帮助贫困地区尽快改变面貌的通知》，指出由于自然条件、工作基础和政策落实情况的差异，农村经济还存在发展不平衡的状况，特别是还有几千万人口的地区仍未摆脱贫困，群众的温饱问题尚未完全解决，其中绝大部分是山区，有的是少数民族聚居地区和革命老根据地，有的是边远地区。解决好这些地区的问题，有重要的经济意义和政治意义。为此，该通知提出六个方面的措施和要求：①明确指导思想，改变贫困地区面貌的根本途径是依靠当地人民自己的力量，因地制宜，发展商品生产，增强本地区经济的内部活力，要纠正单纯救济的观点；②进一步放宽政策，实行比一般地区更灵活、更开放的政策；③减轻负担，给予优惠；④搞活商品流通，加速商品周转；⑤增加

---

① 国家统计局.《中国城镇居民贫困问题研究》课题组和《中国农村贫困标准》课题组研究报告，1990.

② 童星，林闽钢. 我国农村贫困标准线研究. 中国社会科学，1994（3）.

智力投资；⑥加强领导，督促各项措施的落实。

1987 年 10 月 30 日，国务院发出《关于加强贫困地区经济开发工作的通知》。通知指出，全国农村贫困地区的脱贫致富工作，经过一系列调整和改革，已经初步完成了从单纯救济向经济开发的根本转变，开始进入一个新的发展阶段。通知进一步强调，当前工作的关键不再是提出新的口号，而是以实事求是的精神和高度负责的态度，按照已经明确的方针和目标，深入调查，总结经验，研究问题，狠抓落实。

1990 年 2 月 23 日，《国务院批转国务院贫困地区经济开发领导小组〈关于九十年代进一步加强扶贫开发工作请示〉的通知》要求：从 1991 年开始，全国贫困地区要在解决大多数群众温饱问题的基础上，转入以脱贫致富为主要目标的经济开发新阶段。到本世纪末，全国实现小康目标时，要求贫困地区达到：稳定地解决温饱问题，多数农户过上比较富裕的生活，初步改变贫穷落后面貌。90 年代贫困地区经济发展的基本方针是：坚持以种、养业为基础，开发当地的优势资源，依靠科学技术，建立健全服务体系，发展区域性的支柱产业，由单纯生产原料向加工工业延伸，从自给、半自给经济逐步向商品经济过渡，把富民与富县结合起来，为彻底消除贫困创造条件、奠定基础。

1994 年 4 月 15 日，国务院印发《国家八七扶贫攻坚计划》。国务院决定，从 1994 年到 2000 年，集中人力、物力、财力，动员社会各界力量，力争用 7 年左右的时间，基本解决目前全国农村 8 000 万贫困人口的温饱问题。这是一场难度很大的攻坚战。为此，国务院制定《国家八七扶贫攻坚计划》，这是此后 7 年全国扶贫开发的纲领，也是国民经济和社会发展计划的重要组成部分。1994 年在“八七扶贫攻坚”实施过程中，逐渐形成了专项扶贫、行业扶贫、社会扶贫相结合的“大扶贫格局”。

1996 年 10 月 23 日，《中共中央国务院关于尽快解决农村贫困人口温饱问题的决定》指出，到本世纪末基本解决农村贫困人口的温饱问题，是广大贫困群众的强烈愿望，是贯彻我们党全心全意为人民服务根本宗旨的具体体现，也是全面实现国民经济和社会发展第二步战略目标，维护改革、发展、稳定大局的客观要求，有着极其重要的政治、经济和社会意义。决定指出，今后 5 年的扶贫开发工作，要以党的基本理论、基本路线为指导，充分发扬自力更生、艰苦奋斗精神，坚持开发扶贫，实行全党动员，全社会扶贫济困，突出重点，集中力量解决农村贫困人口的温饱问题。并于 1996 年提出《1996—2000 年全国科技扶贫规划纲要》，加强对科技扶贫的政策指导。

新世纪之初，国家因应扶贫开发形势的变化和目标任务的调整，颁布了《中国农村扶贫开发规划纲要（2001—2010）》，在这一阶段，专项扶贫模式不断改进和完善，产业扶贫、整村推进、雨露计划等专项扶贫模式渐趋成熟，连片开发试点铺开并取得了可喜成绩，为后续的扶贫工作积累了宝贵经验。农村贫困人口从 2000 年底的 9 422 万，减少到 2010 年底的 2 688 万，贫困发生率从 10.2% 下降到 2.8%。这一时期中国扶贫政策有以下三个特征：①

一是坚持开发式扶贫和社会保障相结合。引导贫困地区和贫困群众以市场为导向，调整经济结构，开发当地资源，发展商品生产，提高自我积累、自我发展能力。注重综

① 国务院新闻办公室.《中国农村扶贫开发的新进展》白皮书. 新华网，2011-11-16.

合开发、全面发展，促进基础设施建设和经济社会协调发展。注重可持续发展，加强资源保护和生态建设，控制人口过快增长。加快推进城乡基本公共服务均等化进程，建立健全农村最低生活保障制度，逐步提高五保供养水平，不断完善自然灾害应急救助体系，建立新型农村合作医疗制度，开展新型农村社会养老保险制度试点，为贫困人口提供基本生存保障。在国家扶贫开发工作重点县推进扶贫开发政策与农村低保制度衔接试点，努力使各项政策覆盖所有贫困人口。

二是坚持专项扶贫和行业扶贫、社会扶贫相结合。以贫困人口和贫困地区为工作对象，以财政专项扶贫资金为主要资源，以实现贫困人口基本生存和发展为目标，编制专项扶贫开发规划，分年实施。充分发挥各行业部门职责，将贫困地区作为本部门本行业发展重点，积极促进贫困地区水利、交通、电力、国土资源、教育、卫生、科技、文化、人口和计划生育等各项事业的发展。动员和组织社会各界，通过多种方式支持贫困地区开发建设。党政机关和企事业单位定点扶贫，东西扶贫协作，军队和武警部队支援，社会各界参与，形成有中国特色的社会扶贫方式，推动贫困地区发展，增加贫困农民收入。

三是坚持外部支持与自力更生相结合。通过专项扶贫资金、财政转移支付、部门项目建设、社会各界捐助、引进利用外资等途径，不断加大对贫困地区的资金投入。不断探索参与式整村推进、小额信贷、贫困村互助资金等多种扶贫模式。尊重贫困地区广大干部群众在农村扶贫开发中的主体地位，广泛调动他们的主动性、积极性、创造性。广大干部群众自强不息，不等不靠，苦干实干，积极参与决策、投工投劳，依靠自身力量改变贫困落后面貌。

随着农村贫困发展趋势的转变，我国农村扶贫开发工作思路和方向也开始做适当的调整，为此，中央发布了《中国农村扶贫开发纲要（2011—2020年）》，通过对贫困户"建档立卡、动态管理"的做法，建立更为精准的政策瞄准方式，使得政策资源能够以"滴灌"的形式，直接分配到贫困农户。2013年12月18日，中共中央办公厅、国务院办公厅印发《关于创新机制扎实推进农村扶贫开发工作的意见》，指出"当前和今后一个时期，扶贫开发工作要进一步解放思想，开拓思路，深化改革，创新机制，使市场在资源配置中起决定性作用和更好地发挥政府作用，更加广泛、更为有效地动员社会力量，构建政府、市场、社会协同推进的大扶贫开发格局，在全国范围内整合配置扶贫开发资源，形成扶贫开发合力"。在2014年中国《政府工作报告》中也明确提出"创新扶贫开发方式。加快推进集中连片特殊困难地区区域发展与扶贫攻坚。国家加大对跨区域重大基础设施建设和经济协作的支持，加强生态保护和基本公共服务。地方要优化整合扶贫资金，实行精准扶贫，确保扶贫到村到户。引导社会力量参与扶贫事业。今年再减少农村贫困人口1 000万人以上。我们要继续向贫困宣战，决不让贫困代代相传"。

一方面，中国政府在大力向贫困宣战，另一方面，一些地方却故意曲解政策，争抢"贫困县"的帽子，兴建豪华办公楼，脱贫不久又返贫，一些特殊现象引起了舆论的关注。2012年初，湖南省新邵县被国家定为贫困县。消息传来，新邵县举县欢庆，网上微博照片还公布了新邵县委和县政府制作的电子屏幕祝词："热烈祝贺新邵县成功纳入国家集中连片特困地区，成为新时期国家扶贫攻坚的主战场——中共新邵县委、新邵人民政府宣。”十年前，与新邵县相邻的邵阳县也曾有过类似的“炫困”。当时，为了庆祝成为“国家扶贫开发重点县”，全城放鞭炮，竟致烟花爆竹脱销。有网友批评：“不以为耻，反以为荣。”

近年来，贫困县耗巨资建设豪华办公楼的事件屡见诸媒体。2009 年，湖南郴州贫困县安仁县，2007 年财政收入只有 1 个亿，没有任何工业和矿产资源，农民基本靠外出打工为生，但就是这样的一个贫困县，却建了多栋豪华机关办公大楼，被人调侃“单看办公楼的规模与豪华，安仁县应该站在全国十强县之前列才对”。国家级贫困县湖北来凤县的县委、县政府办公楼高 8 层，门口有一个足球场大小的广场。然而，该政府大楼入驻办公 7 年来，却始终不敢挂牌，被当地老百姓戏称为“黑政府”。河南省固始县是河南人口第一大县，也是一个国家级贫困县，2013 年公共财政预算收入 7.7 亿元，而公共财政预算支出 47.2 亿元，多达几十亿元的财政漏洞全靠上级转移支付来补贴，这样一个贫困县，却有着一座在河南全省都知名的政府办公大楼：行政中心建筑的顶端是中国传统的檐式构造，气势宏伟，建筑墙面是玻璃装饰，显得现代时尚。湖北省十堰市的房县，地处鄂西山区，是湖北 25 个国家级贫困县之一，其政府大楼由 5 栋建筑组成，中间 1 栋主楼，主楼的四角对应着风格相似的 4 栋建筑，每栋 4 层，主楼门口还规划有喷泉，整个建筑群显得非常气派。黑龙江省海伦市是全国“粮食生产先进县”和“大豆之乡”，2010 年 11 月，海伦市申请上报省定贫困县。据该报告数据显示，全市农村贫困人口近 17 万，年人均纯收入不足 1 300 元，70% 的农户靠抬贷、借款维持生产生活。与海伦市贫困帽子极不相称的，是已正式投入使用的政府办公大楼。该楼群占地近 2 万平方米，由 1 栋 13 层主楼和东西 2 栋 5 层楼组成，共有办公用房 820 间。

事实上，现行扶贫政策制度和机制存在的种种漏洞早已为人诟病，“脱贫县不愿摘帽”“争当贫困县”等问题日益严重，因此有必要对此进行绩效评估，以使扶贫政策真正收到实效。

第二节 S 市政府扶贫政策绩效评估

一、S 市政府扶贫政策实施概况

S 市扶贫开发领导小组办公室（市老区建设办公室），负责贯彻执行国家扶贫开发的方针、政策；拟订扶贫开发规划和革命老区建设工作区划；组织、落实、指导山区、贫困地区、少数民族地区的扶贫开发和老区建设工作；负责扶贫资金和扶贫基金的管理、监督工作；承担市扶贫开发领导小组的日常工作。项目主管部门为 S 市农业局。2014 年市级财政安排预算内扶贫开发专项资金 3 161.1 万元，安排六个项目，各项目实施内容如下：

（1）根据《省 2013—2015 年扶贫开发“规划到户责任到人”工作考核办法》的规定，在对被帮扶市、县党委政府新一轮扶贫开发“双到”工作考核指标中，第一大项的第 1.4 条对财政预算专项扶贫资金的投入作了明确的规定：“市、县对所负责的重点帮扶村当年投入到村财政预算专项扶持资金每村 10 万元 3 分，不达标不得分。每村每增加投入1万元加0.15分，加分最高不超过1.5分。”按此推算，S市及中央和省驻S单位帮扶贫困村共75个，如要获得基本分3分，就必须每村投入10万元，共需资金750万元，如要获得奖励满分1.5分，也要每村增加10万元，共需资金750万元，两项合计则每村需投入20万元，市本级帮扶贫困村共75个，共需投入1 500万元。市级财政产业扶贫项目引导资金主要用于村内道路、农田水利、环境整治、产业扶贫、民生福利等项目建设，市开展产业项目扶持，通过“龙头企业+基地+农户”“龙头企业+合作社+基地+农户”等形式，培育富民产业，带动贫困户增收，逐步形成稳定的收入来源。目前，310个重点帮扶村中绝大部分有农业龙头企业、农民专业合作社和生产基地、大户带动，100%的重点帮扶村已成立合作社并正常运作，涌现出一大批“蔬菜村”“马蹄村”“枇杷村”“蜜桃村”“茶叶村”“蚕桑村”等专业村。

（2）2014年度农村低收入住房困难户住房改造建设补助资金。根据省政府《关于推进我省农村低收入住房困难户住房改造建设工作的意见》精神和市政府《关于印发S市2011—2015年农村低收入住房困难户住房改造建设总体规划的通知》的要求，2014年省下达计划3 687户，市级财政一次性按配套补助每户3 000元，小计1 106.1万元。2014年省下达任务3 687户，至2014年7月底已完成804户，2014年8月中旬，按照省委、省政府的统一部署，以县为单位将农村低收入住房困难户住房改造建设项目移交给市住房和城乡建设局。

（3）2014年度扶持“两不具备”贫困村庄搬迁安置新村基础设施资金300万元。根据有关市领导批示，按“以奖代补”方式发放。2011年至今，S市已完成“两不具备”村庄搬迁196个、5 805户，对比省原下达的4 800户搬迁任务已超额完成1 005户，受到省的表扬。

（4）根据《关于印发S市扶贫开发“双到”小额贷款贴息工作实施方案的通知》的要求，通过对贫困户小额贷款实行贴息，解决其发展生产资金不足的问题，帮助贫困户尽快脱贫致富。

（5）市扶贫开发“双到”工作经费100万元。主要用于市级扶贫开发“双到”及老区办日常性的工作指导、检查、评估，召开全市性扶贫开发工作会议、现场会、专题督查、扶贫驻村工作队员、乡镇扶贫专干培训，日常办公运行，加强与省直部门、其他市的工作协调以及外出交流参观学习等开支。

（6）其他各项工作经费55万元。主要用于扶贫开发宣传报道、扶贫培训、省级扶贫会议、扶贫考核协调工作等。因2014年度使用单位未超出预算内的扶贫开发“双到”工作经费，故未申请使用该笔款项。

S市扶贫开发“双到”工作在实施过程中，市、县、镇、村及帮扶单位分别成立了以党、政一把手为组长的扶贫开发“双到”工作领导小组，下设办公室，具体由专人负责、专人专管。项目的制定注重贫困村的帮扶规划与社会主义新农村建设规划、短期扶持与稳定脱贫、开发式扶贫与救济式扶贫、扶持发展与提高素质相结合、符合客观实际，出台了《S市新一轮扶贫开发“规划到户责任到人”及重点县（市）帮扶工作实施方案》和《S市扶贫开发“规划到户责任到人”专项资金管理办法》，做到了制度措施保障。

市财政《关于下达2014年农村低收入住房困难户住房改造建设市级补助资金的通知》《关于下达2014年度市级财政扶贫开发“双到”专项资金（第一批）的通知》将扶贫专项资金共2 706.1万元下达到位，其中，贫困村产业项目扶持资金1 500万元，农村低收入住房困难户住房改建的配套补助资金1 106.1万元，市扶贫开发“双到”工作经费100万元。

2014年财政预算经费3 161.1万元，实际市级财政下达扶贫开发专项资金2 706.1万元，包括贫困村产业项目扶持资金1 500万元，农村低收入住房困难户住房改建配套补助资金1 106.1万元，市扶贫开发“双到”工作经费100万元；实未下达扶贫开发专项资金455万元。其中，“两不具备”贫困村的搬迁安置费300万元，按有关市领导批示实行“以奖代补”形式发放，目前正在实施当中；扶贫小额贷款贴息100万元，各县（市、区）未上报相关材料，只有各县（市、区）按照实际需求，主动办理相关手续后，市财政局方才下达专项资金；其他经费55万元因2014年经费未超支，所以没有申请使用。

在扶贫资金管理方面，市扶贫办要求各县（市、区）严格按照市财政局《关于印发〈S市财政支农专项资金报账制实施细则〉的通知》的规定，对专项资金的使用实行报账制，切实加强资金监管，确保资金专款专用，杜绝出现截留、挤占和挪用等违规现象。从项目工程的申报、审批、实施监督、完工验收方面进行全程监管，进一步健全和完善资金监管工作机制，明确各环节责任主体，提高工作效能，确保资金使用安全有效。

S市扶贫开发领导小组办公室根据市财政局《关于开展财政支出绩效评估项目委托第三方评价工作的通知》，积极组织了2014年度市级财政支出项目绩效自评工作，收集市级财政支出项目相关材料，并根据市财政支出绩效评估有关规定，认为扶贫政策产生了以下效益：

（1）社会效益：通过实施扶贫“双到”工作，改善了贫困村、贫困户的生产生活条件，村容村貌得到明显改善，贫困户自我发展能力得到有效增强，农户住房条件得到改善，专业合作组织和扶贫农业龙头企业带动效应进一步增强。大大提高了贫困村、贫困户的收入，在农村专业合作组织和扶贫农业龙头企业带动下，农业产业化进一步提高，贫困户增收渠道得到进一步拓宽。

（2）经济效益：项目实施过程中，加大对专业合作组织和扶贫农业龙头企业的培训力度，注重发挥专业合作组织、农业龙头企业和专业大户等农业产业化经营的辐射带动作用，确保脱贫机制长效、持久。据统计，到2014年底全市310个重点帮扶村累计落实帮扶资金14.63亿元，平均每村470多万元，实施到村帮扶项目6 665个。310个重点帮扶村中有劳动能力的贫困户年人均纯收入达7 186元，比上年增长42%；村集体经济收入平均达6.84万元，比上年增长67%，全部达到3万元以上，其中达5万元以上的有281个村。市第二轮扶贫开发“双到”工作得到了省委、省政府和省有关部门的充分肯定。

但同时认为市资金管理也存在部分问题。如个别镇、村存在科目核算设置不合理，报账手续不完善，资金使用票据不规范，已建成项目资金结算报账进度慢，档案资料管理不规范、不齐等现象。此外，个别镇村对公开公示制度不够重视，没有做到100%的公示，扶贫专项资金使用情况群众知晓率有待进一步提高。

二、S市政府扶贫政策绩效评估思路与程序

本次扶贫政策绩效评估工作的依据有：财政部《财政支出绩效评估管理暂行办法》（财预〔2011〕285号），《省财政支出绩效评估试行方案》，《S市中介机构参与财政支出绩效评估工作管理办法（试行）》，《关于印发〈S市2015年市级财政支出绩效评估工作方案〉的通知》，《关于开展财政支出绩效评估项目委托第三方评价工作的通知》，《S市新一轮扶贫开发“规划到户责任到人”及重点县（市）帮扶工作实施方案》，《S市扶贫开发“规划到户责任到人”专项资金管理办法》等。评估目的在于考核项目扶贫政策预期目标的实现程度，考核资金支出效率和综合效果，分析存在问题及原因，提出改进工作的意见和建议，为下一年度部门预算安排提供主要依据。

在自评报告、书面审核、现场核查的基础上，主要采用目标比对法。考虑到实际情况，现场核查工作包括集体访谈、走访项目点勘验等形式，召集扶贫项目申办人、主管单位负责人和专家展开座谈，主要听取了项目单位对扶贫资金申请、使用和管理上的意见与建议，并由专家针对专项资金的使用情况、产出成果等重点问题对相关人员进行了询问。

三、S市政府扶贫政策绩效评估情况

1. 经济性

从S市政府扶贫政策的实施来看，由于扶贫工作已持续多年，其资金的管理相对而言比较严格规范。就现场核查情况看，相关部门和单位都是严格按照《国家扶贫资金管理办法》及省、市的规定，扶贫项目本身只要达到招投标条件的一律进行招投标，并进行成本核算控制，全部项目均未超出预算。尤其是主要用于扶贫开发宣传报道、扶贫培训、省级扶贫会议、扶贫考核协调工作等的其他各项工作经费55万元，因2014年度市扶贫办未超出预算内的扶贫开发“双到”工作经费，故未申请使用。行政性经费的节约体现了扶贫资金成本得到很好的控制，显示出本项目的经济性良好。

2. 效率性

一是预算执行总体较好。从市这个层面看，除了扶贫小额贷款贴息资金和其他各项工作经费两项未申请的资金外，该项目预算安排3 006.1万元，实际下拨资金2 989.2万元，资金拨付效率高。镇村方面对资金使用比较积极，基本能按程序按计划使用扶贫资金，由于部分工程工期较长，部分县市扶贫资金还未使用完。

二是项目按计划实施，总体完成较好。财政扶贫资金的实施与管理不仅成立了工作机构和领导小组，由扶贫办主任任组长，而且项目按计划组织实施，专项资金严格按照相关制度进行，实行国库集中支付，并严格做到专款专用，资金跟着项目走。项目从立项、工程招投标、工程施工、工程竣工等整个过程都由村委和帮扶干部全程监督办理，没有截留、挪用工程款现象。通过核查了解，项目能按要求及时完成结算、报销、支付

等工作。大部分县区扶贫资金100%完成支付，部分县区由于工期长等原因还未完全支付，如新农村基础设施建设，整个工期比较长，需等工程完工验收后再全部支付。

3. 效果性

一是实现贫困户、贫困村的增收。据统计，到2014年底全市310个重点帮扶村累计落实帮扶资金14.63亿元，平均每村470多万元，实施到村帮扶项目6 665个。310个重点帮扶村中有劳动能力的贫困户年人均纯收入达7 186元，比2013年增长42%；村集体经济收入平均达6.84万元，比2013年增长67%，全部达到3万元以上，其中达5万元以上的有281个。大大提高了贫困村、贫困户的收入。

二是发挥财政资金引导及辐射带动作用。项目实施过程中，加大对专业合作组织和扶贫农业龙头企业的培训力度，注重发挥专业合作组织、农业龙头企业和专业大户等农业产业化经营的辐射带动作用，专业合作组织和扶贫农业龙头企业带动效应进一步增强，确保脱贫机制长效、持久。

三是改善了贫困村生产、生活条件。通过实施扶贫“双到”工作，农户住房得到改善，加强了农村道路、农田水利基础设施建设，改善了贫困村、贫困户的生产生活条件，村容村貌得到明显改善。

四是提高了贫困户素质，自我发展能力得到有效增强。通过“龙头企业+基地+农户”“龙头企业+合作社+基地+农户”等形式，涌现出一大批“蔬菜村”“马蹄村”“枇杷村”“茶叶村”“蚕桑村”等专业村，提高了自我发展能力，大大增强了贫困户脱贫致富的决心和信心。

4. 可持续性

开展对贫困地区的扶贫工作是一项长期性的任务，成立各级扶贫开发“双到”小组机构使扶贫的后续管护有了保障；在机制上，项目移交村委管护，帮扶单位继续实施三年扶贫跟踪责任制；本轮扶贫开发工作从2013年开始到2015年，之后必将启动新一轮的扶贫工作，各级政府高度重视扶贫新时期的扶贫开发工作，为扶贫开发提供更惠民的政策和制度，为项目的可持续性发展提供了保障。

5. 公平性

消除贫困，实现经济社会繁荣进步，是世界各国政府和人民矢志不渝的奋斗目标。项目实施的公众属性较好，同时项目实施时，未造成社会不公问题，未造成纠纷、诉讼、信访、上访和违法犯罪等不良的社会影响。

第三节　兰州市扶贫政策绩效评估[①]

一、兰州市扶贫政策实施概况

兰州城乡二元经济结构矛盾突出，传统经济与现代经济并存，农业发展还比较落

---

① 本节主要参考付英，张艳荣. 兰州市扶贫开发绩效评估及其启示. 湖南农业大学学报（社会科学版），2011（12）.

后，农业人口占全市户籍人口的37.3%，农业增加值仅占全市GDP的2.8%，城镇居民与农民收入差别明显，农村贫困问题由此可见一斑。

兰州市的扶贫比较困难的原因主要在于：① 一是贫困面较大，贫困人口较多。截至2014年，全市有3个国家六盘山片区贫困县，即榆中、永登和皋兰（其中，榆中为国家扶贫工作重点县）；1个有省级重点贫困乡镇的区，即七里河区。三县一区共有扶贫工作重点乡14个，重点贫困村144个，插花贫困村141个，纯移民村15个。按照国家新的2 300元扶贫标准，2011年全市建档立卡扶贫对象共有317 934人（不含五保户、低保户）。兰州市农村人口占全市人口的1/3多，而贫困人口又占农村人口的1/3。二是自然条件严酷，相对贫困凸显。随着扶贫力度的加大，兰州市贫困人口的分布进一步呈现出地缘性特征，60%集中在三县一区自然条件严酷的“五大片区”的25个乡镇、300个村。与其他地区农民乃至城镇居民收入差距悬殊，相对贫困凸显，加大了扶贫攻坚的难度。三是产业结构不尽合理、产业化程度低。兰州市扶贫开发重点地区的榆中、永登、皋兰三县和七里河区，农业人口占比大，但在农村经济总收入中，工业收入占的比重很低，榆中占20%，永登占27.4%，皋兰占14%，七里河占27.2%。显示出其工业基础薄弱，对农业的带动辐射作用有限。现有的扶贫龙头企业数量少、规模小，特别是农产品深加工企业少，基本上处在农产品的贮藏和初级加工阶段，离规模化生产、专业化经营还有一定距离。这在一定程度上削弱了产业扶贫的效能，使其难以有效地发挥带动经济社会发展、促进农民增收的作用。四是扶贫开发投入不足，资金整合难度较大。扶贫开发缺乏足够的资金投入，特别是县（区）财政资金短缺，支持扶贫产业发展的能力较弱，成为制约贫困地区发展的瓶颈。例如，七里河区仅列入扶贫搬迁计划的21个行政村的5 135户、20 082人的易地搬迁费用，就有3.3亿元的资金缺口。资金整合难度大，也是各地反映的共同难题。

兰州市不断探索扶贫开发的新路径，其扶贫开发的做法主要有以下五方面：

一是适时转变扶贫方式，不断加大攻坚力度。扶贫成效的好坏，与扶贫方式的转换关系密切。兰州市适时转变扶贫方式，一方面，把整村推进由数量型向质量效益型转变。集中财力，发挥集聚效应，有效地解决了贫困村基础建设和产业发展方面的问题。另一方面，把整村推进由分散型向集中连片型转变。坚持在区域相近、产业发展相同的乡镇，对整村推进、整乡推进和片区开发项目集中连片布局，整体解决基础设施配套、产业发展等方面的问题。目前，已经形成了榆中南山、永登武胜驿、皋兰黑石及石洞等集中连片冷凉型蔬菜基地和设施农业基地，由点成线、由线成片的格局逐步呈现。

二是扶持特色优势产业，增强减贫脱贫的内生力量。产业扶贫对于促进贫困地区经济发展和贫困农民增收，有着十分重要的作用。兰州市根据不同区域的自然条件和优势，以市场为导向，以效益为中心，引导和组织农民培育壮大增收产业，增强自我发展能力。从“十一五”的头一年2011年开始，市上按照“一特五化”的发展思路，继续加大对贫困地区优势特色产业的扶持力度，扶持项目村种植高原夏菜、建设农业设施项目温室大棚等特色种养业，贫困群众的自我发展能力不断得到加强，产业收入已占到农

① 研究会课题组．兰州市扶贫开发情况调查与思考．人民网，2014－11－26.

民人均纯收入的30%～38%，有力地支撑了农民持续增收。

三是夯实基础设施建设，改善扶贫开发环境。兰州市把破解基础设施上存在的重点问题作为扶贫攻坚的关键来抓。市上不断整合资源，集中投入，规范运作，仅在2012年一年，就投入基础设施建设资金2 082万元，稳步推进贫困地区群众生产生活条件的改善，有力助推了扶贫攻坚工作。

四是开展劳动力转移培训，抓好拔除穷根的治本措施。开展贫困地区劳动力转移培训，是新阶段扶贫开发工作的一项治本措施。2012—2013年两年间，全市贫困户中共有4 990人参加了职业技能培训，976人参加了创业培训。职业技能培训合格率达到95%以上，创业培训后就业率达到80%以上。仅贫困家庭劳务输转人数就达8 039人，创劳务收入1.1亿元。

五是整合各方力量，助推扶贫攻坚。兰州市通过整合各方面的力量，形成强大合力，助推扶贫开发。特别是全省“联村联户、为民富民”行动开展后，省市县乡共有1 913个部门单位、42 748名干部下基层，与731个村、399个社区、95家困难企业、36 252家贫困户联系结对开展帮扶活动。在活动中，积极争取扶贫资金，据市发改委资料显示，2010年到2013年4月，共争取各种资金24 021.709万元，其中，中央专项资金8 393.185万元。截至2013年上半年，共完成投资11 849.79万元，占计划的87.78%，有力地推进了项目建设，建成了一批基础设施、公共活动场所和农民危房改造项目，帮助群众解决了一大批生产生活中的实际困难和问题。目前，全市专项扶贫、行业扶贫、社会扶贫三位一体的大扶贫格局初步形成。

二、兰州市扶贫政策绩效评估指标体系的构建

兰州“十二五”扶贫的主要目标是缓贫和可持续发展，因此，其评价指标体系也应根据贫困与反贫困的理论、可持续发展理论来构建。贫困与反贫困理论认为，贫困是由许多方面的因素共同导致的，因此，扶贫效果应该用综合的指标体系来评价。当然，在评价效果时，不可能将所有的致贫因素都考虑进去，但这些因素有主次之分，因此，可以从中筛选出一些关键因素对扶贫效果进行综合评价。扶贫不仅仅是简单的经济意义上的脱贫，更涉及社会稳定、经济发展和生态保护等多重目标体系，在常见的效率、效果这些基本要求之外，至少还需要考虑政策的相关性和可持续发展能力。

根据相关要求，兰州市农办组织有关专家、学者，采取实地调研、数据分析、专家评议等方式，初选出了评价指标体系，付英、张艳荣在此基础上，借鉴了刘玉森、朱明放、周瑞超、陈薇、杨春河等学者的研究成果，从政策相关性、扶贫效率、扶贫效果、可持续发展能力四个方面入手，共设置1个目标层、4个准则层、11个关键问题层和35个具体指标，最终确定了扶贫绩效评估指标体系结构（如图8－1所示）。

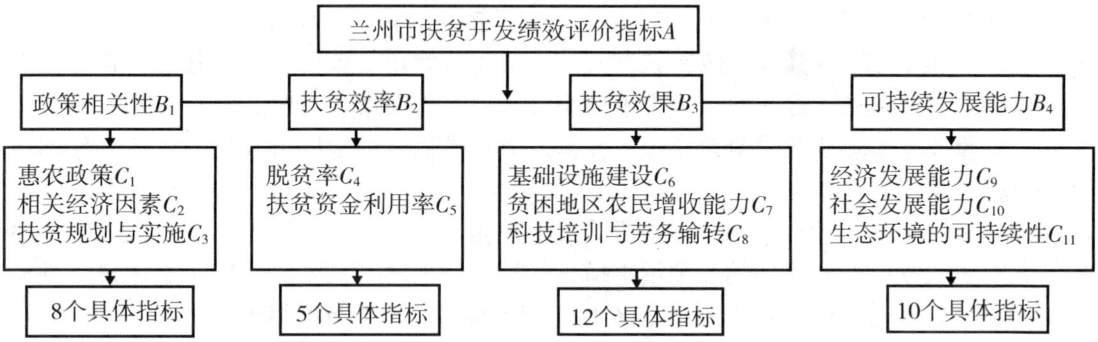

图 8－1　兰州市扶贫开发绩效指标评价体系及其结构

（1）政策相关性。制度和体制因素是减缓贫困行动的前提条件和基础。政府出台的惠农扶贫政策与地方扶贫规划对贫困地区的发展影响较大。政策相关性准则主要围绕惠农政策、相关经济因素、扶贫规划与实施 3 个方面，设置 8 个具体评价指标，包括 D_1 农村合作医疗及农村低保制度对扶贫的影响、D_2 农村义务教育政策与扶贫的关联度、D_3 农村税费改革对扶贫开发的影响、D_4 收入分配对减贫的影响、D_5 城乡一体化建设与减贫的关系、D_6 通货膨胀对农村贫困的影响、D_7 地方与中央农村发展规划的一致性、D_8“十一五”扶贫开发计划与实施的一致性。

（2）扶贫效率。就已有扶贫资金效率贡献考核标准来看，在生产总值、总收入、平均收入、减贫人数等一般性指标之外，它缺乏对扶贫效率进一步量化处理的分析，这方面最为显著的一个表现就是，扶贫资金的不同投向对贫困户的收入增加贡献分析并不明朗。因此，扶贫效率准则的评价主要围绕脱贫率和扶贫资金利用率两个方面构建了 5 个具体评价指标，包括 D_9 贫困发生率、D_{10} 返贫率、D_{11} 贫困人口占总人口的比重、D_{12} 扶贫资金到位率、D_{13} 扶贫资金对农民收入增长的促进效应。

（3）扶贫效果。扶贫在很大程度上推进了项目村的经济和社会的全面发展，特别是基础设施建设、科技培训与劳务输转。其中产业化项目外部经济效益显著，有效带动了当地农业产业发展，促进了农民增收。效果准则的评价主要从基础设施建设、贫困地区农民增收能力、科技培训与劳务输转 3 个方面，构建了 12 个具体评价指标。包括 D_{14} 乡村道路硬化建设、D_{15} 集雨节灌工程建设、D_{16} 整村推进村覆盖率、D_{17} 人畜饮水工程建设、D_{18} 小型水利建设、D_{19} 村级卫生所和文化活动场所标准化建设、D_{20} 恩格尔系数、D_{21} 农民人均纯收入环比增长速度、D_{22} 家庭经营性收入占农民人均纯收入的比重、D_{23} 科技培训及推广情况、D_{24} 转移劳动力人数、D_{25}“一村一名大学生”和“两后生”培训。

（4）可持续发展能力。扶贫坚持综合开发、全面发展的原则，在改善基本生活、生产条件的同时，注重科教文卫事业的发展，提高了贫困群体的生活质量和人口素质，特别是对贫困群体未来发展的重视，实现资源、人口、环境、教育和制度的可持续性。可持续发展能力准则主要从经济、社会和生态环境 3 个方面，构建了 10 个具体评价指标，包括 D_{26} 总收入增占率、D_{27} 种养业发展能力、D_{28} 产业化项目经营状况、D_{29} 农村义务教育普及率、D_{30} 新型合作医疗保险参保率、D_{31} 农村最低生活保障覆盖率、D_{32} 村民对村务公开和民主管理的满意度、D_{33} 自然灾害发生率、D_{34} 森林覆盖率、D_{35} 生态环境满意度。

绩效评估方法：①确定各指标评分标准和权重。评分标准按优秀、良好、一般、较差划分为4级。采用层次分析法，即AHP法来确定各指标的权重，它是一种将决策者对复杂系统的决策思维过程模型化、数量化的过程。首先设计出扶贫效益的递阶层次结构图，然后根据对层次结构图中各种元素两两比较判断的调查资料，采用Suaty的五等九级法，构造了判断矩阵 $A=(a_{ij})$，再算出判断矩阵 A 的最大特征根 X_{max} 及其相应的特征向量，根据层次单排序与总排序得出整个系统各元素的权重。②利用综合评价法进行计算。利用综合评价法，先将各指标正向化处理后，依据实际调查数据对各指标进行赋值，计算出各指标得分并加总，得出扶贫工作总体得分，以作为评价扶贫绩效的量化依据。

表8－1　评分标准

分值	政策相关性	扶贫效率	扶贫效果	可持续发展能力	综合绩效
1	不相关	效率低	不满意	不可持续	较差（>0.01，≤1.00）
2	部分相关	效率一般	部分满意	部分可持续	一般（>1.00，≤2.00）
3	相关	效率高	满意	可持续	良好（>2.00，≤3.00）
4	高度相关	效率非常高	非常满意	高度可持续	优秀（>3.00，≤4.00）

表8－2　兰州市扶贫开发绩效评估指标、权重及得分情况

二级指标	权重	得分	三级指标	权重	综合权重
C_1 惠农政策与扶贫开发政策的关联度	0.251 05	3.000 00	D_1 农村合作医疗及农村低保制度对扶贫的影响	0.490 47	0.022 64
			D_2 农村义务教育政策与扶贫的关联度	0.311 91	0.014 222
			D_3 农村税费改革对扶贫开发的影响	0.197 62	0.009 011
C_2 相关经济因素对减贫的影响	0.158 46	2.474 79	D_4 收入分配对减贫的影响	0.525 21	0.015 116
			D_5 城乡一体化建设与减贫的关系	0.140 76	0.004 051
			D_6 通货膨胀对农村贫困的影响	0.334 03	0.009 614
C_3 扶贫规划与实施的关联度	0.588 49	3.500 00	D_7 地方与中央农村发展规划的一致性	0.500 00	0.053 443
			D_8 “十一五”扶贫开发计划与实施的一致性	0.500 00	0.053 443
C_4 脱贫率	0.500 00	2.802 38	D_9 贫困发生率	0.311 90	0.047 102
			D_{10} 返贫率	0.197 62	0.029 430
			D_{11} 贫困人口占总人口的比重	0.490 48	0.074 069

（续上表）

二级指标	权重	得分	三级指标	权重	综合权重
C_5 扶贫资金利用率	0.500 00	3.000 0	D_{12}扶贫资金到位率	0.500 00	0.075 508
			D_{13}扶贫资金对农民收入增长的促进效应	0.500 00	0.075 508
C_6 基础设施建设	0.525 21	2.780 35	D_{14}乡村道路硬化建设	0.097 67	0.019 432
			D_{15}集雨节灌工程建设	0.132 21	0.026 303
			D_{16}整村推进村覆盖率	0.219 65	0.043 698
			D_{17}人畜饮水工程建设	0.189 88	0.037 775
			D_{18}小型水利建设	0.072 12	0.014 347
			D_{19}村级卫生所和文化活动场所标准化建设	0.288 47	0.057 389
C_7 贫困地区农民增收能力	0.140 76	2.509 52	D_{20}恩格尔系数	0.490 48	0.026 152
			D_{21}农民人均纯收入环比增长速度	0.311 90	0.016 630
			D_{22}家庭经营性收入占农民人均纯收入的比重	0.197 62	0.010 537
C_8 科技培训与劳务输转	0.334 03	2.688 10	D_{23}科技培训及推广情况	0.311 90	0.039 465
			D_{24}转移劳动力人数	0.197 62	0.025 004
			D_{25}“一村一名大学生”和“两后生”培训	0.490 48	0.062 059
C_9 经济发展能力	0.490 48	2.461 04	D_{26}总收入增占率	0.538 96	0.036 361
			D_{27}种养业发展能力	0.163 78	0.011 049
			D_{28}产业化项目经营状况	0.297 26	0.020 055
C_{10} 社会发展能力	0.311 90	2.889 56	D_{29}农村义务教育普及率	0.434 78	0.018 653
			D_{30}新型合作医疗保险参保率	0.309 06	0.013 259
			D_{31}农村最低生活保障覆盖率	0.149 39	0.006 409
			D_{32}村民对村务公开和民主管理的满意度	0.104 94	0.004 502
C_{11} 生态环境的可持续性	0.197 62	2.000 00	D_{33}自然灾害发生率	0.490 47	0.013 332
			D_{34}森林覆盖率	0.311 91	0.008 478
			D_{35}生态环境满意度	0.197 62	0.005 372

三、兰州市扶贫政策绩效分析及启示

在较为全面地了解和掌握兰州市“三县一区”扶贫开发总体情况的基础上，将机构访谈的相关资料进行整理，依据综合评价法，计算得出各指标得分和实现程度。从表8－2和表8－3可以看出，兰州市扶贫开发各指标实现程度良好，总体得分均在2分以上，其中政策相关性、扶贫效率、扶贫效果及可持续发展能力分别得3.21分、2.90分、2.71分、2.50分。可持续发展能力得分相对较低，说明兰州市扶贫在可持续发展环节上还存在问题，扶贫不仅是经济上脱贫，还重在扶人，核心在扶志和扶智。

从表8－2可以看出，政府出台的惠农扶贫政策与地方扶贫规划对贫困地区的发展影响较大，制度和体制因素是缓贫的前提条件和基础。扶贫效率指标得分普遍较高，说明项目资金的使用及管理模式的高效性。扶贫效果指标是考核扶贫的最终目标，该项得分较为满意，但乡村道路建设综合权重相对于其他指标较低。小型水利建设所占权重为1.43%，但仅得2分，主要是由于历史、自然、地理等因素，“五片一灌区”水利工程建设难度大；整村推进权重为4.37%，但效益更为显著，在很大程度上推进了项目村的经济和社会的全面发展。可持续发展能力评级达到“可持续”。从表8－2可知，经济、社会、生态可持续能力所占权重分别为49.05%、31.19%和19.76%，但社会发展能力得分远远高于经济、生态发展能力，特别是农村最低生活保障和生态环境满意度均得分较低，说明受财政扶贫资金投入限制，项目实施对低保和生态的投入还不够。通过对项目政策相关性、扶贫效率、扶贫效果、可持续发展能力4个准则的定性和定量评价，兰州市“三县一区”扶贫开发项目为“良好”。

表8－3　兰州市扶贫开发项目绩效评估结果

评价准则	权重	绩效等级	评级分值	加权平均得分
政策相关性	0.181 629	高度相关	3.205 02	0.582 12
扶贫效率	0.302 031	效率高	2.901 19	0.876 25
扶贫效果	0.378 786	满意	2.711 41	1.027 04
可持续发展能力	0.137 554	可持续	2.503 59	0.344 38
综合绩效	100.00%	良好	——	2.829 797 9

本节根据系统工程的理论，在对农村扶贫系统分析的基础上，从政策相关性、扶贫效率、扶贫效果和可持续发展能力四个方面入手，共设置1个目标层、4个准则层、11个关键问题层和35个具体指标，建立了针对贫困地区综合性扶贫绩效评估指标体系，并对兰州市“三县一区”进行了总体评价与动态评价。研究结论显示：贫困人口的受益程度与该组织对扶贫项目的投入呈指数关系；政策相关性是决定扶贫绩效的重要因素之一，生存相关类项目扶贫绩效较高，但可持续发展能力不足。当然由于时间和条件的限制，本研究也存在以下不足：首先，由于各方面资料不齐全，可能会影响到评价的结

果；其次，项目规划能较好地完成，具有效率性，但未必具备真正的发展能力，因此在实施时要更加注意扶贫村的可持续发展能力。本节所构建的扶贫开发绩效评估指标体系，在实际应用中要注意以下几点：首先，结合贫困人口的参与性评价。本研究只是从综合性扶贫外在的效应来评价其效果，至于贫困人口本身对综合性扶贫的评价到底怎么样，也要由贫困人口本身对综合性扶贫进行评价，即要让他们参与到评价中。其次，原始数据是评价的基础，为了尽量减少评价结果的误差，要尽可能做好村级统计工作。最后，开发出专用的综合性扶贫评价智能决策支持系统（IDSS）。综合性扶贫系统的实现是一个复杂的运行过程，如果不采用计算机辅助评价将影响研究结果。

第九章　公共项目绩效评估

从历史上看，绩效评估是现代企业管理制度中的一个概念，但随着世界各国政府在公共领域推行绩效评估与管理的深入，公共项目绩效评估已成为公共管理领域的一项重要内容。公共项目的公益性和福利性特点决定了公共项目绩效评估的指向。一方面，评估从项目实施者出发，结合投资者、政府部门和社会公众等多方的利益，综合考虑项目的技术、管理、经济、社会、环境和可持续发展等诸方面的贡献；另一方面，导入绩效的公共项目评估必须体现公众满意度导向，服务及支撑项目的绩效管理。

第一节　公共项目绩效评估概述

公共项目作为经济系统和社会生活系统的重要组成部分，既是影响一国或地区社会经济发展的重要因素，也是政府实现政治理念和追求政绩的重要载体。在不同的发展阶段，公共项目所体现的特征并不相同，其内涵与外延也在不断地发展。

一、公共项目

项目是人类社会创造精神与物质财富的一种特有活动，每个具体项目都会生成自己特定的产品或服务，因而形成不同的解释与理解。关于“项目”，中国项目管理研究委员会（PMRC）是这样定义的：“项目是一个特殊的将被完成的有限任务，它是在一定的时间内，满足一系列特殊目标的多项相关工作的总称。”① 作为项目的一个特殊种类，公共项目既具有项目所具备的一般特征，又有别于其他项目。从产出品的属性看，公共项目本质上是提供公共物品的投资项目，这是其有别于私人投资项目的最大特点。尽管公共项目的供给模式目前已经由单一政府承担发展为以政府为主导、市场机制参与的多元化趋势，但公共物品的非竞争性和非排他性决定了公共项目的主要资金来源仍是公共财政支出。由于对公共物品的范围及政府行为存在不同的理解，人们对公共项目的内涵与外延也持不同的观点。

公共项目有广义和狭义之分。从广义上看，政府计划兴办的公共设施，如道路、桥梁、学校等凡是与公共安全和福利有关的工程，不论施工单位为谁，都属于公共项目。而狭义的观点认为，公共项目是指专由政府兴建的基础性建设项目和社会公益性建设项目，以满足国家或地区的社会发展需要、增进社会福利为目的的投资项目。本书采用狭义的公共项目定义，即全部或部分使用公共财政预算或国有土地使用权出让金收入用于固定资产投资的资金，以及使用城市基础设施费，社会事业建设费，水利建设基金，养

---

① 张启振，张阿芬．投资项目评估．厦门：厦门大学出版社，2006．1.

路费等专项建设资金，国债专项资金，中央补助投资，境外赠款和由计划、财政部门承诺还款的国内外借款等资金，对国民经济和社会发展有重要影响的基础设施建设项目与其他建设项目。本书归纳出公共项目的五种分类方法：

1. 按提供公共消费品的内容划分

公共项目包括城市基础设施项目、公共卫生项目、教育项目、文化体育项目等。城市基础设施项目是指既为物质生产又为人民生活提供一般条件的公共设施，是城市赖以生存和发展的基础。公共卫生项目是指以提高人民群众的健康水平，改善人们的医疗条件和生活条件，提高人们的身体素质为目的的项目。教育项目是指以培养和提高受教育者认知技能、劳动技能、文化修养、道德水准为目的的项目。文化体育项目包括图书馆、体育场馆、博物馆、美术馆、科技馆、广播电台、电视台及发射中心等建设项目。

2. 按投资来源划分

公共项目可分为政府投资公共项目和非政府投资公共项目。公共项目的投资主体可以是多元的，政府投资公共项目是以政府为投资主体的投资项目；非政府投资公共项目是指以公共领域为投资对象，但不以政府为投资主体的项目。

3. 根据项目运行机制的特点划分

公共项目可划分为竞争性项目、基础性项目和公益项目三类。[①] 竞争性项目主要是指投资收益水平比较高、市场调节比较灵敏、具有市场竞争能力的行业部门的相关项目，如工业、建筑业等；基础性项目主要是指具有自然垄断性、建设周期长、投资额大而收益低的基础设施建设项目，如交通、电力、通信等部门；公益项目是指那些非营利性和具有社会效益性的项目，如教育、文化、卫生、体育、公检法政权设施和国防设施等。

4. 按是否最终形成资产划分

公共项目可分为项目实施后不形成资产的消耗性项目和项目实施后形成固定资产的非消耗性项目。消耗性项目偏重于较强的智力因素的作用，具有特定的经济效果和社会效益，如资产评估项目、管理咨询项目、审计项目、科技研究项目等。

5. 根据项目的功能划分

公共项目可分为经营性项目和非经营性项目。前者的显著特征是其产品或服务的终端用户，在使用产品或服务时需要向设施的经营者缴纳使用费，或者由政府向设施的经营者一次性缴纳产品或服务的使用费，经营者可以从中取得规定的商业利润。非经营性项目，其产品或服务可以免费为社会公众提供，或者社会公众在使用该项目提供的产品或服务时只需要支付必要的成本。

此外，公共项目按项目来源和管理渠道可划分为国家重点建设项目、国际金融组织贷款项目、国家银行贷款项目、行业部门和地方项目；按产业类别可划分为农业项目、工业项目和技改项目；按行业类别可划分为交通建设项目、水利建设项目、电力项目等。

---

① 简德三. 投资项目评估. 上海：上海财经大学出版社，1999. 8.

二、公共项目绩效评估

综合各种定义，本书将公共项目绩效评估的概念界定为，采用科学、规范的评估方法，对照统一制定的评估标准，基于预期目标，对公共投资行为过程及其结果的经济性、效率性、有效性和公平性进行科学、客观、公正、全面的衡量比较和综合评判。其内涵包括：①评估的动作与行为，通过检验和评估得知投资项目的经济性、效率性、有效性、公平性和可持续性等如何；②评估结果的反馈与改进，通过绩效评估的反馈可以对政府投资项目的决策、结构以及管理加以改进和提高，即“结果（做了什么）+过程（如何做的）=真正的绩效”。绩效评估同时也是一个封闭的管理控制过程，项目绩效是不断循环和动态调整改进的，并在循环中不断得到提升和发展，即评估过程反映经济性、效率性、有效性、公平性等绩效结构；评估结果的反馈可驱使政府改进和提高投资项目的决策及管理水平；同时，评估体现了公众对公共项目的满意度导向。

由于公共项目的公益性和社会福利性特征导致产出测算的困难和投入、产出关系的模糊性，因而很难对项目的效益进行全面有效的考核；而绩效可以更全面地反映工程项目的产出成果。我们知道，公共项目的产出不仅包括可以计量的经济效益，还包括更多无法计量的成绩和结果。因此，为了适应公共项目产出形式的多样性，对其进行评估和考核应该用绩效代替效益，以管理绩效、经济绩效、社会绩效、生态环境绩效和可持续发展绩效等内容为主体，全面涵盖公共项目各方面的成绩和效益，而不是仅仅关注经济效益，由此确保评估结果的科学性和有效性。从这个意义上讲，绩效评估应该是一种更适合于公共项目的评估方式。

鉴于公共项目的特殊性，在对公共项目进行绩效评估时应遵循以下原则：

（1）宏观性原则。公共项目绩效评估必须超越项目评估本身，跳出具体行业、建设规模与发展水平等方面的评估思路，不再局限于投资项目本身的微观效益，而要着重从国民经济的全局出发，分析项目与所在区域国民经济社会发展战略、长远规划目标是否具有协调性，是否符合该区域的主体功能定位、产业结构调整方向等。

（2）系统性原则。根据系统学理论，通过系统的协调机制作用，最终总能够使投资项目与区域国民经济融为一体，如果公共投资项目游离于区域经济大系统之外“自成一体”，封闭运行，与区域经济不发生任何关联作用，就会导致地区出现“二元经济”结构问题，这就意味着投资项目布局上的失败。因此，对公共项目进行绩效评估只有建立在对区域经济布局、产业结构现状的分析和未来趋势预测的基础上，才能综合分析投资项目与区域经济发展的关联性及融合程度。

（3）综合性原则。公共项目建设周期长，投资巨大，影响面广泛，其投资将改变区域国民经济总量、区域经济结构，如产业结构、就业结构、市场供给结构等。不仅影响到区域资源开发，而且影响到资源利用以及人力、物力、财力配置；不仅对局部区域有影响，而且波及到更大范围的区域。因此，在分析评估的过程中，要坚持综合性原则，不能仅强调某一方面因素而忽略其他。

从本质上说，公共项目绩效评估要求的是以绩效为核心，将结果作为加强和改进财政资金管理、提高各类资源使用效益的基本依据。在社会主义市场经济条件下，我国公共项目规模大、领域广、投入多，既关系到国家竞争力的提高，又关系到民生利益的改善，因此，开展公共项目绩效评估具有重要的积极意义。

三、公共项目绩效评估发展历程

20 世纪 30 年代，为挽救即将崩溃的资本主义经济体系，美国政府推出新经济政策，运用财政、货币和公共项目投资等政策措施来刺激经济增长。在凯恩斯经济理论的影响下，政府实行福利政策，大量增加公共开支，对许多文化教育、医疗卫生和水利工程等社会福利设施和公共工程项目进行投资。由于社会福利设施和公共工程项目的主要目标是关注宏观经济效益和社会效益，因此，公共项目绩效评估的基本目标就不再是利润最大化，项目评估中费用与效益的含义也变得更加复杂，社会费用—效益分析在公共项目绩效评估中的应用越来越广泛，进而促进了公共项目绩效评估理论与方法的发展。

1966 年，美国约翰逊政府发起了项目—规划—预算制度（Program – Planning – Budget System）改革，其根本目的是提高联邦政府在竞争性资助项目上的资金分配和绩效能力，重心是项目绩效评估，第一次正式将项目预算和项目绩效结果结合起来。1979 年，美国行政管理与预算局（OMB）在修订一份发包政策文件（A – 76 号通报）时要求私人承包商提供详细的工作报告，以便评估其工作情况。1983 年进行第二次修订时又要求政府部门事先估算自己高效率完成一个项目的成本，再与私人承包商所需成本进行比较。1987 年，里根总统发布第 12615 号行政命令，要求由行政管理与预算局负责更加积极地定期分析依据 A – 76 号通报结余的成本，而同年的《商业活动承包法》也要求确保政府向外承包所得结余的可靠性和准确性。[①] 美国国会于 1993 年通过的《政府绩效与结果法》要求联邦各部门重视项目绩效，不断提高联邦项目的效率和效益。

随着各国政府管理公共事务的经验积累和社会公众要求改善生活愿望的加强，西方国家逐步推行公共项目绩效评估。20 世纪 80 年代以来，新西兰、加拿大、丹麦、芬兰、荷兰、瑞典、英国、澳大利亚、德国等国家以及世界银行、国际货币基金组织等在公共项目绩效评估领域进行了大量的研究和探索，并不断取得新的成果。到目前，全世界大约有 50 个国家开展了比较规范的公共项目绩效评估。其中，美国、英国、澳大利亚的公共项目绩效评估体系相对比较成熟，建立了一套较为完善的法律法规体系来保证财政资金的支出和使用，明确了绩效评估工作的规则、程序、内容、方法和组织方式等。

我国公共项目绩效评估工作起步于 20 世纪 80 年代中后期。1982 年，中国国际工程咨询公司成立，此后该公司又成立了项目评价局。1988 年，原国家计委正式委托中国国际工程咨询公司进行第一批国家重点建设项目的评价。1990 年 1 月 24 日国家计委颁布的《关于开展 1990 年国家重点建设项目后评价工作的通知》是我国第一部有关公共项目评估工作的法规。随着我国建设投资规模的不断增大，我国开展公共项目绩效评估的部门逐步增加。1995 年，国家开发银行、中国建设银行、交通部、农业部等相继成立了

① 尼古拉斯·亨利. 公共行政与公共事务（第七版）. 张昕等译. 北京：华夏出版社，2002. 321.

公共项目评估机构，主要针对国家大型投资建设项目开展绩效评估工作。进入新世纪以来，我国各级政府为了保持经济、社会、文化的发展后劲，普遍加大了公共项目的投资力度，公共项目绩效评估工作越来越引起社会各界的关注，有关部门不断加大公共项目检查评估力度。发展规划部门建立了重大项目稽查制度，加大了对重大项目实施过程的监控和项目绩效的评估；财政部门选择一些省市和中央部门开展预算绩效评估工作试点，主要以公共项目评估为突破口；审计部门不断扩大绩效审计范围，对一些公共项目不仅审计其合法合规性，还要评估其绩效状况。

1993 年以后，原国家计委、建设部、交通部、国家开发银行等先后发布了关于非公共项目评估的文件，制定了评估办法。财政部于 2002 年印发了《企业绩效评估标准》，2004 年印发了《财政部关于开展中央政府投资项目预算绩效评估工作的指导意见》。2006 年，国家发展改革委、建设部联合发布了《关于建设项目经济评估工作的若干规定》《建设项目经济评估方法与参数》。这些文件标志着我国公共项目绩效评估工作逐步向规范化制度化方向发展，并在实际工作中取得重要进展。

公共项目通常具有投资额大、建设期长、收益性差、影响面广等特点，评估涉及经济效益、资源配置、社会福利、外部效应等多个角度，同时，从公共项目实施中所获得的经验教训亦为宝贵的财富。为此，必须建立一整套科学、高效、标准化的公共项目绩效评估体系，以确保投资项目的成功与经验财富的积累。所谓公共项目绩效评估体系，是指由一系列与绩效评估相关的评估理论、评价内容、评价指标、评价方法、评价标准、评价机构及管理机制等形成的有机整体。

第二节　公共项目绩效评估内容

公共项目绩效评估内容指向“评价什么”，并通过指标体系体现出来。项目的政策性、公益性、宏观性和社会福利性特征决定了宏观层面的内容及其结构，不仅包括可以计量的经济效益，还包括那些无法计量的政治、社会、管理、环境等方面的成绩和结果。本章从管理绩效、技术绩效、经济绩效、社会绩效、生态环境绩效和可持续发展绩效等视角对评估内容进行分类，力图全面涵盖公共项目所产生的成绩和效益，并重点讨论评估内容与指标体系的关系，增强公共项目绩效评估的科学性和有效性。

一、管理绩效评估

所谓项目成功就是一个具体目标的实现，包括从策划、计划到运行，最后结束整个生命周期阶段，涉及业主、承包商、生产运营部门等不同的利益相关者。公共项目管理是一项复杂的工作，它是在有限的资源约束下，运用系统的观点、方法和理论，对包括人力、物力、财力、进度、质量等在内的各种项目资源进行管理，并受到项目利益相关人的不同需求的影响。毋庸置疑，公共项目管理的目的就是提高项目设计、决策、实施、验收、移交等相关工作的绩效，公共项目管理绩效是在公共项目实施过程中，对工作中所进行的管理活动进行考核和评估的结果。从狭义上看，现阶段，我国公共项目管理的内容主要涉及立项审批、管理和监督、招投标与采购、项目实施（进度管理、财务与投资管理、质量管理、合同管理、监理、业主与承包商的关系）、竣工验收等内容。通常，公共项目管理绩效评估主要包括以下内容：①必须以管理活动的目的为出发点，考虑能促进达成目的的因素；②应与项目管理有本质联系，并能反映项目管理问题和性质；③尽可能使所选取的指标能充分反映项目管理情况的全貌；④所设计的指标应能反映项目管理事前、事中和事后全过程的情况，尽可能与现有的计划、统计指标相一致，并具有横向可比性，以便进行相互分析对比；⑤指标要简明易懂，方便可行，计算方法应简单，便于搜集资料和核实调查；⑥各指标尽可能避免相互包含；⑦需综合考虑影响公共项目管理绩效的因素；⑧应采取定量评价和定性分析相结合的评价方法。

评估指标体系是进行管理绩效评估的关键。对公共项目管理绩效的改善，主要根据公共项目管理中存在的公共产权到国有产权的转化、国有产权的纵向授权、公共项目的双层多级委托代理链等三个主要问题出发来完善和提高公共项目的管理绩效。主要包括公共项目管理者个人素质、项目的质量/进度/成本管理、项目法人责任制/招投标制/工程监理制/合同制等三大方面来设计公共项目管理绩效评估的指标体系。

二、技术绩效评估

公共项目所采用的技术水平是否先进、是否合适，对于项目能否实现预期的目标，实现各项目干系人的利益有着极为重要的作用。项目技术则是指在整个项目中所使用的技术综合。项目技术绩效评估就是对项目技术的进步水平、技术适用性和技术合理性等方面所进行的综合评估过程。作为支撑条件，项目技术对于公共项目能否顺利实现预期目标起着非常重要的关键作用。因此，在公共项目实施之前有必要进行项目技术绩效评估，通过对技术方案、技术设备等内容的评估，完成对公共项目技术绩效的全面评估。

技术绩效评估是公共项目绩效评估的重要内容之一。不同的项目，其具体的技术体系也有所不同，因此评估内容也会有所区别。对于公共项目而言，技术绩效评估的内容一般包括技术的进步水平评估、技术适用性评估和技术合理性评估。

技术进步水平评估。对技术进步水平可以通过技术的新颖性和先进性两个方面来评估：技术新颖性测度的是技术的首次诞生性，通常以从技术诞生的时点到评估时点的时间间隔来表示。而技术先进性测度的是某项技术在同类技术序列中的领先程度，一般是将最先进的技术领先度设为100，将其他技术与此比较，从而确定该技术的领先程度，即技术的先进性。技术新颖性和先进性之间具有较强的相关性。

技术适用性评估。任何一项技术活动都有其指向的目的，技术能否成为实现这个目的的有效手段，往往是技术选用者关心的重要问题。对技术适用性的评估集中在技术活动的效率、产出成果的质量等方面。公共项目在进行技术选择时，一般要考虑技术依据的标准规范、技术成熟度和技术可靠度等。此外，还要考虑技术体系的构成，使不同的技术方法之间能够相互匹配，以便更好地发挥整体的协调效益。

技术合理性评估。技术的合理性主要通过技术活动的经济绩效来衡量，也可以通过投入产出的对比分析来评估。这是项目评估的核心内容，实际上也是技术选择者最关心的问题。一项技术是否被选用和推广，经济绩效往往具有非常重要的决定作用。但对于公共项目而言，经济绩效又相对是次要的，社会绩效才是评估的重点。因此，技术合理性评估也可以简化为技术的社会绩效评估。

三、经济绩效评估

一般地，公共项目的经济绩效评估分为财务评估和国民经济评估两个层次：财务评估属于项目层次上的微观评估，是指在国家现行财税制度和价格体系下，对项目各阶段的投资、生产和回收过程的成本与收益情况进行定量评估，而不考虑广泛的社会经济效果；国民经济评估属于宏观评估，是从国家和社会的角度出发，分析公共项目所提供的有用产品或服务以及所消耗的社会资源，从而考察项目对国民经济的贡献与效益。

公共项目的运行过程是物流、信息流和资金流的运动与转化过程。从物质形态上看，公共项目运行表现为各种实物要素（如原材料、机器设备及产成品等）的投入与产出。从货币形态上看，公共项目运行表现为一定量的资金流动，从资金的垫付到最后资金的回收与增值。因此，对公共项目进行经济绩效评估，其出发点是对项目运行中货币流动的成本和收益情况的评估。在评估公共项目的经济绩效时，对于市场机制失灵的公益性投资项目（例如水利项目、风沙源治理项目），其产出为公共物品，无法直接进入市场被买卖，其价值也无法通过市场交易的方式（成本—效益法）反映出来。因此，当评估这一类公共项目时，应重点考察其带来的社会福利增长效果和社会效益。为了更清晰地界定经济绩效与社会绩效的边界，使公共项目绩效评估结果更为简明和具有可比性，本书将公共项目对所在地区的 GDP 增长、产业发展等经济性指标划归经济绩效范畴，而公共项目在宏观层次上的人口、就业、技术进步等不易量化的间接影响指标，则被划归社会绩效范畴。

1．公共项目财务评估

公共项目财务评估通过计算项目直接发生的财务费用和效益，编制财务报表，考察项目的盈利能力、偿债能力和外汇平衡能力等财务状况，给出项目的财务可行性结论。需要指出的是，公共项目财务绩效评估主要是面向未来，利用预测得到的关于未来项目运行的财务数据所进行的可行性评估，因此，是对项目整个生命周期的财务总体情况进行评估。

公共项目财务评估是一个定性分析和定量分析相结合的过程，但以定量分析为主。具体步骤包括：收集财务数据、预测财务数据、编制财务报表、分析财务可行性、编写财务评估报告。财务评估是为了全面了解项目的财务能力，任何单一的财务评估指标都不可能完成这一任务，因此必须综合考虑各相关指标。同时，还必须根据项目的应用范围和特性及项目所处的条件建立主次分明、相互关联的项目财务评估指标体系，从不同侧面、不同层次对项目的财务能力给予恰当的评估。公共项目财务评估指标体系根据不同的标准可作不同的分类，在选用时应根据项目的具体情况进行取舍。

2．公共项目国民经济评估

公共项目国民经济评估是按照资源合理配置的原则，从国家或地区整体利益的角度和社会需要出发，采用国家规定的参数及影子价格调整公共项目的投入物和产出物，计算分析国民经济为项目所付出的代价（费用）以及项目对国民经济所作出的贡献（效应），进而全面评估公共项目的合理性与可行性。评估内容是：①国民经济费用效益分析。主要计算、分析公共项目在整个计算期内国民经济费用效益流量情况，以考察项目对国民经济的总贡献。具体指标为经济净现值、经济净现值率和经济内部收益率。②经济利润比率分析。主要计算、分析公共项目达到设计生产能力后的正常年份经济净效益流量与投资比例，以考察项目中正常生产年份的国民经济获利情况和盈利水平，主要计算指标是投资净收益率。③经济外汇效果分析。主要计算、分析公共项目在计算期内各年份的外汇流入与流出情况，以考察项目的经济创汇能力。主要计算指标为经济外汇净现值、经济换汇成本和经济结汇成本。

四、社会绩效评估

社会绩效评估旨在系统调查和预测拟建项目的建设与运营产生的社会影响及社会效益，分析项目和所在地区社会环境的相互适应性与可接受程度，即项目与自然、社会等之间的协调发展。因此，公共项目社会绩效评估的内涵可以表述为，根据国家或地区的基本目标，把效益目标、公平目标、环境目标，以及加快贫困地区经济发展等影响社会发展的其他因素通盘考虑，对公共项目进行多因素、多目标的综合分析评估，从而挑选出有助于实现国家或地区最终目标的项目并实施。

社会绩效评估是公共项目绩效评估的重要内容，尤其是那些纯公益性项目，社会绩效评估在项目综合绩效的影响程度上要远远超出经济绩效评估。但是，现行的公共项目绩效评估存在经济绩效、社会绩效与环境绩效三者内容相重叠之处。为避免这种情况，应将公共项目与生态环境方面相关的社会绩效内容归入生态环境绩效部分，将与社会的适应性和可持续性方面相关的社会绩效内容归入可持续发展绩效部分，这样，社会绩效评估内容将更加清晰和明确，即限定为评估项目的社会政治、社会经济和社会环境三个方面的影响。

经过明确界定后的社会绩效评估指标，主要从社会学角度考评项目对宏观层次的社会政治、社会经济和社会环境等发展目标的贡献及影响。公共项目投资和建设对社会政治的影响包括对行政机构效率、政府决策水平、社会公众对政府满意的程度等的影响；对社会经济的影响包括对就业、社会全员劳动生产率的提高、科技进步等的影响；对社会环境的影响包括对受损群体保障及福利制度的建立和完善、贫困人口的影响、文教卫环境的影响等。

五、生态环境绩效评估

生态环境绩效评估是一项综合性很强的技术工作，需要预测公共项目对大气、水文、生物、土壤等环境要素的影响，分析各种环境要素变化给人类带来的利弊因素，估算消除不利因素所需付出的成本，并对公共项目对生态环境的影响进行综合性的分析。

公共项目生态环境绩效评估的内容十分广泛。一般地，在全面分析公共项目所在区域的生态环境信息基础之上，根据项目的类型与性质来分析预测该项目对生态环境的影响，从中找出主要影响因素，并进行程度性分析。主要包括以下四方面：

（1）生态环境绩效。主要表现项目为对动植物种类的分布及其丰富程度带来的影响。维持生物物种的多样性是公共项目设计与方案选择所必须考虑的重要方面。

（2）自然环境绩效。主要表现为对水文、大气、土壤等自然环境要素的影响。对水文的影响又包括对地表水和地下水的影响；对大气的影响是指排放的气体污染物给人类和动物的健康带来的不利影响；对土壤的影响包括污染影响、引起的土壤沙化以及土壤与土地资源的破坏。

（3）社会环境绩效。主要是指公共项目实施及运营可能对经济、社会、人类健康与福利等产生的直接影响以及通过改变环境因素而带来的间接影响。包括：①对经济的影响。社会经济的受益与受害程度以及由于项目带来的经济利益的分配问题；②对人口的影响。由于从事项目人员的移入而引起项目所在地的人口增长，人口的分布和结构等发生变化，进而影响到劳动力市场和本地居民就业；③对服务设施的影响。由于项目的投资建设和运用，加剧了项目所在地各种服务设施的供求矛盾；④对风土人情的影响。表现在项目所在地居民的文化习俗、生活方式和生活质量所发生的变化。

（4）美学景观绩效。主要是指公共项目对与美感有关的事物的作用与影响，如项目的建设是否影响了原有清新的空气、美丽的水景、和谐的自然景观和空气的能见度等等。

六、可持续发展绩效评估

公共项目可持续发展绩效由公共项目自身、经济、社会、文化、技术及环境与资源等方面的量度指标构成，分别反映公共项目自身以及公共项目与经济、社会、文化、技术、环境及资源的相互影响和可持续性效果。公共项目的可持续发展主要包括公共项目自身的可持续发展和公共项目对国家或地区可持续发展的影响两个方面。前者主要包括目标可持续绩效和公共项目组织与管理机制的绩效；后者涉及外部可持续发展的因素，主要包括社会发展的可持续绩效、经济增长的可持续绩效和环境与资源发展的可持续绩效。

第三节　公共项目绩效评估方法

公共项目绩效评估方法有很多，下面仅介绍几种常用的方法：

一、经济分析法

公共项目绩效评估的经济绩效评估主要包括财务评估和国民经济评估，其基本的评估方法主要包括收入成本分析法和成本效用分析法等。

（一）收入成本分析法

收入成本分析法从国家和社会角度出发，考察和分析公共项目向社会提供的效益，并与其所消耗的社会劳动进行全面的比较，以此作为对项目的主要判别标准。该方法是将公共项目的货币化收入与成本进行比较，其计算公式如下：

$$B/C=\frac{\sum_{t=0}^{n}B_t\ (1+i)^{-t}}{\sum_{t=0}^{n}C_t\ (1+i)^{-t}} \tag{9-1}$$

式（9－1）中：B/C 为项目的收入成本比；B_t 为项目第 t 年的收入（$t=0,1,2,\cdots,n$）；C_t 为项目第 t 年的成本（$t=0,1,2,\cdots,n$）；i 为基准折现率；n 为项目的寿命期限或计算年限。

收入成本分析的评价准则是：如果 $B/C\geqslant1$，则该项目可以接受；反之，如果 $B/C<1$，则该项目应该被否决。

当评估对象不只是某一个公共项目方案，而是多个互斥方案时，则不能用收入成本比这个指标来进行比较，也就是说，不能认为收入成本比最大的方案就是最好的方案。这个时候应该采用增量收入成本比来进行计算。其公式如下：

$$\Delta B/\Delta C=\frac{\sum_{t=0}^{n}B_{kt}\ (1+i)^{-t}-\sum_{t=0}^{n}B_{jt}\ (1+i)^{-t}}{\sum_{t=0}^{n}C_{kt}\ (1+i)^{-t}-\sum_{t=0}^{n}C_{jt}\ (1+i)^{-t}} \tag{9-2}$$

式（9－2）中：$\Delta B/\Delta C$ 为增量收入成本比；B_{kt}为第 k 方案第 t 年的收入（$t=0,1,2,\cdots,n$）；C_{kt}为第 k 方案第 t 年的成本（$t=0,1,2,\cdots,n$）；B_{jt}为第 j 方案第 t 年的收入（$t=0,1,2,\cdots,n$）；C_{jt}为第 j 方案第 t 年的成本（$t=0,1,2,\cdots,n$）；ΔB 为增量收入现值；ΔC 为增量成本现值。

增量收入成本分析的评估准则是：设 $\Delta B>0$，$\Delta C>0$，如果 $\Delta B/\Delta C>1$，则收入现值大的方案更好；反之，如果 $\Delta B/\Delta C<1$，则收入现值小的方案更好。

（二）成本效用分析法

因为公共项目更多的是为整个社会提供使用价值和有用的效益，而且其所提供的效益中既有可以用货币来衡量的部分，也有不能用货币来衡量的部分。此时，收入成本分析法就无法对公共项目的投资成果进行准确的评估。因此，为了全面评估公共项目的投资成果或投资效果，就有必要对其进行成本效用分析。所谓成本效用分析法就是将投资项目的效用与成本进行比较，用成本效用比率来评价公共项目投资经济效益的一种方法。成本效用分析法也是费用效益分析在实际中的具体应用，成本效用比率的计算公式为：

$$\text{成本效用比率}\ (CUR)=\text{效用}\ (U)\ /\text{等额年成本}\ (AC) \tag{9-3}$$

式（9－3）中，*CUR* 表示成本效用比率；*U* 表示效用；*AC* 表示等额年成本。

因为效用一般有效能、质量、使用价值和受益等形式，它们各自的实物计量单位不同，不具有可比性，所以评价效用的标准很难用绝对值来表示，而通常采用利用率、完成概率或可靠度等相对指标来表示。用成本效用比率来表示公共项目的社会经济效益，是表明为获得一定效用所需花费的成本（或费用），即“效用”的单位成本。把“效用”作为成本的计算对象，获得一定效用的单位成本越低，表明公共项目的投资经济效益越好。因此，在多方案选优时，应选择效益单位成本最低的方案。一般地，成本效用分析的标准有三种：当效用相同时，选择成本低的方案为优，也就是效用固定法；当成本相同时，选择效用高的方案为优，也就是成本固定法；当存在追加成本和增量效用时，选择增量效用的单位追加成本（费用）最低的方案为优。

二、社会评价法

公共项目的社会评价是指从国家和社会整体发展目标出发，除了考虑在经济学范围内对项目所产生的社会影响进行分析评估外，还要进一步分析项目对实现所在区域的各项社会发展目标所作的贡献和影响，评价公共项目与所在区域社会环境的相互适应性和可接受程度等。这里主要介绍公共项目社会绩效评估中常用的层次分析法。

层次分析法是由美国匹兹堡大学教授 T. L. Saaty 在 20 世纪 70 年代中期提出的，它将复杂问题分解为多个组成因素，并将这些因素按支配关系进一步分解，按目标层、准则层、指标层排列起来，形成一个多目标、多层次的模型和有序的递阶层次结构。层次分析法的基本思想就是将组成复杂问题的多个元素权重的整体判断转变为对这些元素进行“两两比较”，通过“两两比较”的方式确定层次中诸因素的相对重要性，然后再转为对这些元素的整体权重进行排序判断，最后确立各元素的权重。具体流程如图 9－1 所示。

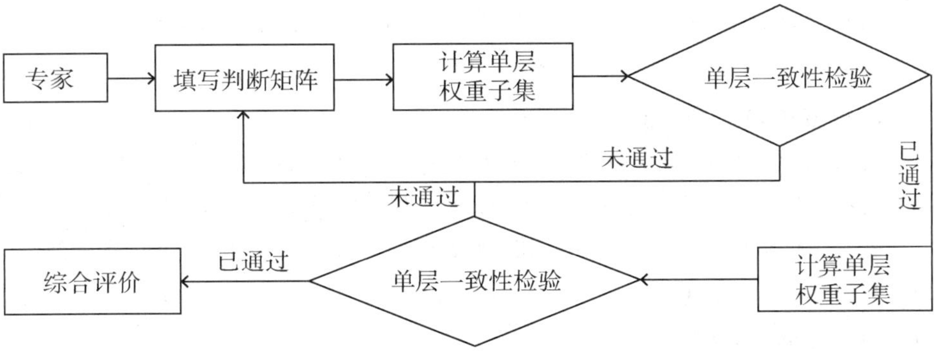

图 9－1　层次分析法运用流程

层次分析法的基本步骤如下：

1. 构造两两比较判断矩阵

在确定的递阶层次结构中，每一个元素和该元素支配的下一层元素构成一个子区域。对于子区域中的各元素的相对重要性，采用专家调查法用数值形式给出判断，并写成矩阵形式：

表9－1　比较判断矩阵

A_k	B_1	B_2	B_3	…	B_n
B_1	B_{11}	B_{12}	B_{13}	…	B_{1n}
B_2	B_{21}	B_{22}	B_{23}	…	B_{2n}
B_3	B_{31}	B_{32}	B_{33}	…	B_{3n}
⋮	⋮	⋮	⋮		⋮
B_n	B_{n1}	B_{n2}	B_{n3}	…	B_{nn}

其中，B_{ij}表示相对于A_k而言，B_i对B_j的相对重要性。通常取1，2，…，9及它们的倒数作为标度，其标度含义如表9－2所示。

表9－2　萨迪标度说明表

标度	含义
1	两指标（X_i，X_j）相比，具有同等重要程度
3	两指标（X_i，X_j）相比，X_i比X_j稍微重要
5	两指标（X_i，X_j）相比，X_i比X_j明显重要
7	两指标（X_i，X_j）相比，X_i比X_j非常重要
9	两指标（X_i，X_j）相比，X_i比X_j极其重要
2，4，6，8	取上述两相邻判断的中值
相应上述值的倒数	两指标（X_i，X_j）相比，X_i比X_j不重要的描述

2．层次单排序和一致性检验

层次单排序是根据判断矩阵计算，相对于上一层某个因素而言，本层次与之有联系的因素的重要性次序的权值，它可以归结为计算判断矩阵的特征根和特征向量问题，即对判断矩阵B，计算满足$BW=\lambda_{max}W$的特征根和特征向量，并将特征向量正规化，将正规化后所得到的特征向量$W=W(w_1, w_2, \cdots, w_n)^T$作为本层次元素$b_1$，$b_2$，…，$b_n$对于其隶属元素$A_k$的排序权值。

为了检验判断矩阵的一致性，需要计算它的一致性指标CI，定义为：

$$CI=\frac{\lambda_{max}-n}{n-1}$$

当 $CI=0$ 时，判断矩阵具有完全一致性。$\lambda_{max}-n$ 愈大，CI 就愈大，那么判断矩阵的一致性就差。为了检验判断矩阵是否具有满意的一致性，需要将 CI 与平均随机一致性 RI 进行比较。RI 的取值如表 9－3 所示。

表 9－3 平均随机一致性指标

阶数 n	1	2	3	4	5	6	7	8	9	10
RI	0	0	0.52	0.89	1.12	1.26	1.36	1.41	1.46	1.49

CI 与 RI 的比值称为判断矩阵的一致性比率。如果判断矩阵 $CR=\frac{CI}{RI}<0.10$ 时，则此判断矩阵具有满意的一致性，否则就需要对判断矩阵进行调整。

3. 层次总排序和一致性检验

利用同一层次中所有层次单排序的结果，就可以计算针对上一层次而言，本层次所有因素重要性的权值。层次总排序需要从上到下逐层进行。如果因素 A 隶属的 n 个指标 b_1，b_2，…，b_n 对 A 的排序数值向量为 $W_{A\to B_i}$（a_1，a_2，…，a_n），B_{ik}对指标 B_i 的层次单排序数值为向量 $W_{B_i\to B_{ik}}$（b_1，b_2，…，b_n），那么 B_{ik}对 A 的数值向量为：

$$W_{A_i\to B_{ik}}=W_{B_i\to B_{ik}}\times W_{A\to B_i}$$

分别将一级指标 B_i 相对于总指标 A 的权重向量 $W_{A\to B_i}$，以及二级指标 B_{ik}相对于其隶属指标 B_i 的权重向量代入上述公式，可计算出层次总排序，即二级指标 B_{ik} 相对于总指标 A 的权重向量。综合评估指标权重即为所求。一致性指标为：

$$CR=\sum_{i=1}^{n}a_iCI_i/\sum_{i=1}^{n}a_iRI_i$$

其中，CI_i 为 B_{ik}对 B_i 单排序的一致性指标，RI_i 为相应的平均随机一致性指标。类似地，当 $CR<0.10$ 时，层次总排序具有满意的一致性。否则，需要重新调整判断矩阵的元素取值。

三、公共项目绩效评估中的数理方法

随着公共项目绩效评估指标的多维度发展，绩效评估方法的理论研究也丰富起来，主要是将一些多目标评价的方法应用到公共项目绩效评估中来，如主成分分析法、数据包络分析法、模糊聚类法、神经网络法等。这里仅介绍主成分分析法。

在公共项目绩效评估过程中，往往会涉及众多有关的变量，每个变量都在不同程度上反映该项目的某些信息。但是变量太多不但会增加计算的复杂性，而且会给合理地分析问题和解释问题带来困难。一般说来，虽然每个变量都提供了一定的信息，但其重要性有所不同。而在很多情况下，变量间有一定的相关性，又使得这些变量所提供的信息在一定程度上有所重叠。因而人们希望对这些变量加以“改造”，用为数极少的互补相关的新变量来反映原变量所提供的绝大部分信息，通过对新变量的分析达到解决问题的目的。

为满足上述目的，就需要引入主成分分析法。主成分分析法是将多个变量通过线性变换，以选出较少个数重要变量的一种多元统计分析方法，它在力保数据信息丢失最少的原则下，对高维变量空间进行降维处理，即用较少的变量来代替原来较多的变量，使得这些新变量两两不相关，而且这些新变量在反映的信息方面尽可能保持原有的信息。

目前公共项目绩效评估的普遍方法是加权评价法，如常见的专家评分法、模糊综合评价法、层次分析法等。而主成分分析法是一种比较新的统计方法，当主成分分析法被应用于综合评价体系时，其与通常的加权评价法有着极其不同的原理和特性。

主成分求解过程是：设 X_1，X_2，…，X_p 为某实际问题所涉及的 p 个随机变量，记 $X=(X_1, X_2, \cdots, X_p)^{\mathrm{T}}$，它的主成分为：

$$\begin{cases} Y_1 = l_1^{\mathrm{T}}X = l_{11}X_1 + l_{12}X_2 + \cdots + l_{1p}X_p \\ Y_2 = l_2^{\mathrm{T}}X = l_{21}X_1 + l_{22}X_2 + \cdots + l_{2p}X_p \\ \vdots \\ Y_p = l_p^{\mathrm{T}}X = l_{p1}X_1 + l_{p2}X_2 + \cdots + l_{pp}X_p \end{cases}$$

则有：

$$\mathrm{var}(Y_i) = \mathrm{var}(l_i^{\mathrm{T}}X) = l_i^{\mathrm{T}}\Sigma l_i \quad (i=1, 2, \cdots, p)$$
$$\mathrm{cov}(Y_i, Y_j) = \mathrm{cov}(l_i^{\mathrm{T}}X, l_j^{\mathrm{T}}X) = l_i^{\mathrm{T}}\Sigma l_j \quad (j=1, 2, \cdots, p)$$

设 Σ 是 $X=(X_1, X_2, \cdots, X_p)^{\mathrm{T}}$ 的协方差矩阵，Σ 的特征值及相应的正交单位化特征向量分别为 $\lambda_1 \geqslant \lambda_2 \geqslant \cdots \geqslant \lambda_p \geqslant 0$，对应 p 个单位向量为 e_1，e_2，…，e_p，则 X 的第 i 个主成分为：

$$Y_i = e_i^{\mathrm{T}}X = e_{i1}X_1 + e_{i2}X_2 + \cdots + e_{ip}X_p \quad (i=1, 2, \cdots, p)$$

在实际问题中，不同的变量往往有不同的量纲，由于不同的量纲会导致各变量取值的分散程度差异较大，这时总体方差主要受方差较大的变量控制。为了消除由于量纲的不同可能带来的影响，常采用变量标准化的方法，即令

$$X_i^* = \frac{X_i - \mu_i}{\sqrt{\sigma_{ii}}} \quad (i=1, 2, \cdots, p)$$

其中 $\mu_i = E(X_i)$，$\sigma_{ii} = \mathrm{var}(X_i)$，这时 $X^* = (X_1^*, X_2^*, \cdots, X_p^*)^{\mathrm{T}}$ 的协方差矩阵

便是$X=(X_1, X_2, \cdots, X_p)^{\mathrm{T}}$，相关矩阵$\rho=(\rho_{ij})_{p\times p}$，其中$\rho_{ij}=E(X_i^* X_j^*)=\dfrac{\operatorname{cov}(X_i, X_j)}{\sqrt{\sigma_{ii}\sigma_{jj}}}$。

利用X的相关矩阵ρ作主成分分析，有如下结论：

设$X^*=(X_1^*, X_2^*, \cdots, X_p^*)^{\mathrm{T}}$为标准化的随机向量，其协方差矩阵（即$X$的相关矩阵）为$\rho$，则$X^*$的第$i$个主成分为：

$$Y_i^*=(e_i^*)^{\mathrm{T}}X^*=e_{i1}^*\frac{X_1-\mu_1}{\sqrt{\sigma_{11}}}+e_{i2}^*\frac{X_2-\mu_2}{\sqrt{\sigma_{22}}}+\cdots+e_{ip}^*\frac{X_p-\mu_p}{\sqrt{\sigma_{pp}}}\quad(i=1, 2, \cdots, p)$$

并且

$$\sum_{i=1}^{p}\operatorname{var}(Y_i^*)=\sum_{i=1}^{p}\lambda_i^*=\sum_{i=1}^{p}\operatorname{var}(X_i^*)=p$$

则第i个主成分的贡献率λ_i^*/p，前m个主成分的累计贡献率$\sum_{i=1}^{m}\lambda_i^*/p$，$Y_i^*$与$X_i^*$的相关系数为$\rho_{Y_i^*, X_j^*}=\sqrt{\lambda_i^*}e_{ij}^*$。

记$Y=(Y_1, Y_2, \cdots, Y_p)^{\mathrm{T}}$为主成分向量，则$Y=PTX$，其中$P=(e_1, e_2, \cdots, e_p)$，且

$$\operatorname{cov}(Y)=\operatorname{cov}(P^{\mathrm{T}}X)=P^{\mathrm{T}}\Sigma P=\Lambda=\operatorname{diag}(\lambda_1, \lambda_2, \cdots, \lambda_p)$$

由此得主成分的总方差为：

$$\sum_{i=1}^{p}\operatorname{var}(Y_i)=\sum_{i=1}^{p}\lambda_i=\operatorname{tr}(P^{\mathrm{T}}\Sigma P)=\operatorname{tr}(\Sigma PP^{\mathrm{T}})=\operatorname{tr}(\Sigma)=\sum_{i=1}^{p}\operatorname{var}(X_i),$$

即主成分分析是把p个原始变量$X_1, X_2, \cdots, X_p$的总方差$\sum_{i=1}^{p}\operatorname{var}(X_i)$分解成$p$个互不相关的变量$Y_1, Y_2, \cdots, Y_p$的方差之和，即$\sum_{i=1}^{p}\operatorname{var}(Y_i)$，而$\operatorname{var}(Y_k)=\lambda_k$。

则第k个主成分的贡献率$\lambda_i/\sum_{i=1}^{p}\lambda_i$，前$m$个主成分累计贡献率$\sum_{i=1}^{m}\lambda_i/\sum_{i=1}^{p}\lambda_i$，它表明前$m$个主成分$Y_1, Y_2, \cdots, Y_p$综合提供$X_1, X_2, \cdots, X_p$中信息的能力。

第十章　政府公共项目绩效评估案例

财政部国际司作为中国与国际金融组织合作的窗口管理部门，从2003年起，积极借鉴世界银行、亚洲开发银行（简称“亚行”）等国际金融组织的经验，从理论研究、制度建设、能力加强和评价实践等方面稳步推进国际金融组织项目绩效评估工作。2008年开始实施《国际金融组织贷款项目绩效评价管理暂行办法》，2010年发布实施《国际金融组织贷款项目绩效评价操作指南》（以下简称《指南》），2013年3月1日又正式发布实施《国际金融组织贷款赠款项目绩效评价管理办法》。可以说，国际金融组织贷款项目绩效评价为公共项目绩效评估指明了方向。本章就以农业部对外经济合作中心编写的国际金融组织贷款在建项目绩效评估报告——《利用亚洲开发银行贷款中国旱作可持续农业项目》为例，阐述公共项目绩效评估的模式。

第一节　中国旱作可持续农业项目绩效评估概述

一、项目概况

针对我国贫困人口主要集中在农村地区、农民收入低、农业资源短缺、环境问题突出和农业灾害频发等问题，农业部探索借鉴世界范围内发展保护性农业耕作技术在研究、实验和推广等方面的经验，为扩大我国保护性农业技术（主要是免耕或少耕）实践的范围，从根本上改变传统农业耕作技术所具有的缺陷和弊端，积极利用亚洲开发银行贷款，实施了“利用亚洲开发银行贷款中国旱作可持续农业项目”（以下简称“旱作项目”）。该项目旨在提高河南省、山东省和甘肃省的27个区（县）旱作农业效益，采取扶植龙头农加工企业，带动农户受益模式，主要包括基地建设、企业生产加工建设、农业服务体系建设、项目管理等四个组成部分。

旱作项目的实施区域位于黄河中游东北地区向中西部平原过渡的地带。项目区内农业人口占多数，且大部分为贫困人口，农户的土地面积很小，农民人均收入仅为全国平均水平的2/3，农户60%左右的收入来自农业生产，农村存在严重的失业和就业不足问题。项目区的农民难以获得充分的市场信息和先进技术，导致难以改变种植或转向种植能够带来较高收益的作物。多年以来，不良的农业生产方式加速了水土资源退化。现有种植体制下的农业生产对包括土地在内的自然资源构成了威胁，而水资源减少、土壤肥力下降又进一步影响可持续农业发展，这些都导致土壤肥力和农业生产率下降、农业生产成本增加、农民收入减少。土地退化与贫困之间存在明显的内在联系，实行水土保持能够显著改善土壤肥力，减轻土地退化。因此，有必要强化可持续的农业生产方式，加强农民与当地农业企业的联系，使农民有机会从事能够带来较高收入的农业和非农业生产，从而提高农业生产率和农民收入，减轻贫困。

在国内，龙头企业模式是一种较为普遍的企业与农业合作模式，企业与大批农民签订合同，通过建立有效的价值链，使农民与市场有效连接，增加农民就业机会，提高农民收入。项目区内，所有项目企业已经与农民建立了有效连接，既能够使农民获得稳定且相对便宜的生产资料，又能够使农民以较高的价格出售高质量农产品。同时，采用可持续农业生产方式，包括订单农业、建立农业—市场价值链条、加强农业推广服务，不仅对推动项目区农业可持续发展有巨大帮助，还能为其他省份解决农村发展问题起到示范作用。

在此背景下，旱作项目的目标是改善甘肃省、河南省和山东省的旱作农业土地质量，带动约 60 万人受益，促使 27 个（区）县约 180 万亩（折合 12 万公顷）土地的生产能力得以改善。项目采用从农田到市场的价值链方式，为贫困农民、当地农业企业和消费者创造价值。通过引入具有高价值的园艺作物、改良的作物与牲畜管理方式、农业技术及耕作技术，实现对有机肥料和农药更加有效的利用；通过由项目农业企业提供支持服务（包括土测设备、农业推广和技术转让中心、有机肥料设备、机械服务中心、种子生产中心、农业生产信息中心、产品检测中心及扩大园艺市场），促进农业生产质量的提高。

旱作项目主要从价值链的三个重要环节来为农民、当地企业和消费者创造价值。第一，通过订单农业的形式将资助的 29 家私营农业企业与农户建立联结机制，以提高农业生产率，增强食品生产与加工能力，从而利用持续增长的国内和国际市场。第二，农民对其传统的低产出、低价值的作物生产模式作出调整，转向生产多样化的、高产出、高价值的作物。农民与有规模的、有盈利的农业企业之间建立伙伴关系，有助于保证其产出获得较高的价格，较好的产品质量能获得额外的价格奖励，并且通常能够保证收获期的销售价格。第三，促进当地政府的支持服务体系与企业和农民共同合作，以推动环境友好型农业生产和农业加工。

旱作项目总投资 15.76 亿元人民币，其中利用亚行贷款 8 300 万美元，主要用于支持项目区新增农产品加工能力 50 万吨，60 万农民户均农业收入增加 1 000 元。项目于 2008 年 11 月 25 日获得亚行批准，2009 年 5 月 19 日正式启动执行，预期完工时间为 2014 年 6 月 30 日，关账日期为 2014 年 12 月 31 日。在资金利用方面，截至 2012 年 12 月 31 日，项目完成总投资 9.846 亿元人民币，占计划投资目标的 62.47%。其中，项目累计利用亚行贷款 3 915.16 万美元（折合 2.47 亿元人民币），占计划贷款使用目标的 47.17%；国内配套资金累计到位 7.38 亿元人民币，占计划目标的 79.06%。项目累计完成采购金额 7.72 亿元人民币，占计划目标的 70.73%。

在项目产出方面，截至 2012 年 12 月 31 日，新建生产车间 18.42 万平方米；引进生产设施 1 600 台（套）；引进奶牛、兔、猪等良种 19.6 万头（只）；培训员工约 3.76 万人次，其中技术人员 2 637 人次，农民约 3.41 万人次；企业建成基地 79.4 万亩；直接带动农户超过 11.47 万户；国内外考察 145 人次，其中国内考察 125 人次、国外考察 25 人次。

旱作项目在建绩效评价的主要目的：一是根据财政部《指南》和《国际金融组织贷款在建项目绩效评价工作要点》（以下简称《工作要点》）的要求，对本项目的相关性、效率、效果和可持续性以及综合绩效进行客观、公正的评价。二是为加强国际金融组织贷款项目的自主监督和管理，改进项目执行的薄弱环节，提高在建项目及国际金融组织贷款的管理水平和执行绩效。三是为进一步丰富和完善国际金融组织贷款项目绩效评价方法体系，推动绩效评价工作的制度建设。四是通过绩效评价，对旱作项目的进展情况及经验教训进行阶段性总结，为旱作项目的后续实施以及同类项目的实施提供借鉴。

二、项目绩效评估概述

本项目评价以《指南》为绩效评价工作的基本依据。评价小组在充分理解评价任务书的基础上，细致地分析了相关文件和资料，与项目管理和实施部门进行了积极的沟通，并通过调研补充了评价证据，较为顺利地完成了方案设计、评价和报告撰写工作。

1. 绩效评价工作准备

在项目评价前期准备阶段，评价小组首先与项目管理和实施部门进行沟通和交流，了解项目整体情况。其次，评价小组搜集并细致研读了文件资料，包括行长推荐报告、项目建议书、贷款协定、项目协定、可研报告、项目进度报告、环境评价报告、基线调研报告和相关批复文件影印件等案卷资料，充分了解了旱作项目的实施背景、实施过程、当前的实施情况、项目特点、所面临的问题以及绩效评价的相关要求。

2. 绩效评价框架设计

在绩效评价指标体系设计阶段，评价小组根据《指南》及《工作要点》的 4 个准则和关键评价问题的要求，充分考虑旱作项目的特点，构建了包括准则、关键问题、11 个一级指标、17 个二级指标、13 个三级指标、评价依据、信息来源等内容的绩效评价框架。

在绩效评价实施阶段，主要完成了证据收集和分析评级。证据收集包括：①证据收集方法，有案卷研究、座谈会、面访、网络检索；②问卷调查。调研中，发放调查问卷 130 份，有效回收农户问卷 128 份，有效率达 98.46%；③证据收集过程。证据收集包括两个方面，一是开展案卷研究，参照项目相关文件，对与项目设计目标和实施过程相关的国家政策、发展规划、法律法规等进行网络检索和案卷研究，用于对项目相关性和可持续性进行评估；结合项目进度数据监测表，收集与项目有关的各项数据，针对项目的实施进度、实施效率和完成效果进行调研，用于对项目的效率效果进行绩效评估。二是进行实地调研，评价小组于 2013 年 7 月至 8 月分别前往山东、河南和甘肃进行实地调研，以补充评价证据。调研对象主要包括省（市）项目办工作人员以及项目区的企业、合作社、协会的相关人员与项目农户。结合绩效评估目的和绩效评估框架的评价指标，根据《指南》和《工作要点》给出的评价准则和评级方法，对收集的证据进行分析，保证证据的完整性和有效性，作为项目绩效评价的基础。

本次项目绩效评估的绩效分值确定采取对绩效评估框架中的评价准则、关键问题和各级评估指标分别赋予权重的方法，并确定了每一个最终指标的评分标准。关于评分标准，评价小组针对每一个最终指标的具体特点，依据相关证据，分别采取了“3、2、1、0”和“3、0”两个不同的分数段对每一个指标进行打分。得到所有指标的最终分数后，通过自下而上逐级加权，计算出对应的评价准则的分数。最后根据四个评价准则进行加权计算，得到项目绩效评价总分。考虑到在建项目的特点，绩效评价报告对四个评价准则进行赋权，即相关性、效率、效果、可持续性权重分别为10%、50%、20%和20%，以着重强调在建项目实施效率的重要性。关键问题和各级评价指标的权重根据项目特点与实际，由评价小组综合考虑进行确定。

依据《指南》，在本次项目绩效评价中，准则和综合绩效的评价结果分四个等级，四个等级分别对应相应的得分段。评价小组根据绩效打分规则，得到每个准则和项目绩效的分数，然后对照表中的“分数段”，即可得出每个准则的等级。

第二节 项目绩效分析

一、相关性

项目相关性准则的评价等级为“高度相关”。

（一）政策吻合度

旱作项目的主要目标是通过“公司+农户”模式实现农业产业化经营，改善农村环境和农业基础条件，实现农村农业的可持续发展；增加项目农户收入，有效减少贫困；增加项目企业的利润，提高项目区农业综合生产力；提高农业综合效益，为全面实现建设农村小康社会的奋斗目标奠定基础。项目在设计与评价时均符合国家、行业的发展战略和优先重点。

1. 设计时政策吻合度

中共十六大明确提出了我国2020年全面实现小康社会的奋斗目标，农村小康是全面小康的关键。2003年初召开的中央农村工作会议将“三农”问题作为“全党工作的重中之重”，认为“没有农民的小康就没有全国人民的小康，没有农村的现代化就没有国家的现代化”。“未来七年，是我国农村全面实现小康社会的关键时期，是进行农业和农村经济结构战略性调整和依靠科技提升农产品国际竞争力的重要时期，是减轻环境污染和遏制生态恶化、营造生态良好、环境优美、食物安全、人民富裕、身心健康的重要时期。”

资源环境是人类农业经济活动的物质基础，农业生产在很大程度上依赖于丰富的自然资源和良好的生态环境条件。近年来中央政府高度重视农村的自然环境建设。1999年1月，国务院发出通知要求各省（区）市实施《全国生态环境建设规划》；2000年12月，国务院又发布《全国生态环境保护纲要》，从加强生态建设、遏止生态恶化和加大环境保护与治理力度两个方面，将加强生态环境建设与保护作为我国21世纪发展的战略目标和战术任务。2000年，中共中央和国务院发布《关于做好2000年农业和农村工作的意见》（中发〔2000〕3号），提出了围绕农民增收、农业结构调整等发展意见。此后，农业部等8部委联合发布了《关于扶持农业产业化经营重点龙头企业的意见》（农经发〔2000〕8号），提出了龙头企业的界定标准和具体扶持政策。

2002年，农业部开始在中国北方示范推广保护性农业技术，目前示范面积已达70万公顷，覆盖北方14省94个县，这些示范县的建设得益于30多个农机企业所生产的各种保护性耕作机具。由于保护性农业的综合效益较好，截至2005年，农业部每年都安排财政资金 3 000 万元人民币，用于推广保护性农业。然而，这些资金仍然不能满足大面积推广保护性农业的需求，需要从外部引进资金支持该项工作的开展。

2005 年的中央一号文件提出要“改革传统耕作方法，发展保护性耕作”；党的十六大提出全面建设小康社会，加速农村发展，提高农业生产和农民生活水平的战略目标；2006 年中央一号文件又特别强调：“要大力开发节约资源和保护环境的农业技术，重点推广废弃物综合利用技术、相关产业链接技术和可再生能源开发利用技术”，“积极发展节地、节水、节肥、节药、节种的节约型农业，努力提高农业投入品的利用效率”，“继续实施保护性耕作示范工程和土壤有机质提升补贴试点”。

国民经济和社会发展“十五”计划和 2006 年中央一号文件关注了发展现代农业、改善农民生活、建设新农村的目标。由此可见，旱作项目在设计时与国家的政策和发展目标高度吻合。

2. 评价时政策吻合度

在进行绩效评价之时，正值国民经济和社会发展“十二五”规划全面展开的一年，倡导积极稳妥推进农业现代化，加快社会主义新农村建设。坚持走中国特色农业现代化道路，把保障国家粮食安全作为首要目标，加快转变农业发展方式，提高农业综合生产能力、抗风险能力、市场竞争能力。推进农业科技创新，健全公益性农业技术推广体系，发展现代农业，加快农业机械化。完善现代农业产业体系，发展高产、优质、高效、生态、安全农业，促进园艺产品、畜产品、水产品规模种养，加快发展设施农业与农产品加工业、流通业，促进农业生产经营专业化、标准化、规模化、集约化。拓宽农民增收渠道。提高农民职业技能和创收能力，多渠道增加农民收入。鼓励农民优化种养结构、提高效益，完善农产品市场体系和价格形成机制，健全农业补贴等支持保护制度，增加农民生产经营收入。引导农产品加工业在产区布局，发展农村非农产业，壮大县域经济，促进农民转移就业，增加工资性收入。2012 年，国务院颁布《关于支持农业产业化龙头企业发展的意见》（国发〔2000〕10 号），提出了今后促进农业产业化经营和发展龙头企业的指导性意见，主要包括：加强标准化生产基地建设，保障农产品有效供给和质量安全；大力发展农产品加工，促进产业优化升级；创新流通方式，完善农产品市场体系；推动龙头企业集聚，增强区域经济发展实力；加快技术创新，增强农业整体竞争力；完善利益联结机制，带动农户增收致富；开拓国际市场，提高农业对外开放水平；狠抓落实，健全农业产业化工作推进机制等。可见，改善农业生产条件、发展可持续农业与促进龙头企业带动农业发展和农民增收仍然是国家发展的战略重点和优先重点。同时，河南、山东和甘肃都十分重视旱作项目进展，并将其列为地方的重点项目，作为优先发展的重点。

（二）需求吻合度

旱作项目与河南省、山东省和甘肃省农村地区所面临的实际问题具有较强的针对性。

1. 设计时与需求的吻合度

中国北方地区的生态环境日益恶化，缺水、荒漠化、水土流失现象严重。实施旱作项目的河南省、山东省和甘肃省的农业发展一直受到生态恶化、自然灾害和生产技术低下的制约，农民贫困人口较多、农业增产和农民增收困难较大。项目区农业生产主要以粮食生产为主，产业结构单一，经营粗放，土地产出率低，受干旱和市场波动的双重制约，现行种植状况要实现稳定增产增收已无太大潜力。例如，河南省项目区属暖温带大陆性季风型气候，干旱严重，年降水量大部分在600~800毫米，且集中于7—9月份，多为阵雨、暴雨，土壤林木覆盖率低，水土流失较重。土壤类型为立黄土、沙土、潮土、黏土、淤沙两合土等。项目区土地总面积19 307.1平方公里，其中耕地面积115.17万公顷；总人口1 243.22万人，其中农业人口1 051.94万人，乡村劳动力622.42万人，贫困人口68.86万人，农业人口占总人口的84%以上。项目区以种植传统农作物为主，经济结构单一，农民人均收入长期在低水平徘徊，人均年收入多在2 000~3 000元。山东省项目区经济发展相对落后，贫困人口比率高，项目区涉及9个县、市，46个乡镇，农户56.875万户，总人口214.95万人，其中农业人口183.73万人，农业劳动力104.83万人。项目区内土壤退化严重，肥力低；项目区由于水蚀、风蚀等造成的土地退化面积达1 347.7平方公里，占项目区面积的25%；同时，不合理使用化肥，使用有机肥少，加之作物秸秆还田量少，造成土壤肥力下降严重。甘肃省项目区由于地处西北内陆，自然条件及社会经济条件更为严酷和恶劣，农业发展的制约因素更多；由于人多地少，垦殖指数高，自然植被稀疏，水土流失严重，生态失衡，降雨少，且分布极不均匀，主要集中在7、8、9三个月；2004年全市农作物受灾害面积达26.7万公顷，占种植面积的80%以上。恶劣的自然条件和落后的农业生产技术严重制约着农业与农村经济的进一步发展。

在此情况下，迫切需要可持续且生产力强的农业生产技术和经营管理方法；地方政府和当地农民对于保护生态环境、改善农业生产条件、发展可持续性农业、提高生活质量与增加收入产生了较为强烈的需求。

2. 评价时与需求的吻合度

旱作项目引入具有高价值的园艺作物、改良的作物与牲畜管理方式、农业技术及耕作技术，实现对有机肥料和农药的有效利用；通过由项目企业提供支持服务等措施，项目区的生态环境恶化现象得到了一定遏制，农业生产条件得到改善，农民收入提高，生活条件变好。尽管如此，截至评价时，项目区的自然灾害、资源退化问题依然严重，项目区多数农民生产水平仍然较低，农产品生产销售组织形式还需要继续创新，依然需要项目继续推进实施，以改善现状。

二、效率

项目的效率准则评价等级为“效率高”。

（一）项目实施进度

1. 项目总体实施进度

截至2012年12月31日，项目完成总投资9.846亿元人民币，占计划投资目标的62.47%。其中农业生产基地完成投资2.21亿元人民币，占计划投资目标的56.19%；

农业企业建设完成投资 5.74 亿元人民币，占计划投资目标的 88.98%；支持服务体系完成投资 3 877.40 万元人民币，占计划投资目标的 51.97%；项目管理与机构建设完成投资 2 504.72 万元人民币，占计划投资目标的 42.31%；建设期财务费用完成投资 4 087.85万元人民币，占计划投资目标的 21.92%；流动资金完成投资 8 504.70 万元人民币，占计划投资目标的 39.07%。

截至 2012 年 12 月 31 日，项目累计完成采购金额 7.72 亿元人民币，占计划投资目标的 70.73%，其中工程类采购完成 4.39 亿元人民币，占计划投资目标的 73.73%；货物类采购完成 3.33 亿元人民币，占计划投资目标的 67.14%。

2. 各省项目实施进度

（1）河南省项目实施进度：项目产出方面共完成 12 个项目企业的投资建设，共建生产车间 5.7 万平方米，引进生产设施 1 582 台（套），共培训 7 998 人次，其中管理人员 644 人次、技术人员 1 227 人次、农民 6 127 人次，企业建成基地 32.7 万亩，直接带动农户 2 万户 6 万人，辐射带动农民 1 万户 3 万人，其中女性 2 万人，少数民族 2 000人。

（2）山东省项目实施进度：项目产出方面共完成 8 个项目企业的投资建设，建成支持服务体系 3 个，建成基地 12.1 万亩，维修和新建田间道路 2 万平方米，打井 190 座，铺设地埋管线 4.97 万米，修建水渠 6.93 万平方米，修建水窖 7 个，渠道修复 1.5 万平方米，企业新建生产车间 3.09 万平方米，建设冷库 9 148 平方米、仓库 5 183 平方米、生产线 3 条，引进生产设施 373 台（套），培训农民 1.22 万人次。项目企业非农就业人数达到 3 402 人，其中女性职工为 2 102 人，农民工 1 384 人，为农民工带来 2 650.8 万元收入，帮助基地农户增收 7.57 亿元。直接带动农户 7.47 万户，已有近 30 万农民从中受益。

（3）甘肃省项目实施进度：甘肃省只有天水市参与了旱作项目，项目产出方面总计有 22 家企业开展建设，新建生产车间 9.63 万平方米，引进生产设施 1 130 台（套），引进奶牛、兔、猪等良种 19.6 万头（只），培训员工近 1.72 万人次，其中技术人员 1 410 人次、农民 1.58 万人次，建成基地 34.6 万亩，直接带动农户 2 万户约 6 万人，辐射带动农民 8.15 万户 27.42 万人，其中少数民族 2 310 人。

3. 项目产出进度

截至 2012 年 12 月 31 日，项目农业生产基地建设、项目企业建设、农业技术推广中心建设等进展情况良好，多数已经完工或接近完工。

4. 预计产出进度

绩效评价小组通过座谈会和面访的形式，询问了未完工项目的下一步计划，目前项目实施进展比较顺利。河南省、山东省和甘肃省项目管理机构和执行机构表示，在现有项目成果基础上到项目结束，项目区贫困人口减少、非农就业增加、户均收入增加、建设基地面积增加、企业加工能力增加等目标预计均能够如期达成。未完工项目基本能够在项目期内完成。

5. 项目资产质量

截至评价时，已经完成部分企业验收工作的山东省和甘肃省，项目资产均能达到最初的设计要求，完工项目的运营情况良好，但是山东省公众基地质量有待提高，在项目后期运营中，需要加强监管和养护。

6．项目投入进度

截至2012年12月31日，项目完成总投资9.846亿元人民币，占计划投资目标的62.47%。其中，项目累计利用亚行贷款3 915.16万美元，折合2.47亿元人民币，占计划贷款使用目标的47.17%；国内配套资金累计到位7.38亿元人民币，占计划目标的79.06%。总体来看，外方资金到位率和国内配套资金到位率较高。项目资金使用率与预算基本相符，未发生大的偏离情况。

但是，各省项目投资进度不平衡，资金到位率尤其是配套资金到位率差异较大。截至2012年12月31日，河南省项目使用亚行贷款1 604.88万美元，折合人民币1.01亿元，占计划投资目标的44.58%；各级政府配套资金473.72万元，占计划投资目标的19.06%；企业自筹资金2.92亿元，占计划投资目标的103.59%。山东省项目使用亚行贷款1 148.63万美元，折合人民币7 227.63万元，占计划投资目标的52.21%；企业自筹资金9 408.63万元，占计划投资目标的70.91%。甘肃省天水市累计利用亚行贷款1 161.67万美元，折合人民币0.76亿元，占计划投资目标的46.47%；政府配套资金2 684.02万元，占计划投资目标的84.30%；企业自筹资金3.05亿元，占计划投资目标的90.25%；农户自筹资金725.91万元，占计划投资目标的17.36%。

（二）项目管理

根据实地调研过程中项目单位所反映的情况以及相关制度的规定，亚行管理效率较高，中方项目管理效率基本能够保证项目的顺利实施，但是在项目实施过程中出现了一定问题。

1．亚洲开发银行管理效率

在项目的准备、设计阶段，亚行积极行动，较好地完成了项目的前期工作，支持完成了项目筹备技术援助报告、环境评估报告、项目管理备忘录等；设计了包括审批程序和标准、资金管理和反腐败办法在内的较为严格的项目管理体系，对项目的人员和实施工作进行科学化、标准化管理，保证了较高的执行效率。在项目的执行和实施阶段，亚行的资金拨付速度保证了项目得以顺利实施，同时，亚行与项目执行机构联系密切，积极开展监督检查以及培训工作。

2．中方执行效率

为保证项目的顺利实施，中方建立了自上而下的项目执行和管理机构体系，并对各层级的管理和执行机构进行了明确的职责分工。农业部对外经济合作中心作为项目执行的中央项目办，通过现有领导小组协调和监督所有项目活动的实施；省、市和县各自组建了领导小组负责各地项目的统筹协调；省、市、县各级政府是项目中所有子项目的实施机构，并专门成立了项目管理办公室。

在较为合理的管理体系下，相关机构相对高效地完成了工作，包括：完成了资金转贷安排。借款方将亚行的贷款以原贷款条款和条件转贷给各省，各省转贷给县政府，县政府转贷给企业，通过企业转贷给农民或农民小组。转贷构架中的每一层对其所承贷款项均负有偿还的责任，包括转贷所有的资金偿还。农民偿还贷款，一般是从他们向放贷企业交付产品的收入中扣减，农民将联保和几户担保贷款的偿还。企业将负责向县项目办偿还自己的借款，包括其转贷给农民的那部分。

完成了子项目的选择和审批。相关利益方制定了《子项目选择标准》，基于该标准的条件和具体要求进行子项目的选择。根据至少 3 年的账目审计结果，符合企业选择标准，进而得到批准的涉农加工企业将为子项目的可行性研究提供技术指导。企业和县项目办联合开展可行性研究，并提交上级部门评估。各省拟批准的前两个子项目，亚行要对其可行性研究进行预审，并要得到亚行预先批准。随后的所有子项目的可行性研究将提交亚行后审批，但有些子项目例外，在整个项目实施期间，这些子项目必须得到亚行的预审批准，包括：①要求有移民安置计划的；②要求相当于 300 万美元或更多贷款的。无论哪种情况，执行机构都会向亚行提交可行性研究和支持文件，供预审批。

进行项目资金核算和配合审计等绩效评价工作。县项目办保留所有项目开支记录，并定期提交省项目办。省项目办汇总项目账目，包括省项目办自身的开支记录。各省项目办将汇总的账目提交项目执行机构，执行机构将确保用亚行可以接受的独立审计员对汇总项目账目进行年审。在财经年度结束后的 9 个月之内，向亚行提交经年审的账目。各省项目办每季度向执行机构提交摘要报告，以及每 6 个月提交汇总进度报告。执行机构将报告进行汇总并提交亚行和相关的政府机构，报告的内容应该包括：①有形和财务进度；②发现的问题和采取的措施；③下一季度或者 6 个月的工作计划，视情况而定。半年进度报告将采纳亚行项目绩效报告格式。省、市和县财政局建立财务信息管理系统，与省项目办的系统兼容，以跟踪贷款拨付和回收，协助审计。

在项目的设计和实施过程中，负责项目实施的项目执行机构、农业部、三个省项目办和 27 个县项目办广泛参与了项目准备，包括根据选择标准选定农业企业和项目户，他们曾实施了本领域内的赠款项目和政府项目。所有参与项目的机构（包括企业）都已经接受了中央项目办提供的技术改进、项目管理和财务管理年度培训。项目管理有效地提升了地方项目办的能力，与项目目标也紧密关联。

中央级、省级、县级项目管理机构均准时提交项目监测结果，有效运行项目绩效监测体系，并及时编制项目季度报告和年度报告。评价中发现，山东省有 2 家企业、甘肃省有 10 家企业计划申请退出，山东省和甘肃省项目办进行了有效的应对，并经过申请和评估，根据亚行旱作农业管理手册“每年的资产负债率不超过 1.5”，“开始生产后，企业每年的流动比率不低于 1.5”，“速动比率不低于 0.8”，“贷款期内，每年的偿债备付率不低于 1.5”等四项指标，重新审批 11 家企业开展亚行旱作农业贷款项目。项目实施与项目要求均相关联。

3. 项目风险控制

项目管理和执行机构在工程管理、财务管理、技术管理和产品管理等方面有着严格的制度设计、组织机构和文件法规等，通过《贷款协定》《项目协定》《旱作项目管理手册》规范管理行为，提高项目实施水平，并严格执行《中华人民共和国会计法》等法律法规，从制度层面、组织层面和法规层面监督和防控风险。但是，在汇率风险的识别和防控环节较为薄弱。

工程管理方面，项目建设严格按照国家有关建设工程管理的政策和法规执行，全面落实项目法人责任制；工程设计与施工实行招投标制以及项目建设职业准入制，投标人可以是中小型农业企业，也可以是农业技术推广服务体系或农民合作组织等；设备采购要按国家有关规定，实行政府统一采购或招标采购；工程质量实行工程施工监理制；项目竣工实行验收制，以确保项目建设的工程质量。

财务管理方面，亚行贷款由财政部门逐级转贷，同时与各项目受益人签订转贷协议，并由受益人按期还本付息，并按照“谁受益，谁负担”的原则，逐级建立还款责任制。项目受益人包括农户、农民合作组织和农业企业，承担亚行贷款的还款责任。在项目区和受益人选择方面严格按照有关条件筛选并签订有关借款法律合约，以确保还贷责任的落实。项目建设资金按基建会计制度进行管理，实行专款专用，专户储存。项目建设实行工程建设预算制、报账制和决算制，严禁挤占挪用，强化项目财务审计制，建立健全项目的财务管理和项目建设审计制度。在项目省设立项目专用账户，市县项目联办根据本地项目单位实际发生数额上报省级项目联办，经审核后，由省财政根据项目进展（季度）按报账制度进行报账拨付。农户（农民合作组织）和农牧企业为项目建设单元，为保证项目和资金真正落实到农户（农民合作组织）和农牧企业，资金使用实行跟踪管理，专款专用，严防挪作他用，坚决做到项目计划进村入户（企业）。建立项目档案卡片，规定项目管理部门的服务内容和受益人的权益；建立项目公示制度，对建设任务、资金补助、物资分配等情况进行公示，充分体现公开、公平、公正的原则，确保项目随时接受监督和检查；建立项目信息管理系统，从项目的申报、审批、资金发放到项目进展等均采用信息系统管理。各项目市县的项目联办在确定项目建设内容、规模、地点后，对具备条件参与项目的农户（农民合作组织）和生产企业逐个调查摸底，造册登记，经逐级项目管理机构审查确认后，投放启动资金并监督其专款专用。

技术管理方面，为确保项目顺利实施并发挥效益，省级项目联办下设的项目技术咨询小组通过县级项目联办下设的专业项目组统一负责旱作农业项目有关技术的推广，组织国内外研修人员的培训，依托专家信息系统对项目进行有力支持，为项目提供各种技术指导和咨询服务。

产品管理方面，针对项目区果蔬、肉、牛奶产品质量差异大、无品牌优势、规模小的现状采取了相应措施：①通过引进良种逐步改良、提高项目区果蔬、肉、牛奶产品质量，逐步使项目区果蔬、肉、牛奶产品达到一定的质量标准。②在项目实施中加强市场流通环节建设，加大优质牲畜、纯天然绿色果蔬产品市场开拓的力度，培育既有项目区特色又符合农户（农民合作组织）习惯的农产品市场。加强果农、菜农、牧农及生态技术合作组织和协会的建设，充分发挥合作社和协会的作用，使小农户与大市场有机结合起来，物畅其流、物尽其用，从而达到增加农户收入、提高项目效益的目的。③积极与国内外知名企业和机构联姻，采用互惠互利、利益共享的原则，依托其先进的技术手段、灵通的信息渠道、较高的知名度和雄厚的经济实力，通过加工生产共同创立新的产品品牌。

项目对于汇率风险的识别和防控较为薄弱，没有相应的制度和措施防范因汇率变化而导致的财务风险。在实施过程中，项目设计初期美元兑人民币汇率为1:7.99，截至项目验收时美元兑人民币汇率为1∶6.3，由于人民币升值而导致项目国内配套资金加大，造成了项目实际成本高于预期，影响了项目的实施效率。河南省、山东省和甘肃省采取措施，积极加大国内配套资金投入，保证了项目建设资金的需求，化解了项目风险。

4. 各省项目管理中存在的主要问题

在获取的审计整改意见中，也发现了项目管理中存在的问题，影响了项目实施的效率。分省来看，河南省存在市县级的配套资金不充分、所有权的改变没有与亚行事先协商、部分项目花销没有发票支持、县级项目办人员的内部控制体系和财务管理能力薄弱等问题；山东省存在违规使用项目资金、管理不够规范、项目提款报账速度缓慢、部分工程存在损毁现象等问题；甘肃省天水市存在财务人员管理能力薄弱等问题。相关问题已经基本得到整改，将在下文进行详细说明。

（三）资金使用的合规性

各项目省2012年度项目审计报告显示，项目资金使用未发现明显违规情况。相关的财务报表是按照中国的会计准则、会计制度和该项目贷款协定的要求编制的。财务报表在所有重要方面，公允地反映了项目的财务状况、建设状况、项目资金收支情况，符合会计准则。同时，各年度报送给亚行的提款申请书所附费用支出报表符合贷款协定的要求，可以作为申请提款的依据。

针对审计中提到的个别问题，各级项目办和项目企业也都相应提出了整改方案并积极落实。例如，审计报告披露，山东正德食品有限公司分三次支付货款共36.6万元，全部使用现金支付，不符合《中华人民共和国现金管理暂行条例》第五条“……使用现金……结算起点定为1 000元”的规定的情况。在车间及配套项目和土地整理项目建设中，该公司项目监理日记记载内容不完整，没有现场记录人和监理工程师的签名，不符合《建设工程监理规范》监理员应履行“做好监理日记和有关的监理记录”职责的规定。山东省项目办督促该公司按照现金管理暂行条例的相关规定严格现金管理，加强工程监理，确保工程质量，保证今后不再出现类似情况。

三、效果

效果评价等级为“预期全部可以实现”。

（一）成果完成率

1. 实际成果进度

项目目前已实现部分计划目标，实现效果一般。预期在项目完工时，能实现大部分计划目标。

评价小组根据《行长推荐报告》中的项目设计与监测框架和中期调整目标，对反映项目成果的各个指标的当前完成情况进行了统计分析。截至2012年12月31日，项目区贫困人口减少14.1万人，超出中调核定目标0.7万人，完成率为105.22%；非农就业增加8 324人，完成率为24.48%，与中调核定目标差距较大；项目区农户户均收入增加856元，完成率为85.60%。另据问卷调查统计显示，截至绩效评价时，87.36%的受访农户实现了农业增收，其中，河南省农业增收达2 125元/户，山东省达3 710元/户，甘肃省达 3 438 元/户，佐证了项目的实施在促进农户农业收入增长方面发挥了重要的积极作用；建设基地面积增加 44. 8 万亩，完成率为 95. 31%；企业加工能力增加 63. 25 万吨，超出中调核定目标 13. 25 万吨，完成率为 126. 50%。

2. 预计成果进度

除增加非农就业的目标完成率较低以外，减少项目区贫困人口、增加企业加工能力的目标已经完成，增加户均收入和增加建设基地面积的目标也接近实现，相关项目管理和执行机构已经加快进度，预计未完成的目标在项目期内可以大部分实现，但是增加非农就业的目标实现难度较大。

（二）受益分配优度

1. 受益瞄准度

从对项目单位的访谈、对受益群众的面访以及各子项目单位所填列的绩效评价数据来看，已完工各子项目的实际受益群众均为原计划的受益群众。由于未完工项目不能对受益群众所在区域和具体数量进行准确判断，因此，不在此次绩效评价范围之内。

2. 受益覆盖率

经过调查和面访，项目的实际受益群体基本覆盖了计划受益者群体，并且对项目的满意度较高。不满意的群体主要为项目企业，不满意原因主要在于严格复杂的项目管理程序影响了效率。

在企业满意度方面，参考河南省和甘肃省项目管理和执行机构所做的相关满意度调查结果，河南省受益者满意度调查显示，农户满意度在95%以上，企业满意度在90%左右，不满意的原因主要是项目准备周期过长，企业自筹资金压力大，报账手续繁杂且还款自由度低。甘肃省天水市针对企业的调查显示，企业满意度大约为80%，不满意的原因也集中在亚行贷款程序复杂、时限长、报账慢。山东省项目管理和执行相关机构未做过满意度调查，但是通过项目的实施，项目区经济、社会和环境效益得到显著提高，企业变得更大更强，农户收入得到提高，农户和企业均是项目受益者，因此得出农户和企业对项目基本满意的结论。

在农户满意度方面，以合同农业为例，评价时 28. 43% 的受访农户对合同农业“非常满意”、71. 57% 的受访农户对合同农业“满意”的事实也进一步证明了合同农业得到了农户的认同。

（三）成本有效性

根据访谈结果，截至 2012 年 12 月 31 日，由于汇率变化、劳动力和原材料价格上涨等因素，项目成本比预定成本偏高，但在合理的范围之内。河南省预估项目成本大约高出预定成本 15%；山东省预估项目成本与预定成本偏离不大，基本一致；甘肃省天水市预估项目成本比预定成本高出 20% 左右。

四、可持续性

评价等级为“预期高度可持续”。

（一）还贷能力

还贷能力评价包括还贷落实率、还贷安排优度和准备金充足率三个指标。

1．还贷落实率

中国与亚行已经于2009年2月3日就旱作项目签订了贷款协定，详细规定了项目资金的贷款、转贷以及分期偿还方面的流程。截至2012年12月31日，由于贷款期限的原因，各项目省尚未开始还款。各省项目贷款通过签订转贷协定，层层转贷已经落实到企业，还贷责任明确，按照贷款协定规定进行还款没有问题。

2．还贷安排优度

截至2012年12月31日，由于尚未到还款期限，各省均未开始还款。但是各省项目管理和执行机构重视还贷工作安排，保证还贷工作能够顺利完成。

3．准备金充足率

各省项目企业运营情况良好，企业内部利用企业利润建立还贷准备金，同时有地方政府财政部门保障，还贷准备金充足，能够保证及时、足额偿还到期债务。

（二）政策—机构安排

1．相关政策的可持续性

由于我国多数农村依然面临生态恶化、贫困等问题，近年来中央政府持续高度重视农村的自然环境建设。2012年11月，党的十八大报告提出了“大力推进生态文明建设”的战略决策。报告指出：建设生态文明，是关系人民福祉、关乎民族未来的长远大计。面对资源约束趋紧、环境污染严重、生态系统退化的严峻形势，必须树立尊重自然、顺应自然、保护自然的生态文明理念，把生态文明建设放在突出地位，融入经济建设、政治建设、文化建设、社会建设各方面和全过程，努力建设美丽中国，实现中华民族永续发展。坚持节约资源和保护环境的基本国策，坚持节约优先、保护优先、自然恢复为主的方针，着力推进绿色发展、循环发展、低碳发展，形成节约资源和保护环境的空间格局、产业结构、生产方式、生活方式，从源头上扭转生态环境恶化趋势，为人民创造良好生产生活环境，为全球生态安全作出贡献。

《国务院关于印发全国现代农业发展规划（2011—2015年）的通知》（国发〔2000〕4号）将改善农业基础设施和农业生产条件、加强农业防灾减灾建设、提升农产品质量、提高农业产业化和规模化经营水平、发展农业社会化服务等作为“十二五”期间发展现代农业的重要任务。《全国防沙治沙规划（2011—2020年）》将水土流失综合治理和水源及节水灌溉工程建设作为防沙治沙的工作内容之一。2013年中央一号文件即《中共中央、国务院关于加快发展现代农业进一步增强农村发展活力的若干意见》公布，突出强调围绕现代农业建设，充分发挥基本经营制度优越性，着力构建新型农业经营体系。同时提出鼓励和引导城市工商资本到农村发展适合企业化经营的种养业。

以上各项政策的制定和实施，说明国家将改善农业生产条件和农村生态环境、发展可持续性农业生产技术、增加农民收入作为长期目标。

2．项目机制安排的可持续性

为保证项目顺利实施，建立了自上而下的管理体系。对项目的后期管理，各省也专门进行了相应的机构、制度、人员和资金安排。项目企业建立了科学的企业管理制度，至少有一名副总裁或副经理主管项目建设，至少一名人员负责项目工作，无论机制、人员还是资金，都能够保证项目的后期运营和管理。

（三）项目资产的经济性

截至2012年12月31日，项目完成总投资9.846亿元人民币，占计划目标的62.47%。其中农业生产基地完成投资2.21亿元人民币，占计划目标的56.19%；农业企业建设完成投资5.74亿元人民币，占计划目标的88.98%；支持服务体系完成投资3 877.40万元人民币，占计划目标的51.97%。因汇率变化、原材料和劳动力价格上涨等因素导致建设成本高于预计成本，但与中期调整目标基本一致。

目前，已经建成的农业生产基地与农业企业起到了良好的示范和带动效果，农民与企业的伙伴关系较为稳定，取得了较大的社会效益，直接带动农户超过11.47万户，辐射带动超过60万人。农业企业实现科学管理，采用有效的成本管理办法，预计后期维护运营成本适当。

农业支持服务体系建设方面，新建成的农业推广和技术转让中心、农机具厂、有机肥厂、种子生产中心、农产品质量检测中心、蔬菜批发市场等服务机构多数已经投入运营，目前运营状况良好，预计能够长期稳定发挥服务作用，帮助农户使用新的生产技术、获取市场信息等。

第三节　经验、问题与建议

一、经验

一是项目在设计时关注了中国农村的生态环境和农民贫困问题，采用从农田到市场的价值链方式，为贫困农民、当地农业企业和消费者创造价值。项目通过引入具有高价值的园艺作物、改良的作物与牲畜管理方式、农业技术及耕作技术，实现了对有机肥料和农药更加有效的利用；通过项目农业企业提供支持服务（包括土测设备、农业推广和技术转让中心、有机肥料设备、机械服务中心、种子生产中心、农业生产信息中心、产品检测中心及扩大园艺市场），促进了农业生产质量的提高。

二是亚行对于项目产出的验收，农村贫困人口减少、农民就业等问题的被重视，体现了关注民生和人性化管理的理念，这种理念得到了国内管理者的充分认可和肯定，并且潜移默化地影响了国内管理者的管理理念和管理方式，国内管理者的管理理念和科学管理能力有所提高，管理的规范化和制度化程度大大增强。

三是项目企业从组织、制度和机制等多个方面加强管理，降低项目风险。项目企业设有专门的项目财务账户，做到专账专用，配有专门的项目管理人员和财务人员，责任具体到人，可以随时接受亚行、审计等部门的检查。各项目省专门成立省、市、县项目管理机构，组织实施该项目，保证项目实施与资金管理能够严格遵循国家及亚行的相关规定。

四是创新了多种“企业和农户”伙伴关系模式，丰富了农业经营体系类型。项目执行以来，在构建新型农业经营体系方面取得了重要成果并积累了丰富经验。

五是创新了价格支持模式和生产经营模式，打破了订单农业履约低的定律。通过精细化的供应链成本管理、企业主动承担风险建立信任以及利用熟人信任机制解决了订单农业实施过程中订单农业违约率高的问题。

六是改善了农产品质量控制体系，保障了质量安全。项目企业通过装备质量检测设备、建立严格的质量追溯体系以保证农产品质量。依靠高质量的产品扩大销售渠道、提高销售价格，从而保证了企业和农户的收益。

七是完善了以市场为导向的农业技术推广体系，提升了农业科技水平。项目企业引导建立的农业技术推广服务体系成效显著。以市场需求为导向，紧密地结合企业产品加工原材料的需求和农民开展农业生产的技术需求，实现了农业技术推广服务体系的市场化，有效地提升了农业科技成果的转化率和本土化水平。

二、问题

一是通货膨胀导致实际使用贷款资金减少。由于人民币持续升值（设计时美元与人民币汇率为1∶7.99，验收时为1∶6.3），在利用亚行贷款总额不变的情况下，实际折算为人民币数额下降较大，汇率影响再加上通货膨胀的影响所造成的资金缺口无形中加大了国内地方政府的配套资金压力，影响了整个项目执行进度。

二是市场变化和企业发展导致少数企业申请退出项目。因项目准备时间过长，市场变化较大，有的项目企业已通过企业自筹和其他融资渠道筹得资金开工建设，不需再利用亚行贷款，提出了退出项目的申请。在项目设计阶段，虽然专门针对企业进入项目设计了评估指标，但是缺乏对企业自身发展计划的了解，项目计划与企业自身发展计划不能有效结合，已经进入项目的企业出于发展计划和市场变化的考虑，亟须为企业发展筹集资金，而项目调整时间较长、资金到位程序烦琐、时效性差，导致企业出于自身发展的考虑自筹资金进行建设，因而退出早作项目。

三是对亚行项目管理规范的认识仍需要进一步总结与学习。项目管理单位与执行单位对亚行项目管理规范的认识存在不到位问题，是导致本项目进度缓慢的主要原因之一。部分项目办对亚行程序和资金使用规范不甚了解，对资金拨付流程也存在分歧，又想兼顾国内和亚行招标采购程序，显然这些都将延缓项目的设计、施工和报账等进程，最终导致项目进度缓慢。需要进一步学习亚行相关项目管理规范，提高各级机构和人员能力。

四是项目进展不平衡。项目各部分进度不一，农业企业建设部分进展较快，但农业生产基地和支持服务体系部分完成投资均较慢；部分企业已经全部建成，贷款资金也已基本报回，但部分企业项目建设虽已基本完工，报账却较为缓慢；还有个别企业招标工作尚未完成。

五是企业发展存在阻碍，与农户的伙伴关系不确定因素增大。一方面，单凭企业推动订单农业经营模式发展面临土地流转的瓶颈，缺少交易平台，企业对农户的租地意愿只能通过乡（镇）政府和村委会了解，农户对土地流转认识不足，也影响了土地流转的速度和规模，同时在农户和企业之间要达成租赁协议需要支付的交易成本较高。另一方面，处于成长期的企业开展订单农业也面临诸多挑战，企业缺乏资金和稳定的市场，因此按照合同价收购所承担的风险较高；而企业违约则有可能导致企业信誉损耗的风险，影响其在当地的长期发展，因此，成长期的农业企业难以保证订单农业的实施。

三、建议

第一，由于受到汇率变动、通货膨胀、设计变更等种种因素的影响，部分项目资金需求计划会出现变动，造成各子项目资金需求不匹配等情况出现。因此，建议项目管理部门认真考虑各子项目所需要的资金量，在亚行项目规则允许的情况下，结合项目中期调整对贷款资金使用计划进行必要调整，尽量满足每个子项目对亚行贷款资金量的增减变动。同时，还应通过各种渠道要求子项目所在地的地方政府在配套资金的安排方面给予优先考虑。此外，考虑到项目结束前可能还会有调整出现，项目管理部门应协调亚行修改项目法律文件，提升灵活性，提高项目执行效率。

第二，在项目审批阶段，对企业进行严格把关，并告知项目周期等信息。对项目企业的申请和退出机制规范化，做好预案，以应对突发情况。

第三，组织开展由项目区工作人员、企业项目管理人员参加的培训，邀请了解亚行项目详细规则的专业人员进行培训，尤其应重点加强对财务管理和项目管理的培训，提高项目区工作人员和企业人员的执行能力。

第四，在项目实施过程中，项目管理机构要关注项目进度，协调企业建设、农业生产基地建设和支持服务体系建设之间的关系，平衡项目实施进度。

第五，试点建设以村、乡镇、县（市）为单位建立耕地使用权流转交易信息平台，解决土地流转信息不对称的问题，降低企业的交易成本。支持项目开展涉及新型农业经营体系的相关研究，注意项目模式与经验的提炼、推广与扩散；鼓励和支持具备较好盈利水平的农业企业开展订单农业，建立企业交流学习平台，促进企业间在实施订单农业方面的经验交换，推动订单农业模式的发展。

第十一章　部门整体支出绩效评估

部门整体支出是财政支出的一个分支。同样，部门整体支出绩效评估既是财政支出绩效评估的一个部分，也是政府绩效评估的一个领域。根据财政部印发的《财政支出绩效评价管理暂行办法》第二条规定，财政支出绩效评价是指财政部门和预算部门（单位）根据设定的绩效目标，运用科学、合理的绩效评价指标、评价标准和评价方法，对财政支出的经济性、效率性和效益性进行客观、公正的评价。《暂行办法》把预算支出绩效评价分为基本支出绩效评价、项目支出绩效评价和部门整体支出绩效评估三个类别。也就是说，部门整体支出绩效评估是对部门财政支出的经济性、效率性和效益性进行客观、公正的评价。如前所述，从政府绩效评估的角度看，部门整体支出绩效评估远不止财政部门所认为的“3E”标准。

第一节　财政支出绩效评价概述

如果把财政支出绩效评价作为一条主线，从时间序列上看，部门整体支出绩效评估是新近之事，远远落后于财政部门对公共项目的绩效评价。也就是说，部门整体支出绩效评估的思路目前还是按照财政支出绩效评价的路径开展的。

早在1949年美国就提出了绩效预算改革的设想。1951年美国联邦预算局据此编制了基于政府职能的联邦政府预算，第一次明确地提出了“绩效预算”概念，为日后开展财政支出绩效评价打下了基础。1982年，英国政府公布了著名的“财务管理新方案”，开创了绩效评估实践的先河。与西方发达国家相比，我国的财政支出绩效评价工作起步较晚。为了适应形势的发展，财政部提出了“积极探索建立财政支出绩效评价工作体系”的工作思路。2001年湖北省率先在该省的恩施土家族苗族自治州选取5家单位进行试点，拉开了我国财政支出绩效评价试点工作的序幕。次年，又在全省范围扩大试点，湖南、河北、福建等地也相继进行了小规模试点，积累了一些经验。

2003年，党的十六届三中全会通过的《中共中央关于完善社会主义市场经济体制若干问题的决定》明确提出“建立预算绩效评价体系”。2004年，财政部制定并印发了《中央经济建设部门项目绩效考评管理办法（试行）》，要求各地采取先行试点、由易到难、分步实施的原则，有效开展绩效评价工作。2009年，财政部制定了《财政支出绩效评价管理暂行办法》，并于2011年进行重新修订。2014年8月31日，十二届全国人大常委会第十次会议通过了《全国人民代表大会常务委员会关于修改〈中华人民共和国预算法〉的决定》，并重新颁布了修订后的预算法（以下简称新预算法），于2015年1月1日起施行。新预算法首次以法律形式明确了我国公共财政预算收支中的绩效管理要求，要求在规范预算绩效管理时，把绩效“参与性”摆在突出位置。明确要求各级政府、各部门、各单位应对预算支出情况开展绩效评价，编制预算要参考上一年度绩效评价结果；同时强化外部监督，明确界定人大预算审查的重点要涵盖资金的使用效果，并且要对提高资金绩效提出建议。当前在提高财政资金使用和管理的绩效，使财政支出绩效评价工作进一步走向规范化、制度化、科学化轨道方面取得较好的成绩。具体表现在以下六方面。

一、大力推进财政预算绩效管理

按照财政部《关于推进预算绩效管理的指导意见》《预算绩效管理工作规划（2012—2015年）》与“建立全过程预算绩效管理机制”的有关要求，各财政部门不断健全“事前绩效目标审核、事中绩效监控、事后绩效评价及结果反馈与应用”的财政支出绩效管理体系。也就是说，一个完整的预算绩效管理周期应包括在预算编制阶段开展绩效目标管理工作、在预算执行阶段开展绩效运行监控管理工作、在预算完成和监督阶段开展绩效评价管理与结果应用管理工作。以支出结果为导向，以推进政府预算绩效管理为目的，贯穿预算编制、执行、监督、问责的全过程，实现了事前、事中、事后及结果应用四个环节的全程监督。

新预算法要求公共财政预算绩效管理贯穿预算活动的整个过程，“讲求绩效”。包括：①在预算编制环节，要参考上一年预算执行情况、有关支出绩效评价结果和本年度收支预测，按照规定程序征求各方面意见后进行编制。各部门、各单位应当按照国务院财政部门制定的政府收支分类科目、预算支出标准和要求，以及绩效目标管理等预算编制规定，根据其依法履行职能和事业发展的需要以及存量资产情况，编制本部门、本单位预算草案。②在预算审查和批准环节，各级人民代表大会有关专门委员会，要向本级人民代表大会主席团提出关于总预算草案及上一年总预算执行情况的审查结果报告。审查结果报告应当包括提高预算绩效的意见和建议。③在预算执行和监督环节，要求各级政府、各部门、各单位应当对预算支出情况开展绩效评价。④在决算环节，县级以上各级人民代表大会常务委员会和乡、民族乡、镇人民代表大会对本级决算草案，要重点审查支出政策实施情况和重点支出、重大投资项目资金的使用及绩效情况。除以上各环节明确的公共财政预算支出绩效管理的要求外，还有诸如专项转移支付定期评估和退出、预算公开等方面的要求，无不体现着预算绩效管理的理念和内容。

财政支出绩效目标是指财政资金安排的支出项目计划在一定期限内达到的产出和效果，包括预期产出、预期效果、服务对象或项目受益人满意程度等。一是明确项目的功能特性，理清所实施项目的主要目的、用什么指标来反映、要达到什么标准。二是结合部门的工作职责，按照“指向明确、具体细化、合理可行”的要求，合理确定绩效目标的主要内容。三是抓住重点，科学确定预期产出和预期效益等相关绩效指标，使绩效指标更具有针对性、有效性和可操作性。通过完善绩效目标管理，推动绩效评价工作的规范性与合理性。

在预算执行和项目实施过程中，各主管部门有责任、有权利、有优势对项目的具体运行实施自行监控管理，积极主动地探索有效的绩效运行监控模式，加强对本部门实施项目绩效目标完成情况的跟踪管理。根据财政部门对项目绩效目标的批复，及时将绩效目标分解到项目实施单位和各时间节点，并要求项目实施单位定期对所实施的项目进行总体评价，在规定的时间节点编制报告报送主管部门。同时，在项目实施过程中，定期或不定期地组织评价组进行实地抽查，抽查结果作为总报告的部分依据。为强化事中绩效监控工作引起各部门的重视程度，广西壮族自治区财政厅专门印发了《关于做好2013年预算绩效管理试点项目监控工作的通知》，洛阳市制定了《洛阳市全过程预算绩效管理体系（试行）》，要求各试点部门按时报送绩效运行监控报告，将其作为绩效评价工作的重要佐证材料，也作为财政部对预算绩效管理工作考核指标的重要佐证材料。

二、不断完善绩效管理的制度框架

完善绩效管理的各类制度，界定评价主客体的权利和义务，划分财政部门、预算部门和中介机构的职能及业务分工，规范财政资金运行各个环节，逐步形成功能协调、覆盖到位的制度体系，为财政支出绩效管理提供全面有效的制度保障。近年来，结合实际，各地财政部门建立和完善有关绩效管理的制度办法，使绩效评价工作的推进力度常态化、持久化，从立法的高度对相应部门的责、权、利关系进行规范和调整。

自财政部制定出台《财政支出绩效评价管理暂行办法》《预算绩效管理工作规划（2012—2015年）》后，各地方也相继出台绩效评价依据，2011年出台了《海南省人民政府办公厅关于推进预算绩效管理的实施意见》《四川省省级财政专项资金绩效分配管理暂行办法》《广东省省级部门预算项目支出绩效目标管理规程》《江苏省专项资金预算绩效目标管理暂行办法》《湖南省财政支出绩效评价管理暂行办法》《湖南省市州财政部门预算绩效管理工作考核办法》《广西壮族自治区财政支出绩效评价暂行办法》《福建省财政支出绩效评价管理暂行办法》《重庆市财政专项资金绩效评价管理暂行办法》《青岛市财政局市级财政支出绩效评价管理暂行办法》等；2012年出台了《北京市财政支出绩效评价管理暂行办法》《天津市财政支出绩效评价管理办法》《太原市财政支出绩效评价管理暂行办法》《山东省省级财政支出绩效评价管理暂行办法》《南京市财政支出绩效评价管理暂行办法》《奉节县财政支出绩效评价管理暂行办法》《抚顺市财政支出绩效评价管理暂行办法》等，各地进一步对绩效评价工作程序、组织方式、评价方法与结果应用等作了明确规定。

三、稳步扩大绩效评价规模和评价内容

按照财政部的要求，各地财政部门组织对部门整体支出和省市县财政支出实施绩效综合评价工作。通过开展部门整体支出管理绩效综合评价，促进部门从整体上提升预算编制、执行、监督和绩效管理等能力和水平，推动部门更好地履行职责；通过开展省市县财政支出管理绩效综合评价，促进各级财政进一步优化财政支出结构，保障各项民生政策的落实，强化财政支出管理责任，丰富财政管理手段，提高财政资金使用效益。随着绩效评价工作不断深入，评价项目数量和资金总量逐年增加。坚持从产业、民生、行政运行、基础设施四大板块中选择绩效评价项目，将评价范围从项目支出绩效评价拓展到基本支出绩效评价。以重点项目支出为突破口，积极拓宽评价工作的广度和深度，探

索预算部门、单位自评和财政部门组织实施评价相结合的重点绩效评价机制，研究重点评价工作的方式、方法、指标体系，重点对社会公众关注高、涉及民生项目以及支持产业发展的项目进行评价，包括选取政府为民办实事工程项目，政府债券资金安排民生项目，涉及“三农”、教育、医疗卫生、社会保障、节能环保、保障性安居工程等重大民生支出项目。经过不断的探索和创新，绩效评价已覆盖不同资金来源、不同支出类别、不同实施时间的多种类型支出项目，实现了评价内容的多元化，切实让财政支出绩效评价工作在各个领域的开展取得实效。

四、拓宽绩效评价主体范围

强化财政部门、预算部门绩效评价主体功能，引入第三方评价主体。不少地方的财政部门负责本级预算部门和下级财政部门支出绩效的评价或再评价，涵盖所有财政性资金，包括纳入政府预算管理的资金和纳入部门预算管理的资金，按预算级次分为本级部门预算管理的资金和上级政府对下级政府的转移支付资金。预算部门负责组织实施本部门支出绩效评价工作，对下属单位支出进行评价或再评价。第三方评价机构在接受财政或预算部门委托的情况下独立开展，对部门基本支出、部门项目支出、部门支出管理和财政综合支出进行绩效评价。当前，全国各地积极引入第三方评价，借助专家学者和会计师事务所、资产评估机构等中介机构的力量。面向社会在网上公开招标，采取竞争性谈判方式，确定第三方机构中标，与第三方机构签订合同，建立评价质量监管机制。同时，通过加强第三方评价业务指导、工作调度、质量展评，并与绩效评价业务相挂钩，召开第三方评价机构工作质量展评会，实行优胜劣汰的竞争淘汰机制，规范第三方参与行为，提升绩效评价的质量。

一般而言，第三方评价机构在资金使用单位和主管部门自评的基础上，进行书面评审、现场评价和综合评价等阶段，采用抽样调查、现场评价、满意度调查等方法，环环相扣，互为补充。第三方评价的独立性和中立性使得评价结果更加客观、公正、合理、权威，从而提高评价结果的公信力，可以真正发挥评价结果的实际效用，健全财政支出绩效评价体系的全面性。在引入第三方机构参与机制的同时，不断完善预算绩效管理专家库。充分发挥专家学者的专业特长和知识优势，弥补社会公众对专业信息不太了解或难以了解的不足，提高绩效评价的科学性、合理性和规范性，使预算绩效管理工作更加符合实际需要。

五、进一步完善绩效评价技术体系

近几年，政府从评价内容和管理实际需要出发，本着既注重科学导向，又坚持实事求是、具有可操作性的原则，加快对绩效指标的研究设计和修订补充，建立共性与个性、定量与定性、业务与财务指标相结合的绩效评价指标体系。根据项目的不同类型，对绩效项目实施大类管理，并且分别设置不同的绩效目标填列框架和大纲，明确相应类别项目的绩效指标。根据重要性合理设置权重分值，形成涵盖各类支出，符合目标内容，突出绩效特色，细化、量化的绩效指标，构建体现相关性、重要性、系统性、有效性、公正性原则的绩效评价指标体系，实现动态管理，使考核指标更具有针对性、完整性、科学性和可操作性。

创新评价方式，逐步建立自我评价与外部评价相结合、定量评价与定性评价相结合的多种绩效评价方式，确保绩效评价结果的权威性、公正性。目前理论界提出了成本效益分析法、最低成本法、综合指数法、因素分析法、生产函数法、模糊数学法、方案比较法、历史动态比较法、目标评价法、公众评判法等多种方法。其中，比较法、因素分析法、公众评判法和成本效益分析法已被《中央部门预算支出绩效考评管理办法（试行）》所采纳，并应用到实践中。根据评价项目特点和评价工作要求，注重针对性和实用性，科学合理地运用一种或多种评价方法，对财政支出的经济性、效率性、效果性和公平性进行客观评价，确保真实反映绩效情况。如山东省青岛市采用了成本效益分析法、比较法、因素分析法、最低成本法、公众评判法等评价方法；浙江省杭州市则更多地采用目标比较法、成本效益法、综合指数法、因素分析法、历史动态比较法、横向比较法、专家评议法、问卷调查法、询问查证法，同时辅之以财政部门、主管部门和单位确定的其他评价方法作为绩效评价的基本依据。

六、建立健全评价结果应用机制

一是与部门预算相结合的应用。通过对被评价项目的绩效情况、完成情况和存在问题与建议加以综合分析，形成评价报告，实现财政资金安排与绩效优劣直接挂钩，使评价结果成为安排下年度部门预算的重要依据，对绩效低下的专项资金，取消或调整支持方式，调整支出结构，使财政资金的安排使用更趋合理、有效；同时建立激励与约束机制，进一步优化财政资源配置；积极探索把绩效评价结果作为考核部门工作业绩的指标之一，提高项目管理水平和绩效评价权威性；健全与完善评价报告的审议与监督，真实、全面地反映项目基本情况、评价依据、评价结论、存在问题及建议等方面，为项目后续资金投入和决策提供重要依据。把自评结果或财政部门再评价结果作为编制下一步部门预算的重要参考依据，逐步形成科学、公正的资金分配使用激励约束机制，提高资金申报的科学性，强化项目用款单位的支出责任意识和绩效意识。

二是不断扩大评价结果的公开范围，加强绩效信息发布管理制度建设，完善绩效信息公开机制，逐年扩大绩效目标、绩效报告、评价结果等绩效管理信息在本部门内部的公开范围，同时扩大向社会公开绩效信息的范围，回应社会关切，接受社会监督。对项目资金评价的工作结束后，以正式文件形式，将绩效情况、存在问题及相关建议反馈给被评价单位，督促其落实整改，以增加绩效评价的约束力，并上报党委、人大、政府、政协及相关领导，供上级领导及时了解掌握财政支出项目实施的情况，作为决策时的参考依据；按政务公开的相关规定，绩效评价结果也在政府电子门户网站等媒体上向社会公开，以提高绩效评价结果透明度，主动接受公众监督。特别是社会关注度高、影响力大的民生项目，将绩效评价结果适时向社会公开，接受公众的监督。将自评结果或财政部门再评价结果在一定的范围内进行通报，做得好的予以表扬，做得不好的予以批评，并责令整改，以加强社会公众对项目用款单位资金使用效益的监督。

三是建立结果激励问责机制。建立绩效评价工作考核和结果通报、约谈制度，对绩效评价工作表现突出的地区和部门，予以表扬和激励，对绩效评价工作做得较差的地区和部门，予以督促。安排专项资金对预算绩效评价结果较好的项目进行奖励，并且在安排下一年度该项目资金时给予优先安排；对于年度项目，则对该项目所在预算单位的其他同类项目给予必要的资金倾斜；对于预算绩效管理工作中有突出表现的单位与个人给予适当的精神和物质奖励；对绩效评价结果问题突出的项目，采取通报批评、追缴违规违纪资金、削减或取消下一年度资金安排等多种方式实施绩效问责。通过对部门自评结果和财政部门再评价的结果进行分析，查找项目管理工作的薄弱环节，对存在的问题进行科学诊断，责成项目用款单位采取措施，建立整改机制，加强项目监管，提高财政支出绩效。将绩效评价工作考核结果纳入地区和部门工作目标考核范畴，作为评价地区和部门工作的重要依据，作为领导班子和领导干部综合考评的重要内容，形成自我约束、内部规范的管理机制，逐步建立绩效问责机制，增强支出责任意识。以促进预算管理、推进绩效信息公开、实施结果奖惩为突破口，实现绩效评价结果的有效应用，形成“用钱必问效、无效必问责”的机制。目前，我国各省市不断探索并推进财政支出绩效评价结果的应用工作，如海南省建立绩效信息公开机制，要求预算部门将部门预算及其绩效目标、绩效结果依法向社会公开，财政部门则应将绩效评价结果，尤其是一些社会关注度高、影响力大的民生项目和重点项目支出绩效情况向社会公布；山西省太原市要求预算部门（单位）根据绩效评价结果，及时制定预算支出与管理方法的整改措施，并报财政部门备案。不断完善绩效报告机制、反馈整改机制以及与预算安排有机结合机制。评价结果的有效使用不仅可以促进绩效管理工作的进一步发展，也可以提高绩效评价的影响力与约束力。

第二节　全国财政支出绩效评价个案介绍

一、广东省

近年来，为规范财政支出绩效目标管理，增强项目支出预算的科学性，广东省财政逐步建立健全“事前绩效目标审核、事中绩效监控、事后绩效评价及结果应用”的绩效管理体系，并借助竞争性分配和第三方评价等市场化手段，从制度、机制和基础等方面不断深化财政绩效管理改革，有力推进财政支出结构改革，提高各类财政资金使用绩效。在 2012 年财政部首次进行的财政绩效管理工作综合考核中，广东省获得全国第一。

广东省推动财政支出绩效评价改革的主要做法如下：

（1）以绩效目标作为财政支出绩效评价的依据。《广东省省级部门预算项目支出绩效目标管理规程》明确指出，凡省财政安排资金 500 万元以上（含 500 万元）的项目支出或连续 2 年（含 2 年）以上安排资金的跨年度项目支出以及省财政厅确认的其他重要项目支出必须申报绩效目标，并经财政部门审核、批复。其中，绩效目标管理包括绩效目标申报、审核、下达、调整确认、结果应用等内容。2012 年，省级部门预算共审核项目 457 个，涉及省财政资金 138.4 亿元；核定下达符合“绩效目标申报要求”的项目

157个，涉及省财政资金31.54亿元，核减金额106.86亿元。[①] 以经申报、审核、批复的绩效目标作为财政支出绩效评价的依据，从源头上把握绩效评价的依据。

（2）评价主体多元化，引入第三方独立评价，提高评价结果的科学性和公信力。为提高财政支出绩效评价的公信力与科学性，广东省先行先试，构建多元化的评价主体，其中包括由部门单位进行的绩效自评、由财政部门组织的重点评价和第三方组织独立、自主开展的第三方评价。绩效自评由部门单位对达到一定额度的支出项目进行自我绩效评价，经专家初审和人大、政协、审计、人事、监察等监督部门复审后，财政部门确定和反馈项目绩效等级，并提出存在问题和改进建议。重点评价由财政部门组织专家组成评价工作小组，选择政府重大决策项目或社会高度关注的民生项目为评价对象，经过制定评价方案、基础数据收集、整理分析、实地核查等程序，形成绩效报告。重点评价突出体现重大财政支出的使用效果，而绩效自评较好地克服了重点评价覆盖面小的缺陷，与重点评价的深入、示范效果互动互补，相得益彰。另外，广东省率先探索引入第三方评价财政资金使用绩效改革，采取整体委托的方式，将财政性资金使用的绩效评价工作整体委托给第三方评价机构，通过公开邀请的形式，公开选定第三方独立承担财政支出绩效评价。[②] 近年来，省级财政共实施绩效自评项目1 000多个，涉及财政资金500多亿元。组织实施了15项专项资金、2 000多个子项目的重点评价，涉及资金76亿元。截至2012年底，省级财政委托第三方组织实施的独立评价包括城乡义务教育、新农合、新农保、战略性新兴产业等项目12项，涉及专项资金120多亿元。[③]

（3）延伸绩效评价领域，探索综合财政支出和政策类财政支出的绩效评价。广东省从对个别项目资金的绩效评价延伸到对一定额度财政资金的所有项目绩效评价；从重点项目支出的绩效评价延伸到综合财政支出和政策类财政支出的绩效评价。财政支出绩效评价的方法与指标体系也运用到广东省基本公共服务均等化、珠三角一体化绩效评价、落实科学发展观绩效评价、幸福广东绩效评价、主体功能区规划绩效评价等领域。比如说，通过设立相关指标、标准体系和规范程序实施基本公共服务均等化绩效考评，2013年开展对省“十件民生实事”专项资金、省级为民办事征询民意实施工作的绩效评价试点，探索综合财政支出和政策类财政支出的绩效评价。

（4）构建评价结果应用管理机制，为决策和预算提供参考。为了真正发挥绩效评价的作用和财政资金的有效使用，广东省建立了评价结果应用管理机制，将财政支出绩效评价结果及时反馈，与下一年项目预算安排挂钩，使绩效评价结果作为今后财政资金安排的重要依据。同时，对绩效评价结果没有达标的项目进行资金整改，进一步优化了财政支出结构。以绩效为目标，以评价结果为导向，推进了预算支出结构的优化和财政资金配置效率的提高，在一定程度上有效地减少并防止了无效支出、盲目支出行为的发生。另外，还将财政支出绩效评价结果通报给人大、监察、审计和人事等部门，加大外部监督力度，将重大项目的评价报告呈报本级政府，为其实施经济社会发展重大决策提

① 刘国旺，李桦．财政绩效管理考核广东“夺魁”．中国财经报，2013－05－21．

② 杨和平．广东引入第三方独立评价财政支出使用绩效．南方日报，2012－01－13．

③ 刘国旺，李桦．财政绩效管理考核广东“夺魁”．中国财经报，2013－05－21．

供绩效参考。

（5）强化绩效优先观念，实行财政专项资金竞争性分配，实现资金分配的科学化和理性化。2008 年以来，广东省在财政资金分配环节，引入竞争机制，将绩效理念融入财政专项资金分配、管理的全过程，以绩效目标及可量化指标为依据，以招投标或专家公开评审方式筛选最优项目进行财政资金扶持，将专项资金分配从“一对一”固定性拨付转向“一对多”竞争性选择地安排，实现“多中选好，好中选优”的目标，大力激发了各级部门前进的动力，从制度上避免了“赢者通吃”“底线保障”与非均衡战略促发展的均衡问题并举，有效地提高了财政专项资金分配和使用的效益。截至2012 年底，省级财政共对373 项、约305.2 亿元财政专项资金实施竞争性分配。

二、浙江省

浙江省高度重视财政支出绩效评价工作。早在2003 年，浙江省就开始探索财政支出绩效评价工作。2008 年底，制度体系基本确立，评价范围不断扩大，工作程序渐趋规范，取得了一些初步成效。2009 年起，浙江省以“绩效评价”为龙头建立预算监督体系，使各市县提高认识，树立信心，开拓创新，稳步实施，特别是工作相对落后的地方要加快步伐，以确保全省同步推进。通过不断加强绩效目标管理，逐步完善绩效评价方式、指标体系、实施体系和结果应用体系等机制，初步实现了“事前绩效目标，事中绩效跟踪，事后绩效评价”。

浙江省推动财政支出绩效评价工作的主要做法如下：

（1）建立配套制度，规范绩效评价工作。2005 年 10 月，浙江省政府办公厅下发了《关于认真做好财政支出绩效评价工作的通知》，并随文下发了《浙江省财政支出绩效评价办法（试行)》，为全省财政支出绩效评价工作确立了基本制度依据。为使绩效评价工作更具有操作性，财政厅又先后制定出台了《浙江省财政支出绩效评价实施意见》《浙江省财政支出绩效评价工作考核办法（试行)》等一系列配套制度，对绩效评价工作程序、评价指标和标准、组织方式与评价方法等作了明确规定。2008 年，为加强内部协调，制定了《厅内部绩效评价工作考核办法》，对有关业务处的绩效评价工作开展情况进行考核，并作为年度工作目标量化考核内容之一。2013 年浙江省财政厅印发了《浙江省省级预算绩效目标管理暂行办法》，进一步促进了财政支出绩效评价工作的发展。

（2）规范多元化的评价主体，特别是中介机构的管理。浙江省建立了以部门（单位)、评价工作组、人大、政协、中介机构及专家共同参与的多元评价主体，确保评价客观，提高评价的准确性。先后制定了《浙江省中介机构参与绩效评价工作暂行办法》《浙江省财政支出绩效评价专家管理暂行办法》《浙江省中介机构参与绩效评价工作规程（试行)》等一系列配套制度，指导专家开展绩效评价工作，规范对中介机构的管理。由省财政厅委托政府采购中心进行公开招标产生入围中介机构名单，通过聘请专家对全省中介机构前一年出具的评价报告进行质量评比，并将评比结果作为中介机构参与绩效评价业务招投标评分的主要依据。结合问卷调查、专家评议等形式，积极引导社会中介参与绩效评价，并将此作为撰写评价分析报告的重要依据，使评价结果更公平、准确，更具权威性。目前，纳入全省绩效评价中介机构库的中介机构已达328家以上，纳入各级专家库的各类专家已有1 200余名。

（3）构建定性与定量相结合的评价指标体系，保证评价的科学性与可操作性。浙江省建立了共性与个性、定量与定性相结合的三级指标体系。一级指标为业务和财务指标。二级指标将业务和财务指标进行细化，分为目标设定情况、目标完成程度、组织管理水平、项目实施效益、资金落实情况、实际支出情况、财务管理状况、资产配置与使用等8项，其中项目实施效益为个性指标，其余均为共性指标。三级指标又对每个二级指标进行细化，共形成28个。在具体评价时，一级指标和二级指标保持不动，三级指标要结合项目实际进行细化，特别是项目实施效益指标要根据项目情况分别设置。此外，浙江省编印《财政支出绩效评价参考指标》一书，建立绩效评价指标库，将9大类68个项目的具体评价指标和标准纳入指标库。目前，指标的核心指向、项目特性、量化标准更为鲜明和精准，定量指标比重不断增加，保障了数据收集处理的可操作性，提高了评价结果的科学性。

（4）广泛开展宣传活动，提高评价主体和社会公众的绩效意识。主要表现在：①专题讲座。系统介绍绩效评价工作，提高社会各界对绩效理念的认识。②知识竞赛、有奖征文。2008年在网上开展面向全国的“新中天”杯绩效评价知识竞赛。同时，开展绩效评价有奖征文活动，并将获奖论文汇编成书。③宣传画巡展。2008年设计制作11块图文并茂的展画，在各地“两会”会场、政府部门、财政局等处展示。④广场宣传活动。2009年，省财政厅与杭州市财政局、上城区财政局联合开展了以“关注民生、关注绩效”为主题的绩效评价广场宣传活动。同时开展问卷调查，倾听百姓对财政支出的意见与建议。浙江电视台、杭州电视台作了现场采访，《中国财经报》《浙江日报》也作了相关报道。另外，还将宣传画、手册、Flash短片发放到各市县，实现了全省同步宣传。

（5）积极开展评价业务培训，增强绩效评价专业水平。为提高相关部门绩效评价工作业务操作能力，财政厅多次举办业务培训班。2006年、2007年连续两年对省级、市县财政部门和中介机构参与评价人员进行了较为系统的绩效评价业务培训，组织编印了《浙江省财政支出绩效评价业务指南》培训教材。2012年6月，省财政厅在杭州举办了2期中介机构预算绩效管理业务培训班，从预算绩效管理业务流程解读、绩效评价典型案例分析、中介参与绩效评价的做法和经验介绍等方面，对纳入全省绩效评价中介机构库的188家中介机构的320多名执业人员进行了培训。2012年7月，省财政部门预算绩效管理理论与实务培训班在桐庐举办，全省各市、县（市、区）120多名绩效管理人员参加了培训。

（6）建立评价结果的应用体系，合理分配今后的财政资金。浙江省出台《关于加强财政支出绩效评价结果应用的意见》，积极探索和建立一套与部门预算相结合的机制，促进财政资金的合理分配与有效使用。对绩效优良的，在下年度安排部门预算时给予优先考虑；对绩效一般的，进行严格监控；对绩效差劣的，及时进行通报，并在安排下年度部门预算时从紧考虑。2005—2007年，浙江省财政厅连续三年对省属高校实验室建设项目实施绩效评价，对评价不合格的5个高校实验室，核减或停拨专项经费。2009年对全省基层文化设施建设项目进行绩效评价，评价结果上报省政府后，省长高度重视并作了重要批示，要求部门认真总结完善。根据批示精神，省财政厅将评价情况反馈给相关市县及省文化厅，督促核实整改。

三、四川省攀枝花市

攀枝花市按照“规范管理、提高绩效、降低成本、优化结构”的总体原则，大力压缩一般性支出，着力优化财政支出结构，全面建立一套预算决策科学、运行管理规范、资金使用高效的绩效预算管理体系，进一步盘活存量资金，用好增量资金，提高财政资金使用效益，为全市经济社会又好又快发展提供有力支撑。

攀枝花市推动财政支出绩效评价改革的主要做法如下：

（1）完善预算分配机制。继续完善财政预算集中会审和“一支笔”审批制度，严格预算约束，规范预算分配。进一步推进财政定员定额标准体系建设，提高基本支出预算的科学性。按照公共财政的基本取向和绩效分配的原则，清理整合财政专项资金，增强财政资金对民生和发展的保障力度。改革财政专项资金分配方式，逐步推行因素测算、竞争立项、据实据效、规划分配、特定补助等项目资金分配办法，确保财政资金使用高效。

（2）强化预算编制管理。大力压缩一般性支出，努力降低行政运行成本。细化预算编制，将具备条件的项目预算尽可能纳入部门预算编制，提高年初预算到位率。增强预算编制的完整性，将上级预通知的转移支付，及时下达至县区财政，并纳入下年度预算编制。建立单位通用资产配置标准，完善政府采购预算编制办法，增强政府采购预算的约束力。

（3）实施预算执行中期评估。通过预算执行中期评估，加强支出预算管理，推进财政支出结构的动态优化。对因客观情况发生变化不再实施的项目和未按计划推进的项目，及时收回或调减其项目预算。收回的资金主要用于政策性增支、突发事件应急支出以及其他急需增加投入的项目。

（4）建立单位结余资金清理制度。按照“盘活存量、提高绩效”的原则，建立预算单位结余资金清理制度，规范单位结余资金的认定和处置。对预算单位的结余资金，特别是连续结转两年以上的资金进行清理核实，盘活财政资金存量。建立健全结余资金管理与部门预算资金安排的联动机制，对常年结余资金规模偏大的单位，在编制部门预算时，适当压缩当年财政拨款补助资金额度。

（5）推进财政支出绩效评价。继续扩大纳入支出绩效评价的范围和资金规模，在做好重点民生、经济发展等项目支出绩效评价的基础上，逐步将部门支出纳入绩效评价范围。探索建立项目预算绩效目标制度，实现预算绩效管理与预算编制、执行、监督的有机衔接。完善绩效评价指标，建立统一指标与个性指标相结合的绩效评价指标体系。强化评价结果运用，逐步提高评价结果在资金分配因素中的权重，将评价结果作为安排预算的重要依据。

（6）扩大财政信息公开范围。进一步扩大部门预算的范围，在市级一级预算单位部门预算提交人代会审查的基础上，从2014年起，将所有市级预算单位的部门预算提交市人代会。建立健全财政总预（决）算、部门预（决）算、“三公经费”、以重点专项资金和绩效评价信息为主体的财政信息公开体系，主动接受社会监督，推进阳光财政建设。

（7）切实提高推进项目支出预算的细化水平。2014 年，市级交通转移支付、排污费、水资源费、水保两费、教育费附加、地方教育附加、城市基础设施配套费、电力附加、公积金增值收益等专项资金，除安排给县区和企业的部分外，其余部分应全部纳入年初部门预算，提高年初预算的到位率。

（8）正式启动政府采购预算的编制工作。从 2014 年起，市级政府采购预算编制工作，将在年度部门预算批复 30 日内完成。严格按照市级政府采购预算编制暂行办法规定编制政府采购预算，没有编制政府采购预算的，一律不得进行政府采购。

第三节　部门整体支出绩效评估难点与解决思路①

部门整体支出绩效评估的难度要远远高于项目支出绩效评价。项目支出绩效评价中所应用的评价指标体系、评价方法与模式不一定适用于部门整体支出绩效评估。综合而言，部门整体支出绩效评估具有综合性、宏观性和政策性三个特征。

综合性是指对公共部门为实现其职能所确定的绩效目标的程度，以及为实现这一目标所安排预算的执行结果所进行的一项综合性评价。部门整体支出不仅体现为财政支出，更体现为部门履职的支出；从支出的构成上看，既包括一般性的基本支出，也包括项目支出，基本支出的产出可视为部门履职，项目支出的产出可视为重点工作任务完成。

宏观性是指部门整体支出绩效评估不能落入从项目到项目、从财政到财政的评价的窠臼，而要在部门履职的基础上，强调以结果为导向、以公众满意为目的等理念，着力提升部门的服务性、建设性和成效性，满足经济性、效率性、效益性和公平性。

政策性是指部门整体支出绩效评估是具有政策性指导意义的，能够为决策部门在政策的调整或优化上提供建设性的意见。

一、部门整体支出绩效评估难点

（一）目标设定不够优化

部门整体支出绩效目标的内容主要包括：② 一是预期产出，即部门职责范围内应提供的公共产品或服务的数量；二是预期产出质量，即部门提供公共产品和服务应达到的质量标准；三是预期产出成本，即达到预期产出数量和质量所需要的资源投入或成本；四是预期效果，即部门提供的公共产品和服务会在多大程度上促进经济与社会的发展，对生态环境的影响如何，以及这些影响的持续力如何；五是服务对象满意程度，即部门

① 本节内容主要参考张欣．部门整体支出绩效评价探析．新理财（政府理财），2015（6）．

② 胡若痴，武靖州．部门整体支出绩效目标编制优化原则研究．财政研究，2014（6）．

产出和效益在多大程度上得到了服务对象的认可。与基本支出、项目支出相比，部门整体支出更为综合和复杂，其绩效目标的编制要求也更高。

在实际的绩效评价工作中，由于部分单位预算绩效管理意识尚未完全树立起来，在绩效目标设定时未进行充分的调研与论证，且未根据绩效评价工作的要求设定绩效目标，导致绩效评价工作依据不足：不按照部门设定的绩效目标进行评价，会使评价工作主观性较大；按照部门设定的绩效目标进行评价，则会使评价工作容易出现偏离。总结来看，部门整体支出绩效目标设定方面存在的突出问题主要有以下五方面：

（1）部门在设定绩效目标时，往往把年度工作计划或总结中的重点内容直接用来作为绩效目标，或者在设定绩效目标时沿用工作计划或总结中的语言模式。工作安排或总结，既是本部门工作开展的指引，也是上级部门考核本部门的依据。由于上级部门对本部门的考核，主要是一种行政评价，侧重于部门的履职情况，与财政支出绩效评价主要围绕财政支出所

产出的效果与效益有所不同，用工作计划或总结作为绩效目标，就使财政支出绩效评价的范围过大。

（2）指标体系之间的系统性与逻辑性不够充分，导致各分项指标间衔接性不足。有些部门在设定指标时，产出数量对应的是某些项目或具体工作的数量，产出质量或其他产出指标对应的则是另外一些项目或具体工作；经济效益对应的是这部分项目或工作的效益，社会效益或其他效益指标对应的则是另外一些项目。产出指标与效益指标不能用同样的项目或工作衔接起来，导致按此指标体系进行评价，只能从局部的、分割的项目或工作考察部门的产出效果和效益，难以从部门整体支出的角度来把握。

（3）效益指标存在不相关性，部分指标与其他部门财政支出有交叉重叠。一些部门在设定效益指标时，要么只在逻辑上进行推定，即在理论上推断部门整体支出所产生效益而难以从实际中找出支撑；要么“胡子眉毛一把抓”，把可见的直接或间接效益都纳入进来。这就使得本部门整体支出的效益与其他部门的效益出现了交叉重叠，会在一定程度上夸大本部门的效益。

（4）指标量化不足，难以量化的指标未分级分档表述。如“减少了成本”“方便了居民的生产生活”“提高了效益”等表述，难以在评价中进行把握。只能依靠主观判断给部门的绩效定位。由于缺少基准或参照物，这种定位很容易受评价人员或专家主观印象或好恶的影响。

（5）部分指标过于具体，未突出部门指标的重要性与综合性原则。部分部门沿用项目绩效目标的模式来设定部门整体支出绩效目标，或者把项目绩效目标简单堆积或汇集到一起，或者把项目绩效目标可量化地加在一起。这就使得部门整体支出绩效目标中包含过多难以反映部门整体工作的单项指标，而忽视了能够反映部门整体工作的重要指标或综合性指标。部门工作往往十分庞杂，财政支出规模大且方向多元，如果按照项目支出绩效目标来设定部门整体支出绩效目标，就会使指标体系过于分散和具体，难以全面综合反映部门的整体工作。

（二）个性化指标过少

财政部于2013年印发了《预算绩效评价共性指标体系框架》。在实践中，部门整体

支出绩效评价的指标体系，往往是对共性指标体系的细化，而不是另行设计具体的个性绩效评价指标。部门职能千差万别，有的部门具有政策制定权，有的则主要是政策执行者；有的部门为纵向垂直管理机构，部门管理从上至下遵循一整套规则，有的则为横向水平管理机构，部门可根据自身特点制定管理规则；有的部门为公共产品与服务的提供机构，其产出主要体现为社会效益，有的部门则具有一定的经济管理权限，其产出体现出一定的经济效益。如果用一套指标体系来衡量所有的部门，决策权限大小不同的部门、管理权限大小不同的部门以及产出所体现的经济社会效益不同的部门就难以体现出差异性，从而导致评价结果存在科学性与客观性的缺失。

（三）政策评价功能不够突出

就公共部门来说，财政支出表面上看是“花钱”，实质上是执行政府公共政策、提供公共服务的手段，事实上，每一笔财政支出的背景，都有着相应的政策内涵。因此，政策相关是财政支出绩效得以实现的前提。财政要符合政府的公共政策目标与经济社会发展需求，符合公共财政的功能定位。如果项目确有实施的必要，但由市场或社会完全可以解决，公共财政就无理由介入；如果项目实施确有必要，但与公共政策目标存在偏离，财政资金支持的理由也不充分。现行部门整体支出绩效评估的指标体系中也包含有政策评价的环节，如《部门整体支出绩效评估共险指标体系框架》中，在绩效目标合理性这一三级指标下就要求评价“是否符合国家法律法规、国民经济和社会发展总体规划”，但由于比重较小、分值较低，且评价内容涉及面较窄，其政策评价的功能还不够突出。

二、部门整体支出绩效评估系统改进

进入21世纪，西方政府较为普遍建立起的整体性绩效管理框架可以为部门整体支出绩效评估提供参考。英国公共服务协议（PSA）要求各部门同财政部进行协商，提出部门公共服务协议白皮书。白皮书需要包括各部门的目标及目的，并解释说明如何实现这些目标及目的，以及在什么时间内、以什么样的程度完成绩效指标。同时强调战略目标、成本收益、公平、高质量等。对各级次的目标完成情况要通过部门报告和秋季绩效报告的形式予以公布。此外，公共服务协议体系还要明确落实具体目标的负责人。

澳大利亚《昆士兰州政府绩效管理框架指南》介绍了绩效管理框架、政府目标、机构目标、绩效指标、绩效改进、政策制定、绩效控制和绩效报告等内容。新西兰的《绩效评估：关于如何建立有效框架的建议和实例指南》的核心部分包含六方面内容：①为什么要进行绩效评估；②建立初始绩效图景；③让利益相关者参与评估；④定义结果、中间结果影响和产出；⑤进行测量并建立指标；⑥连接绩效管理的三个层次并进行结果反馈。

当前我国部门整体支出绩效评估需要着重解决以下三方面问题。

（一）优化部门整体支出绩效目标设定

部门整体支出绩效评估工作中绩效目标设定方面存在的突出问题，应在符合“指向明确、具体细化、合理可行”三项基本准则的基础上，通过把握以下几个方面的要求，提高部门整体支出绩效目标的质量：

（1）增强绩效目标的系统性。首先应有一个总体的、综合的、概括性的部门整体绩效目标。然后在整体绩效目标之间通过对部门工作任务的分解，形成包括产出指标和效益指标在内的指标体系。产出指标与效益指标下的二级指标应对应部门的整体或重点工作，使部门整体或重点工作成为贯穿产出和效益各具体指标的主线。

（2）提升绩效目标的相关性。绩效目标应与部门整体支出的方向、结构与范围相关，部门支出则围绕部门的职能进行。应准确把握部门职能的界限，避免与其他部门交叉、重叠。

（3）注重各项指标的可衡量性。可衡量性不仅是指标的量化，还包括对定性指标的分级分档表述。在有些指标难以量化的情况下，可通过在表述上与历史年度相比（纵向对比）、与相关部门的情况对比（横向对比）、与部门应当实现的目标对比等方式，形成级别或档次。

（4）突出绩效指标的重要性和综合性。有些部门职能较多，财政支出规模大、范围广，把所有与财政支出相关的指标全部列入显然是不现实的。这就要求在绩效目标设定时，应充分把握重要性和综合性原则，对于整体工作的反映，尽量采用综合性指标，对于具体工作的反映，则尽量采用比较有代表性的重要指标。

（二）在共性指标框架的基础上，根据部门特点增加个性化评价指标

建议财政部门在建立预算绩效管理体系的过程中，把部门整体支出的个性化指标体系构建作为其中的一环，分领域为各个部门的绩效评价指标体系“量体裁衣”，形成部门整体支出绩效评估指标体系库。针对有政策制定权限的部门，要在评价指标中增加对政策本身的评价指标；针对主要是执行政策的部门，要评价其政策落实程度及效果；针对主要提供公共产品和服务的部门，要弱化经济效益指标，增加公共产品或服务覆盖程度广及深度大的指标，同时考核其公共产品或服务的质量；针对具有一定经济管理权限的部门，要增加其政策制定与执行对经济社会发展目标实现的保障程度的指标等。例如，南昌市在绩效评价指标的设计上就充分借鉴江西省和其他省市的先进做法，结合本市的实际情况，建立了南昌市的评价指标库：①构建共性指标体系。共性指标是指适用于所有部门或项目的评价指标。财政支出绩效评价共性指标主要包括：反映绩效目标完成程度、预算执行情况、财务管理状况、经济效益、社会效益、资源配置和使用的效益与效率情况等指标。②构建个性指标体系。个性指标是指针对部门或项目特点设定的适用于不同部门或项目的评价指标，例如城建和基础设施、经贸、社保、教育、民政和残联、医疗卫生、交通运输、国土资源、环境保护、水务、林业和园林、科技等都需构建个性指标。

（三）进一步突出部门整体支出绩效评估中的政策性评价

党的十八届三中全会强调：“审核预算的重点由平衡状态、赤字规模向支出预算和政策拓展。”财政支出绩效评价以“结果”为导向，而符合公共财政支出的政策目标，是财政支出绩效充分发挥的前提。把财政支出绩效评价从决策、管理、产出与效果评价向政策性评价拓展，有助于判断财政支出与政府政策目标及经济社会发展需求的相符性

及偏离程度，进而为财政支出的调整与优化提供方向与思路，使之在国家治理中的基础性作用得到更好的发挥。

（1）财政支出应符合政府公共政策及其目标。国家及各个地方都会出台经济社会发展中长期规划，各个部门会根据国家及区域性中长期规划出台本部门的中长期发展规划，部门预算支出实际上是实现部门中长期规划的手段。因此，评价部门整体支出，应考核其支出方向与结构和部门中长期发展规划的相符性。

（2）财政支出应符合公共财政的功能定位。公共财政的功能在于提供公共产品及服务，由市场能够提供的私人产品不应由公共财政来负担，由社会能够提供的部分准公共产品，公共财政可对其进行适度的补贴。部门整体支出绩效评估，应当考核部门支出是否突破了政府与市场和社会力量的界限，是否出现政府功能“越位”“错位”或“缺位”的现象。

（3）财政支出应符合国家及区域经济社会发展的迫切需求。在财政支出规模既定的情况下，财政支出的方向与结构决定了公共财政资源配置效率的发挥。财政支出是有限的，而经济社会发展的公共需求是巨大的，财政支出应当分清轻重缓急，切实用在“刀刃”上，发挥其“四两拨千斤”的作用。这就要求部门整体支出绩效评估，应当考核部门在分配预算资金时，是否把财政资金用在了本领域需求最为迫切的方向。

（4）相关政策中涉及面向企业的财政支出应与国际规则相协调。制定财政支出政策，不仅要立足于本国、本地区的经济社会战略，还应与国际规则接轨。针对涉及补贴企业的部门预算支出，还应评价其与国际规则的协调性，避免财政支出因小失大，虽然小范围内支持了企业发展，却在国际贸易领域增加了企业或国家的成本。

第十二章　部门整体支出绩效评估案例

绩效评估一般包括单位自评和第三方再评估两个环节。单位自评工作做得好，将为第三方再评估奠定良好的基础。本章由两部分构成，第一部分展现湖南省司法厅2014年度部门整体支出绩效评价报告，虽属于绩效自评范围，却抓住了绩效评估的精髓。第二部分由某省旅游部门绩效评估案例构成，融合了单位自评和第三方再评估的特点。

第一节　湖南省司法厅2014年度部门整体支出绩效评价报告[①]

从2002年开始，湖南省财政部门在国内率先深入开展财政绩效评价试验，2003年又在株洲试点，2005年绩效评价工作全面展开，时至今日取得了大量经验。

为加强财政预算资金管理，进一步规范预算资金使用，提高财政资金使用效益，根据《湖南省财政厅关于开展2014年度省级财政资金绩效自评工作的通知》（湘财绩〔2015〕2号）要求，省司法厅积极组织，对2014年度本单位整体支出进行了绩效自评，现将具体绩效评价情况报告如下：

一、基本概况

省司法厅是主管全省司法行政工作的政府组成部门。预算机构包括厅本级和下属二级机构湖南司法警官职业学院（以下简称司法警院）。省司法厅为财政预算全额拨款正厅级行政单位，财务核算适用行政单位会计制度；司法警院为财政预算差额拨款副厅级事业单位，财务核算适用事业单位会计制度。根据财政厅整体支出绩效评价管理要求，为全面、系统地反映厅整体支出绩效情况，本绩效评价报告分别对厅本级和司法警院的经费整体支出情况进行评价。

（一）机构设置情况

省司法厅设以下内设机构：办公室、政治部（组织干部处、人事警务处、教育培训处）、直属机关党委、法制宣传处、律师工作管理处、公证工作管理处、基层工作处、社区矫正工作处（社区矫正工作管理局）、国家司法考试处（湖南省国家司法考试办公室）、司法鉴定管理处、政策法规处、计财装备处、离退休人员管理服务处、驻厅纪检监察室、省法律援助处、省法律援助中心。以上机构设置与经湖南省委办公厅批准的三定方案相符，无违规滥设机构行为。

湖南司法警官职业学院为下属二级机构。

---

① 湖南省司法厅. 湖南省司法厅2014年度部门整体支出绩效评价报告. 湖南省人民政府网，2015-09-01.

（二）主要工作职责

1．湖南省司法厅主要工作职责

（1）贯彻执行国家有关司法行政工作的方针、政策、法规，编制全省司法行政工作发展规划和年度计划并监督实施。

（2）起草有关地方性法规、规章草案；组织实施司法行政方面的法律、法规和规章；指导司法行政系统的外事工作。

（3）监督管理全省刑罚执行、改造罪犯的工作；管理省监狱管理局并承担相应责任。

（4）指导、支持全省社区戒毒（康复）、强制隔离戒毒工作；管理省戒毒工作管理局并承担相应责任。

（5）指导全省普法依法治理工作；参与社会治安综合治理工作。

（6）负责指导监督全省律师工作和公证工作并承担相应责任；负责管理公证机构。

（7）指导基层司法所工作；指导人民调解工作；参与指导人民调解、司法调解、行政调解的衔接联动工作；指导基层法律服务工作；会同人民法院指导人民陪审员工作。

（8）指导监督社区矫正、帮教安置工作。

（9）监督管理全省法律援助工作，指导公共法律服务工作。

（10）负责组织实施全省国家司法考试工作。

（11）负责仲裁登记工作，指导管理全省司法鉴定工作。

（12）指导管理全省司法行政系统的计划财务及枪支、弹药、服装和警车管理工作。

（13）指导司法行政系统队伍建设、党组织建设和思想政治工作；指导管理司法行政系统的教育培训、考核奖励和警务工作；加强对湖南万安达集团有限责任公司职数及其任职人员的监督和管理；协助市州管理司法局领导干部。

（14）承办省人民政府交办的其他事项。

2．司法警院主要工作职责

（1）培养适应监狱、戒毒、公安等政法工作需要的人民警察和检察官、法官、律师助理人员，以及社会、企事业单位需要的实用型法律服务和管理人才。

（2）承担司法行政系统干警在职培训。

（3）开展与监狱、戒毒所等单位的科研项目合作研发。

该院的学历层次以高职大专教育为主，其他教育层次为补充，开办了湖南师大短线自考本科班，设立了西南政法大学湖南函授站，并与湖南农业大学等本科院校联办函授自考本科教育。

二、年度预算收入决算情况

厅本级：本年预算可用指标 8 990.52 万元，根据年末对各经费支出项目结转结余的清理对账，按照财政文件要求收回和扣减金额合计 42.92 万元，实际本年财政拨款决算收入 8 947.60 万元。收回和扣减金额中主要为出国经费的结余 20 万元等。

司法警院：本年预算收入 9 713.81 万元，年度决算收入 7 970.71 万元，差额

1 743. 10万元，形成原因：本年收入的预算和决算报表的收入指标口径不同，本年预算收入为按照年初结余收入1 979. 04 万元，加上本年度预算上缴非税收入2 210 万元计算；而根据非税收入的核算要求，实际收到的非税收入通过应缴财政款核算，待实际支出时做拨款收入，因此年度决算报表的收入为本年度实际收到的专户拨款2 451. 94 万元，故而形成差异1 737. 10 万元。

三、部门整体支出管理及使用情况

（一）基本支出管理情况

省司法厅基本支出范围和主要用途包括厅本级及司法警院的人员经费和日常公用经费，具体为工资福利支出、对个人和家庭的补助、商品和服务支出、其他资本性支出。基本支出的管理和使用情况如下：

厅本级：厅本级基本支出总额3 404. 02 万元，其中工资福利支出1 397. 03 万元；对个人和家庭的补助支出1 102. 36 万元；商品和服务支出904. 63 万元。

司法警院：司法警院基本支出总额4 412. 68 万元，其中工资和福利支出2 946. 12 万元，对个人和家庭的补助支出609. 71 万元，商品和服务支出856. 85 万元。

（二）“三公”经费支出使用和管理情况

本年厅本级、司法警院“三公”经费各费用均控制在预算范围内，且较预算金额有不同程度的结余。其中，因公出国出境费用本年未发生经费支出，全额结余；公务接待费分别结余28. 28 万元、30. 06 万元，结余率分别为22. 09%、21. 17%；车辆运行维护费分别结余12. 49 万元、2. 89 万元，结余率12. 49%、4. 37%。本年“三公”经费各明细项目较上年均有减少。

（三）项目资金管理和使用情况

1. 厅本级项目资金使用情况

按照项目资金的使用内容和用途，厅本级项目资金分别为：业务工作专项、运行维护专项、普法专项、其他资本性支出专项。

业务工作专项：依据湘政发〔2009〕118 号文件，根据省司法厅的工作职能和职责设立，经费支出范围均为省司法厅开展司法业务工作相关的工作经费，为持续性、常年性项目，具体包括律师公证管理、行政复议、社区矫正、人民调解、监狱戒毒管理等20多个子项目。通过专项工作的开展，实现全省监狱、戒毒工作的持续安全稳定；全面推进法制建设，严格律师监管，加强人民调解，扩展和规范基层法律服务，推进安置帮教工作，落实社区矫正工作的快速发展绩效目标。本年用于业务工作专项的实际开支为2 282. 76万元。

运行维护专项：主要为省司法厅业务信息维护工作开展需要设置的专项，本年用于运行维护专项的实际开支为60 万元。

普法专项：根据“六五”普法规划设立，本专项年度绩效目标为：顺利完成“十百千工程”公开承诺，牵头落实法治文化建设；以农民和青少年为重点，加强法制宣传教育；出台《2013年法治湖南建设要点》；组织评选2013—2015年全省依法办事示范窗口单位等法治活动。本年用于普法专项的实际开支为935.71万元。

其他资本性支出专项：全省司法业务技术用房基础设施建设管理系统建设、机关大院维修改造。本年用于其他资本性支出专项的实际开支为223.81万元。

2. 司法警院项目资金使用情况

司法警院项目资金按专项内容分为业务工作专项和运行维护专项两类，项目资金来源有省级财政资金和中央财政资金追加两方面，其中中央财政资金通过省级财政转移支付，由省级财政统一下达追加指标。具体的专项内容主要有：高职院校国家奖学助学金、政法机关人才培养体制改革试点经费、教师培训及队伍建设、地方高校应征入伍服义务兵役及退役士兵学费资助、高职院校生均拨款、省属高职学院免学费资金等。司法警院本年项目支出实际开支为2 958.12万元。

四、年度预算收支结余情况

厅本级：厅本级财政拨款资金结转结余2 084.22万元，因财政收回和扣减预算指标42.92万元，故决算结转结余2 041.30万元，该结转结余中主要为项目支出结余。

司法警院：经与省财政厅相关部门对账确认，决算结转结余599.91万元，实际司法警院财政拨款资金结转结余605.91万元，因财政收回本年结余的出国出境费用6万元，故决算结转结余599.91万元。

五、部门整体支出绩效情况

2014年，根据厅年初工作规划和重点性工作，围绕省委、省政府促进“三量齐升”、推进“四化两型”，全面建成小康社会的发展蓝图，积极履职，强化管理，较好地完成了年度工作目标。通过加强预算收支的管理，不断建立健全内部管理制度，理顺内部管理流程，部门整体支出管理情况得到了提升。部门整体支出绩效情况如下：

（一）经济性评价

本年预算安排控制较好，财政供养人员控制率99.12%，编制内在职人员控制率小于100%，控制在预算编制以内；“三公”经费预算总额未突破上年。

预算执行方面，支出总额控制在预算总额以内；本年无转移资金支付，不存在截留或滞留专项资金情况。

（二）行政效能评价

为强化部门整体支出，加强国有资产管理，提高资金使用效益，提升财务管理，建立节约型机关，2014年省司法厅在强化业务管理、财务管理和厉行节约方面开展了大量工作，行政效能显著。

（1）在原有相对健全的财务管理制度基础上，适时地、有针对性地进行了相关制度的增补，使制度的建立更为完善。

如本年制定了《专项资金管理办法》，会同财政厅联合颁发了《社区矫正经费保障实施办法》，修订了《司法警院预算管理办法》《司法警院固定资产管理办法》《司法警院差旅费管理办法》《司法警院财务报销管理规定》。

（2）重视制度的学习和宣讲工作，逐步形成崇尚厉行节约反对浪费的机关文化。

根据中央、湖南省人民政府下发的《党政机关厉行节约反对浪费条例》《湖南省党政机关国内公务接待管理办法》《关于厉行节约反对浪费的实施意见》《关于党政机关停止新建楼堂馆所和清理办公用房的实施意见》《关于贯彻落实中央纪委要求严禁公款购买印刷寄送贺年卡等物品的通知》等一系列文件精神，及时将上述文件精神在机关各处室进行转发，并结合群众教育路线工作的开展，组织机关人员学习，将厉行节约反对浪费教育作为机关作风建设的重要内容，极大地强化了机关厉行节约管理意识。

（3）建立了经费支出定期汇报和公示机制，经费支出的公开透明性得到提高。

除按照财政要求对部门预算、“三公”经费进行例行公示外，根据经费支出情况，定期进行经费支出财务统计和分析，并及时向分管领导和绩效评价领导小组进行汇报，对经费支出的管理状况提出建设性的意见；使各项经费管理和监督发挥了较好的作用。

（4）严格执行了国库集中支付、公务卡结算制度、政府采购等有关规定，政府采购目录内的货物与服务全部按要求实施了政府采购，确保了支出管理流程、审批手续的完整。

（5）电子政务内网办公平台搭建完成。2014 年进入整体试运行阶段，有效地促进了厅机关文风会风的改进，通过网上申报、审批，呈报各类文件和事务，提高了行政效率，降低了行政成本，取得了较好的效果。

（6）加强了会计核算工作。根据新印发的《行政单位会计制度》，进行了全面系统的学习，按照新制度的要求，对财务管理软件进行优化升级，对相关科目的设置进行了补充和调整，提高了财务核算质量。

（三）项目产出及社会效益评价

2014 年，省司法厅 10 项工作被列为省绩效评估的“部门重点工作”，一年来，通过厅专项工作的开展，省司法厅狠抓重点工作，较好地完成了各项目标任务，取得了较好的社会效益。

1. 监狱管理

（1）坚守监管安全底线，强化狱侦工作，加强应急演练，强化隐患排查和治理，加强减刑、假释、保外就医案件的依法办理，年内没有发生违规办案现象，进一步规范了监狱执法。

（2）实现了全省监狱“四无”目标，即无罪犯脱逃、无重大狱内案件、无重大疫情、无安全生产死亡事故。

（3）制定并实行狱务公开实施办法，确定 22 项面向社会公开事项和 13 项内部公开事项，各监狱会见室统一安装执法公开查询触摸屏。

（4）完善收教中心体系，建成 14 个心理健康指导中心和 7 个“科普之窗”，服刑人员心理矫治和科普教育扎实开展。

（5）着力开展“情暖高墙、关爱孩子”联合帮扶工作，制定帮扶方案 4 357 个，筹集资金、物质820余万元，开展“两回三落实”（失学的回校、流浪的回家、无监护的落实监护、生活困难的落实帮扶、有心理问题的落实心理援助），有力地促进了罪犯的改造。

2. 戒毒管理

（1）持续实现了戒毒场所的安全稳定。年内全系统19个强制隔离戒毒所全部实现“六无”目标（无逃跑、无所内吸毒、无非正常死亡、无所内案件、无重大疫情、无重大安全生产事故）。

（2）积极探索“大戒毒、大矫治”模式，收到了较好的效果。全面推行戒毒场所分区管理，印发《强制隔离戒毒四区工作指南》，并对规范基础业务情况进行了督查。组织编撰了《大戒毒、大矫治——湖南戒毒工作模式操作指南》，获得司法部肯定，并向全国司法行政戒毒系统推介。指导支持社区戒毒（社区康复）工作，全省建立20个社区戒毒（社区康复）站。

（3）加强了医疗建设。在省白泥湖戒毒康复所挂牌成立省戒毒系统医疗培训基地，年内举办了2期全省戒毒医疗业务培训班，并在省属3个所进行了临床教学，培训医疗专职人员100余名。全系统各所（含19个强制隔离戒毒场所、1个戒毒康复所）医疗机构经省卫生厅批复，均取得戒毒医疗服务资质。20个所已与当地二甲以上医院建立了医疗合作关系，签订了定点医疗合作协议，建立了医疗救治绿色通道。

3. 人民调解和司法所建设

（1）深入开展专项调解活动，完善三调联动工作机制；协调省有关部门分3组深入9个市州、20多个县市区进行督查调研；举办了全省人民调解指导管理干部及专职调解员培训班，组织开展了全省人民调解十大经典案例评选活动；开展婚姻家庭纠纷专业性人民调解委员会建设试点。截至11月底，全省各级共调处矛盾纠纷38万余件，特别是成功化解了包括信访积案在内的重大疑难矛盾纠纷2.2万余件，防止了大量民间纠纷引发的自杀、民转刑、群体性上访和群体性械斗等事件的发生。

（2）主导推进环湘边界矛盾纠纷联防联调机制建设。组织召开联防联调协作座谈会，七省司法厅（局）长共同签署《湘鄂赣粤桂黔渝七省边界矛盾纠纷联防联调协作协议书》，中央办公厅《每日汇报》《法制日报》头版头条对此进行了宣传报道。

（3）推动司法所收编管理。全省共有司法所2 433个，目前已收编2 362个，收编建所率达97%。

4. 社区矫正和安置帮教

（1）全面推进了社区矫正规范化建设。出台了《湖南省社区矫正规范化建设目标》，协调省财政厅联合制定了社区矫正政府购买服务的试行方案，联合印发了《关于进一步加强社区矫正经费保障工作的实施意见》。统一开发了全省社区矫正信息管理系统软件，逐步建立社区服刑人员电子档案；落实社区服刑人员衔接接收工作，建立健全社区矫正监管安全分析会议制度，逐步完善以手机定位为主要方式的社区服刑人员监管措施。

（2）联合开展社区矫正执法督查。2014年9月，分4组对14个市州、28个县（市区）的社区矫正机构和近100个司法所进行突击检查，并将检查情况进行面对面的通报。

（3）推进刑释解教人员安置帮教工作，努力防控刑释人员重新犯罪。全省通过安置帮教信息管理系统核实率、网上衔接率均达到98%以上。省司法厅与湖南穗诚粮油有限公司共建了省级过渡性安置基地，14个市州依托企业（实体）都建立了刑满释放人员过渡性安置基地。

5. 法治宣传

（1）组织出台了《关于进一步加强领导干部和国家工作人员学法用法工作的意见》，建立了领导干部年终学法考评制度，将领导干部学法考评纳入年度考核的重要内容。

（2）组织公职人员学法用法。编写出版了2014年度普法读本，全省近百万公职人员普法考试均安排在11月份有序进行，全员登记参考率达到92%以上。编印《法治湖南建设厅级领导干部学法用法优秀论文集》发放给全省厅级领导干部，组织全省厅级领导干部暨国有大型企业领导干部共1 600余人参加了学法考试。

（3）整合资源开展普法宣传，在红网开通的普法频道日访问量达30万人次，并借力红网打造了全新的“法治湖南网”。以移动终端为平台的“微言说法”和掌上法宝APP上线运行，手机登记用户突破5万并持续增长。法治专题电视节目《钟山说法》在湖南经视顺利开播。

6. 法律援助

截至12月10日，全省共计受理指派法律援助案件33 097件，完成任务数110%。加大案件质量监督力度，组织对省法援中心和部分市州法律援助中心承办的二审刑事法律援助案件进行同行评估，对2014年各地办理的彩票公益金案件质量进行自查和抽查，结合年度工作考核抽查了一批法律援助案卷。经回访、抽查、评估和现场检查，省法律援助案件办理总体情况较好，没有发现未按要求办理的案件。

7. 律师管理

推进律师事务所规范化建设。出台《湖南省司法厅关于加强律师事务所管理办法》《湖南省司法厅关于规范律师执业的规定》和《湖南省律师事务所负责人考核办法》三个规范性文件，三个规范性文件被司法部全文转发并向全国推介。

8. 公证管理

组织完成全省公证机构和公证员2013年度考核备案工作，抓好新任公证员任职审核，加强队伍教育和行风管理，2014年5月、9月先后举办了全省公证业务培训班（400名注册公证员参训）、全省公证员助理业务培训班（150名公证员助理参训）；出台了《公证机构负责人问责办法》，推进公证综合管理信息系统建设，加快建设公证遗嘱备案查询平台，组织开展在线服务等公证业务。组织开展全省公证质量抽查，通过改进方式方法，更加体现公平公正，提高了工作效率，减轻了各地接待负担。

9. 司法鉴定

已出台《湖南省司法鉴定机构考评办法》，抓实抓好司法鉴定机构年度考评，完成了2014年国家司法鉴定人和司法鉴定机构名册（湖南分册）编制、公告。组织开展了以“诚信规范、执业为民”为主题的司法鉴定行风建设专项活动，组织全省“三大类”机构参加司法部司鉴局的文书评选活动，省直1家机构获全国优秀文书奖。与省质监局沟通协调，启动了省级资质认定工作，举办了司法鉴定机构资质认定评审准则宣贯暨内审员培训班，170 余人参加。

10．司法考试

组织做好 2014 年国家司法考试湖南考区考务工作。制定了 2014 年国家司法考试考务工作方案，建立健全各类应急预案，做好突发事件应急处置工作。开展“司法考试高校宣传行”系列活动，邀请六所高校法学院负责人、学生代表及司法考试培训机构人员参加座谈会，先后两次在高校举行司法考试现场咨询活动，扩大了社会影响。

（四）社会公众满意度评价

通过上述工作的开展，省内法治环境逐步优化，社会公众的法制意识得到加强，社会的安定团结得到保障，社会公众的满意度得到了提高。

六、存在的主要问题

年初预算的编制较为精细，按照费用支出的使用范围和内容，进行了类、款、项三个层级的明细预算，进行了基本支出、项目支出的严格区分，同时在基本支出和项目支出中又进行了更为明细的预算，并按照预算的最末级明细进行预算支出管理，专款专用。但对于追加的项目支出、上年结余结转的项目资金，没有进行预算分解，编制明细预算，因此涉及上年结转和追加预算的项目支出的预算管理均仅从总额进行控制，不便于对其进行精细化的预算管理和分析评价。

七、改进措施和建议

（1）细化预算编制工作，认真做好预算的编制。进一步加强内部机构的预算管理意识，严格按照预算编制的相关制度和要求，本着“勤俭节约、保障运转”的原则进行预算的编制；编制范围尽可能全面、不漏项，进一步提高预算编制的科学性、合理性、严谨性和可控性。

（2）在日常预算管理过程中，进一步加强预算支出的审核、跟踪及预算执行情况分析。

第二节　Y 省旅发委整体支出绩效自评情况

一、部门概况

2014 年末 Y 省旅游发展委员会（以下简称省旅发委）在职在编实有人数 383 人（包括下属 4 家事业单位财政供养人员），其中，财政全供养 383 人；省旅发委为省人民政府组成部门，委属事业单位 6 家。省旅发委会机关设 9 个正处级内设机构。省旅发委的主要职能：根据《省人民政府办公厅关于印发省旅发委主要职责内设机构和人员编制规定的通知》的规定，省旅发委的职能如下：

（1）订旅游业发展的战略目标和政策，编制旅游业发展的中长期规划和年度计划；负责旅游产业综合发展与改革的实施工作。

（2）起草旅游业管理的地方性法规、政府规章草案；负责旅行社、旅游饭店、出国旅游、边境旅游、优秀旅游城市创建、导游队伍和特种旅游的有关管理工作。

(3) 组织旅游资源的普查、开发与有关保护工作；指导重点旅游区域、目的地和线路的规划开发；会同有关部门管理旅游发展资金及其他放游开发建设资金，引导旅游业的社会投资和利用外资。承担三江流域旅游综合开发的职责。

(4) 承担规范旅游市场秩序、监督管理服务质量、维护旅游消费者和经营者合法权益的责任。组织拟订旅游区、旅游设施、旅游服务、旅游产品等方面的标准，并对执行情况进行监督检查；负责旅游安全的综合协调和监督管理，指导应急救援工作；指导旅游行业精神文明建设和诚信体系建设。

(5) 拟订国内外旅游市场开发战略，组织、指导旅游节庆会展的产品开发、品牌培育；组织、协调旅游宣传促销活动；承担对外交流与合作的有关工作。

(6) 负责旅游统计和旅游经济运行分析工作。制定旅游人才规划并组织实施，指导旅游培训工作。

(7) 承办省人民政府交办的其他事项。

省旅发委2014年整体支出规模达4.5亿元，本级部门使用1.2亿元，其余3.3亿为州市使用。使用方向为旅游宣传、全省旅游重大项目、全省旅游规划、全省旅游市场监管、全省旅游人才培养等。

二、部门整体支出管理及使用情况

(一) 基本支出

1. 基本支出的主要用途、范围以及资金的管理情况

2014年省旅发委的基本支出主要用于保障省旅游发展委员会机关、下属事业单位等机构正常运转，支出范围包括人员工资、车辆过路过桥费、汽车燃油费、公务接待费、办公费用、印刷费、水电费、办公设备购置费、离休费、退休费和差旅费等日常支出，全年的基本支出为7 623.47万元。其中基本工资、津贴补贴等人员工资福利支出占基本支出的29.41%；办公经费、印刷费、水电费、汽燃费、办公设备购置等商品和服务支出占基本支出的31.25%；离休费、退休费等对个人和家庭的补助支出占基本支出的31.92%；办公设备购置、专用设备购置等资本性支出占基本支出的7.38%。

2. “三公”经费的使用和管理情况

省旅发委2014年财政拨款“三公”经费预算总额621.60万元，其中，因公出国(境)费支出405.07万元，公务用车购置及运行维护费支出129.92万元，公务接待费支出86.61万元。2014年“三公”经费决算数比2013年决算数减少112.33万元，同比减少15.3%。减少的主要原因是：省旅发委党组根据中央、省委省政府大力控制压缩“三公”经费的总体要求，把控制行政经费，特别是严格控制“三公”经费作为省旅发委加强财政管理的重要内容。在不降低所提供公共服务质量的前提条件下，厉行节约、节俭理政，推行廉政建设，提升服务能力和水平，努力降低行政运行成本。

(二) 项目支出

2014年为了完成Y省旅游产业确定的接待国内外旅游者2.75亿人次、旅游总收入

达2 600亿元的发展目标，根据《中共省委省人民政府关于建设旅游强省实现旅游产业跨越发展的意见》（2013年7月省委书记主持召开省人民政府第14次常务会议，讨论并通过）的规定："省旅游发展资金在现有2亿元的基础上，从2013年起每年再增加1亿元，到2017年达到7亿元，明确了2014年省旅游发展资金为4亿元，旅游宣传促销增加4 000万元，2014年预算比2013年增加1.1亿元，相应的项目支出增加。"2014年省财政预算安排旅游宣传促销专项资金4 000万元，实际落实到省本级资金3 800万元，200万元用于州市；预算安排省级旅游发展专项资金4亿元，实际落实到本级资金2 518万元，37 482万元用于州市。

第三节　Y省旅发委整体支出绩效再评价情况

一、再评价基本情况

省旅发委部门整体支出绩效自评工作主动积极，能按要求完成自评报告。提交的自评报告中，对工作成绩的肯定有事实依据，同时不回避存在的问题。但在自评报告提交的过程中，其佐证材料一直难以提交完整，一些关键数据难以提供，影响了再评价工作的正常进行。根据评价方案要求，省旅发委对部门整体支出绩效进行了自评，自评结果为良。受Y省财政厅预算评审中心委托，课题组对2014年度省旅发委部门整体支出绩效实施评价。于2015年8月至2015年10月，组织力量对其进行了绩效评价，通过部门自评、第三方审核、现场（实地）核查、专家论证等方法与流程，完成本项评价，评价结果为78分，绩效等级为中。

二、绩效再评价综合结论

（一）绩效目标实现情况

1. 建设旅游强省目标完成情况

根据《中共省委省人民政府关于建设旅游强省实现旅游产业跨越发展的意见》，旅游强省主要表现在产业实力、产业贡献、产业竞争力和支撑产业发展能力等四个方面。

（1）产业实力情况。

2014年，全省共接待海内外游客2.86亿人次，同比增长16.7%，其中接待国内旅游者2.81亿人次，同比增长17.29%；接待海外旅游者531.06万人次，同比下降0.46%，与全国其他省市相比，为下降比重最低的省份。实现旅游总收入2 665.74亿元，同比增长26.3%。旅游业增加值823.94亿元，占全省GDP的6.43%。提前一年完成和超额完成"十二五"规划目标。

（2）产业贡献情况。

全省旅游业对省交通运输业的贡献达350.5亿元，对住宿业的贡献达523.8亿元，对餐饮业的贡献达454.5亿元，对娱乐业的贡献达206.9亿元，对商品零售业的贡献达558.2亿元，游览花费达356.9亿元。产业综合带动作用进一步凸显。

（3）产业竞争力情况。

完成了35个A级景区的智慧旅游全攻略上线运行，旅游微信服务号粉丝已突破十万，在全国名列前茅。积极推进智慧旅游试点工作，智慧旅游工作被列为全国的优秀案例。开发建设了“自驾旅游攻略APP”，目前有67个区县的自驾旅游攻略APP上线供游客免费下载，在同类产品中下载情况名列前茅。加强与机场集团协调，积极推动机场旅游咨询服务点的建设和智慧旅游云端查询触摸屏在全省12个机场的布放工作。

（4）支撑产业发展能力情况。

率先修订并颁布实施《省旅游条例》，成为《旅游法》后第一个与之衔接的地方性旅游法规。积极探索导游管理体制改革，形成了《省导游管理体制改革方案》，已在两州市顺利启动和推进导游体制改革试点工作。实现了机场72小时过境免签。同时，坚持问题导向，加大市场监管力度，切实解决游客反映的突出问题，提高旅游服务质量和水平。不断大力推行旅游标准化，全省已制定出台了16项地方标准，初步形成涵盖省旅游要素各领域的标准体系，其中温泉标准已上升成为国家标准。不断完善旅游市场综合监管机制，制定出台了旅游市场监管行政执法与行政监察联动制度、旅游执法质监协同查处制度，建立了旅游投诉统一受理机制，进一步加大对违法违规行为的查处力度。不断完善在国内率先推出的“旅游安全组合保险”制度，有力保障了企业和游客的合法权益。建立常态化的旅游市场违法违规行为的查处信息共享机制和旅游市场监督检查情况公布机制等。全年共接听游客来电咨询6 100余起，受理有效旅游投诉361起，结案361起，结案率100%，协调理赔金额65万元，旅游投诉件数同比下降了3.48%。全省旅游市场秩序总体明显好转。

2. 接待国内外旅游人数目标实现情况

（1）根据2011—2014年《省旅游发展委员会快报》，省国内旅游人数统计如表12－1所示：

表12－1 2011—2014年Y省国内旅游人数统计表

项目	年度			
	2011年	2012年	2013年	2014年
国内旅游人数（万人次）	16 331.78	19 630.28	23 972.35	28 100

（2）根据2011—2014年《省旅游发展委员会快报》，2014年省海外旅游人数有所下降。省海外旅游人数据统计如表12－2所示：

表12－2 2011—2014年省海外旅游人数统计表

项目	年度			
	2011年	2012年	2013年	2014年
海外旅游人数（万人次）	395.38	457.84	533.50	531.06

3. 旅游总收入目标实现情况

根据2011—2014年《省旅游发展委员会快报》，省旅游总收入统计如表12－3所示：

表12－3　2011—2014年省旅游总收入统计表

项目	年度			
	2011年	2012年	2013年	2014年
旅游总收入（亿元）	1 300.29	1 702.54	2 111.24	2 665.74

2014年度旅游产业对Y省经济增长的贡献明显，当然，这也有赖于Y省旅游资源多样性、奇特性、多民族性、跨境性、生态性等特点造就的丰富性和文化底蕴深厚。根据省旅发委抽样调查显示，2014年度Y省入境游客花费水平为410.78美元/人天，同比增长5.25%；平均停留天数为4.09天，同比增长了0.04人/天。2014年国内过夜游游客在Y省的人均每天花费624.95元，比2013年增长6.02%。游客在Y省平均停留天数为2.31天，在各项花费中，住宿费、购物和餐饮费所占比重较大，比重分别为20.46%、20.35%和16.54%。一日游游客在Y省人均每天花费366.22元，比2013年增长4.51%；在一日游游客的各项花费中，购物、景区游览和餐饮费所占比重较大，比重分别为23.90%、20.31%和19.80%。据此2014年全省旅游业总收入达2 665.74亿元，比上年增长26.32%。与此同时，根据省旅发委和省统计局建立的Y省旅游卫星账户初步估算，2014年Y省旅游业增加值达823.94亿元，比2013年的748.74亿元增加了75.2亿元；占全省GDP的6.43%左右，比2013年的6.38%提高了0.05个百分点。

（二）部门和公众满意度

部门满意度从办事效率、履职能力、服务态度、服务质量和廉洁自律等五个方面进行调查，公众满意度从质量改善、推动发展、履职能力、工作态度、廉洁自律等五方面来调查。根据调查要求和实际情况，部门满意度在四个旅游区的现场核查点五个州市的旅发部门相关工作人员中发放；公众满意度调查在五个州市的项目点采取定点随机拦截访问，现场甄别对象，由访问员面对面进行。

部门满意度中“非常满意”和“满意”的综合满意度总计99%；公众满意度中“非常满意”和“满意”的综合满意度总计97%。总体上看，无论是部门满意度还是公众满意度都很高。

三、存在的问题及原因分析

经过绩效自评材料审核、专家评价、现场查验和综合评价，我们认为省旅发委整体支出工作存在以下问题：

（一）有限的财政资金配置不合理，影响部门职能作用发挥

（1）整体布局不合理，综合服务能力不强。Y省旅游开发一直集中于资源现状较好、开发容易的区域，旅游新景区、新模式、新业态开发不足；对Y省旅游形象、丰富

的景观类型、深厚的人文历史故事、多彩的民族文化特色均缺乏专门的规划和整体的营销战略，也缺乏与城建基础设施相关的吃、住、行、游、购的契合和设计，致使旅游综合服务能力落后于旅游市场发展需要。

（2）整体规划不完备，财政资金分配重点不突出。旅游整体规划投入不足，在2014年省旅发委的整体支出中，近3/4的旅游发展规划专项资金投向了具体项目建设，缺乏与国际接轨的高层次的旅游规划和发展思路。没有整体规划引导，资金分配缺乏整体战略，目标不清晰，重点不突出，示范引导性不强，“撒胡椒面”现象突出，没有达到鼓励先进、带动一般、鞭策后进的激励效果。

（3）队伍建设缺投入，行业监管待加强。对旅游从业者素质提高缺乏投入和有效监管。导游辱骂游客，“零付”团队等欺客宰客现象屡有发生，旅发部门“救火”的事项多，作为“裁判”的时候少，未能发挥更大的职能作用。经计算，2014年4亿元的旅游发展财政专项资金中，82.5%的资金投向了市场竞争的领域，即旅游具体建设项目中，仅有17.5%的资金投向规划、人才培养、市场监管等顶层设计和行政执法方面。

（二）绩效目标设置较为单一，难以全面、综合地衡量绩效水平

与基本支出、项目支出相比，部门整体支出更为综合和复杂，其绩效目标的编制要求也更高。根据《Y省旅游发展委员会财政支出预算绩效管理办法》，财政支出项目绩效考核的主要内容包括对全省旅游经济发展的促进作用（重点考核游客人数、旅游业总收入等指标）、对相关要素产业的贡献程度（重点考核对就业、餐饮业、住宿业、交通运输业、商品零售业、娱乐业等方面贡献率等指标）、拉动社会资本对旅游的投入（重点考核财政资金对引导社会资本投入旅游业建设的情况）等三个方面。目前来看，省旅发委还是按照项目支出绩效目标来设定部门整体支出绩效目标，主要以产出尤其是经济产出为绩效评价的主要指标，忽视了旅游产业发展所需要的资源禀赋、智力要素和质量状况、技术水平等方面的指标，尤其忽视了产业结构协同所呈现出来的以旅游行业结构与市场结构、消费结构的关系来衡量旅游产业结构的优化程度和实力的特点。

部门整体支出绩效评价的特点在于综合性、宏观性和政策性。按照项目支出绩效目标来设定部门整体支出绩效目标，就会使指标体系过于分散和具体，难以全面综合反映部门整体运作，从而忽视了能够反映部门整体运作的重要指标或综合性指标。

（三）整合性资金缺乏部门间的合作，难以形成合力

2014年度省旅发委的整体支出大部分都是整合项目资金，而非独立项目资金。整合项目资金主要体现在两个方面：一是从层次上，以业主单位自筹为主，地方建设资金和省级财政资金扶持为辅的原则；二是从类型上，以其他部门财政资金为主，省级旅游财政资金扶持为辅的原则。

2014年度省旅发委下达的项目资金多为补助性质，在公共旅游基础设施等项目中主要是市场化运作，资金以项目业主单位自筹为主，同时还需整合其他资金，才能发挥作用。部门之间联动性不强，直接影响了补助资金的绩效发挥。如省民宗委和省旅发委在民族特色旅游村寨的项目中每个少数民族特色旅游村寨建设项目，整合省民委100万元、省旅发委50万元、省住建厅350万元、省委农办45万元共同建设。建设名单由县

级政府提出，州市政府审查，省民宗委和省旅发委牵头，会同省住建厅审核后报省政府审定。由于县级政府与州市政府之间，以及省旅发委与省民宗委、省住建厅之间缺乏有效的沟通与协调，在抽查中发现，B 市有两个少数民族特色旅游村寨连公路都没有通，根本就不具备旅游的基本条件，省旅发委补助的作为少数民族特色旅游村寨建设资金的 50 万元，只做了一些与旅游设施不相关的项目，偏离了既定的资金使用方向。

（四）资金使用缺乏制度规范和硬约束，管理流于形式

首先，资金拨付时间过晚，影响项目进度和效益发挥。据调研得知，2014 年度的旅游专项财政资金的拨付主要集中在 2014 年 11 月份，真正下拨到项目单位使用，则几乎要到 2015 年初，造成资金跨年度使用。同时，资金到达州市后，一些市和县层层拨付晚。省市财政看似预算已全部执行，事实上这些结余却留在下级财政的账上，形成隐性结余。造成资金拨付不及时的原因，主要是旅游项目计划申请批复不及时，导致资金下拨较晚；部分项目前期准备不足或设计欠妥，或者配套资金不到位，甚至少数建设项目的规划、立项、选址、用地、环评、可研及可研批复等相关行政许可手续不全，存在建设内容可操作性不强，缺乏有效的工作计划和实施方案的情况，项目难以实施。

其次，项目立项不科学，资金效益难以发挥。旅游发展项目的立项应严格按照国家和省旅游政策以及旅游开发规划，结合本地区的实际情况制定，项目的立项和资金的分配要体现科学性和合理性，能够真正起到以旅游带动经济发展的作用。通过调研，我们发现项目立项不够科学，旅游发展资金未发挥应有的效益。

再次，政策执行不到位，资金使用较为随意。有些接受资金拨付实体项目的企业，收到补助资金，直接当作营业额处理，未放在专项应付反映，也未专门设置台账反映专项资金的使用明细；有些专项资金基本已使用完，整个项目已完工，但未看到有政府相关部门对此专项资金进行审计验收以及相关验收报告；有些资金补助项目验收报告只有政府单方面的验收，未有三方共同验收；所有补助项目混合在一起，未设置专门台账反映专项资金使用过程，提供的发票和合同与其他财政补助资金混合在一起，分不清哪些属于该项目的发票和合同；有些资金，由于地方政府地震等特殊事项，暂时挪作他用，后又向银行借款补足专项资金。还有些个别下拨的专项资金，主要用于旅客服务中心建设，后根据当地市政府的安排，直接用专项资金购买当地已基本建好的传媒中心的部分楼层。不一而足，资金使用的随意性大。

最后，资金监管缺乏抓手，制度形同虚设。从当前旅游资金审批流程看，往往缺乏其事前的真实性、可行性的科学判断，完全凭自下而上的经费申请报告主观进行决策。一些资金的管理往往按计划拨款，以拨代支，对项目的事中监控弱化，时常出现挤占、截留、挪用现象，使专项资金难以安全、及时、足额到位，其项目绩效性也就大打折扣。而且，一些单位职能缺位，监管乏力，导致专项资金管理缺位。尤其涉及旅游宣传资金，一些州市反映，资金由于是“市领导要来的，我们不好过问”，而且资金直接由财政部门拨付至宣传部门或其他部门，资金下拨文件都是财政直接下发，未和旅发委共同发文，旅发委难以监管，只能听之任之。

四、建议

（一）突出旅游部门绩效指标的代表性和综合性，推动区域合作发展

旅发委部门职能较多，涵盖旅游宣传、旅游重大项目推进、旅游规划、旅游市场监管、旅游人才培养等方面，财政支出规模大、范围广，把所有与财政支出相关的指标全部列入显然是不现实的。这就要求在绩效目标设定时，应充分把握重要性和综合性原则。对于整体运作的反映，尽量采用综合性指标；对于具体运作的反映，则尽量采用比较有代表性的重要指标。

可以通过构建指向政策规章、经济发展、旅游设施建设、社会人力资源、文化背景以及自然资源等方面的指标，积极推动和规范地方政府间的区域经济合作来解决旅游发展问题。地方政府间的区域经济合作对于促进各区域的经济和旅游发展，协调区域经济关系，构建联动、有序的旅游发展区域等起到越来越重要的作用。目前，Y 省还缺少鼓励和规范地方政府间的区域经济合作的必要的法规和政策，在合作中存在利益分配不公、正当权益缺乏保障，进而引起种种利益冲突等问题。应及时制定和实施有关的法规、政策，推动和规范地方政府间的区域经济合作，保障合作各方的合法权益，达到各展所长，优势互补，共同发展的目的。

（二）明确资金分配的依据，推进旅游资金因素分配法改革

推进旅游专项资金的因素分配法，促进公平与效益协调统一，有利于克服现行旅游专项资金分配方法的不足，建立规范、科学的旅游开发激励机制。一是应加大绩效因素的分配权重。现行项目申报法主要考量的是“突出重点原则。对全省旅游产业发展规划确定的重点项目及纳入省级管理的重大项目，给予优先扶持”和“公平、公正、择优原则。专项资金管理坚持公平、公正、择优的原则”。应提炼出具体的绩效指标因素，并将绩效因素权重设置为总权重的一半，其他因素总权重设置为总权重的一半。二是应建立旅游发展绩效综合评价体系。建立一套瞄准旅游发展、夯实项目管理、强化资金监管、突出重点工作、加强过程控制、确保政策落实和客观公正透明的旅游发展绩效综合评价体系。三是应进一步提高旅游发展监测的水平。监测是强化管理的基础，是绩效评价的重要依据。监测的及时性、综合性和客观性，决定着评价的有效性、科学性和权威性。应建立一套集建档立卡、统计监测、资金与项目管理为一体的旅游发展统计监测体系；建立一套网报、网评、网审、网批、网管、公开、透明并主动接受全社会监督的旅游发展资金项目管理制度。加强过程监管的及时性和主动性，为绩效评价提供翔实的依据。

（三）加强部门间的合作，规范、合理使用整合性资金

加强旅游整合性资金管理，首先，要科学合理立项，这需从政府决策者的层面抓起。加强事前考察论证，建立一体化备选项目库。为保证项目安排的科学性、规范性，旅游部门和财政部门要按照本部门、本地区的事业发展规划，组织有关专家事前对申请财政专项资金资助的项目进行考察、论证，并根据考察结果进行项目排序，建立一个财

政与各部门信息共享的财政专项资金备选项目库，以避免出现根本就不具备旅游基本条件的项目被纳入旅游项目资金扶持范围的情况。其次，整合部门职能，建立协调机制。整合性资金的管理和使用是一项复杂、艰巨的工作，牵涉到方方面面的利益，需要协调的部门多，因此，必须建立健全组织保障体系和部门协调工作机制，以保证整合工作协调有序地推进。要坚持部门利益服从整体利益，局部服从大局，建立健全部门协调工作机制。财政部门内部专项资金的归并、整合容易，但要整合分散在各部门的资金难度则比较大。因此，要从公共预算管理着手，从政府层面进行整合，成立以政府主要领导牵头，相关资金管理部门负责人参加的专项资金整合工作领导小组，形成一个“政府领导、财政牵头、部门协作、齐抓共管”的新机制。

（四）多措并举加快支出进度和制度约束，充分发挥资金使用效益

首先，规范资金拨付程序。地方预算安排资金、基本支出按照年度均衡性原则拨付，项目支出结合项目实施进度拨付，对重大项目支出在库款许可的情况下一次性拨付到位；及时通知相关部门（单位）办理拨款手续，以加快支出进度。

其次，强化科学立项和分配资金意识。严格按照国家和省旅游发展政策和“十三五”规划，科学地研究和申报旅游发展项目，进一步整合各项涉旅游资金，重点和有针对性地投入旅游发展资金，防止旅游发展项目“点多面广”和旅游发展资金“撒胡椒面”现象。同时要加强旅游部门之间的协调，避免重复立项、立项不实、选项不当等情况发生，使旅游发展资金真正地发挥促进旅游和产业发展的作用。

再次，建议在各类专项资金下拨时，明确其具体使用范围及使用明细，做到有针对性地使用补助资金；对省级下拨的各类补助资金，超过一定额度的，要对资金使用情况进行财务审计验收，其余的进行一定程度的抽查复审；对专项资金要求具体使用的部门和企业一定要做到专款专用，不能不同资金项目混合在一起使用。

最后，加强资金监管力度。通过将绩效理念融入对旅游发展资金的使用和管理，建立旅游发展绩效目标体系，对资金支持的项目实现绩效管理。实行项目库管理，委托第三方中介机构及专家组对申报的项目和绩效目标进行评审，提出项目评审意见，评价结果作为下年度旅发资金安排的重要依据。明确规定了由财政部门和旅游管理部门共同对旅发资金实施监管，具体细化市、县区两级财政部门和旅游管理部门以及项目执行单位的职责，加强资金使用跟踪和监督检查，确保资金安全和专款专用，顺利实现绩效目标。

第十三章　政府绩效评估公众参与

公民参与程度一直是我国民主化进程的重要标志。按照政治学逻辑，现代民主体制下，公共权力源于公民授权，公众满意是评价政府施政成效的最终标准，不论是评价组织及主体安排，或者是评价技术体系设计，均要体现公众参与导向，满足民意需求。公民参与理论的领军人物谢尔·阿斯汀以宽广的视野概括了公民参与，他写道："公民参与是一种公民权力的运用，是一种权力的再分配，使目前在政治、经济等活动中，无法掌握权力的民众，其意见在未来能有计划地被列入考虑。"① 本章正是在这样一种人文关怀背景下，探讨公民参与政府绩效评估。

第一节　政府绩效评估与公众参与

一、公众参与背景及意义

（一）公众参与概念

公众参与，也称公民参与、政治参与等，是指通过公众的参与来影响政府绩效评估，即公众意见作为评价的主要数据源之一，从而使评价结果更加能代表和符合公众的利益与要求。对于公众参与的意义，现代服务型政府理论认为公民是"公共物品与公共服务的消费者"和"参与者"，公民参与是政府治理结构中的关键组成部分。在现代民主条件下，公众参与政府绩效评估的意义主要体现在：①可以进一步提高评价过程的科学化、民主化水平；②可以更好地监督作为被评对象的政府管理者，提高评价结果约束力；③可以使政府与公众实现良性互动，塑造良好的政府形象。更进一步，政府绩效评估呼唤公众参与，政府绩效最终的评价标准在于公众。

毫无疑问，政府管理者自然是政府绩效评估过程中的一个重要的角色。而公众参与中的"公众"则是一个多元的复杂组合体。参与政府绩效评估的公众，至少应该包括：以公民身份参与其中的个体公民、绩效管理专业领域的专家（对于专家是否属于公众，还是一个有争议的问题）、法律及公共领域的各种非政府组织、与法律及公共事务相关的利益群体、参与法律及公共事务经营的商业集团。不同的参与主体在评价中所处的立场、地位、动机各有不同，并且随着具体形势的变化会形成不同的相互关系，这些动机和相互关系都是影响公众参与强度的重要因素。公众参与的环境应是政府绩效评估的全过程，目标是取得评价结果的不同模块。

参与是民主的核心，也是人类社会产生以来人们解决公共问题的主要方式。现代社

---

① AMSTEIN，SHERRY. Aladder of citizen participation. *Journal of American Institute of Planners*，Vol. 35，1969.

会以来，人们在以民主为理念的治理过程中形成了众多的公众参与机制，较为典型的有民意调查、征求意见会（有些人称之为关键公众接触）、市民热线、公开听证（包括立法听证、行政听证）、公民会议等。随着网络时代的到来，现在的公众参与也经常通过电子邮件、网络对话、网络投票等方式进行。不同的参与机制有着不同的特征，可适用于不同时段不同的评价需求，其所承载的功能也随着绩效评价所要达成目标的不同而变化。更为重要的是，不同的参与机制所体现的公众参与强度不同，即使同一种参与机制在不同的绩效评价过程中所能吸纳的公众参与强度也千差万别。从类别上可将具体评价过程中的公众参与分为民主信仰型参与、权力分享型参与、信息沟通型参与、资源获得型参与、保护型参与（管理者用于平息公众的不满以及应对媒体的批评）、告知型参与等。总之，从以上对基本范畴的分析可以看出，不论从参与对象、参与主体还是参与方式上，公众参与都不是一个简单的过程。

（二）公众参与和民意表达

作为一种自下而上的意志表达，民意是一个社会多数人的利益集合；民意的充分表达和广泛汇集是现代政府合法性的重要基础与依据。民意表达是指广大民众在自主表达意愿的前提下，通过一定的途径和方式，向政府等权力机构提出政治和经济等方面的利益要求或综合意见，进而试图对其决策或立法等施加影响的政治行为和过程。民意表达是公民政治参与的基本形式，反映出来的是一种在一定程度上比较普遍的民意。① 充分相信人民群众的智慧，尊重民意，引导民意，运用民意，就能保证行政决策的科学性和行政权力的权威性。

民意是现代社会及政府运作的风向标。从民主的内涵与机理来看，现代政府的存在与运作是民意的结果。民意能否得到充分自由的表达，以及民意表达发生效能的情况，都是民主程度的重要指标。一方面，民意表达是民主政治的基础，一个国家保障民意表达自由的程度从一个侧面反映了这个国家的民主化程度，它贯穿于民主政治的组织、运行与实现的整个过程。政府建立在人民的同意与授权基础之上，是人民的代理人；公共权力的唯一目的是保障公民权利的正常行使，公民权利是一切政治结合的目的；关涉公民利益的公共决定最终取决于多数公民的同意。自由而充分的民意表达，可以保证国家立法、行政和司法机构发挥有效的正常功能，从而使民主得以实现和运作，真正“活”起来。另一方面，民意表达也是实现公众有序政治参与的可行路径。理想状态下，社会个体均可以平等地、自由地、直接地表达自己的意愿，实现近乎绝对的直接民主。而在现实政治生活中最为普遍的代议体制下，在民意与公共政策之间存在着中介，即代议机关。因此，在代议体制下，民意表达就成为民主的一个不可分割的组成部分。只有通过自由、通畅、充分和真实的民意表达，才能使公共政策的制定与公共管理部门的行为建立在真实民意的基础之上。②

在社会主义民主政治条件下，倡导并强调公众参与的政府绩效评估不仅从理念上反

---

① 张兵．民意表达制度化的思考．江汉论坛，2008（9）．

② 钱超．论民意表达的价值．中共山西省委党校学报，2008（6）．

映了政府管理追求民主和公平的价值，更是公众表达利益主张和参与政府管理的重要途径，从过程来看可以发挥民意表达作用，原因在于：①就评价的参与机制来说，绩效评价组织者一般是科研机构、大众媒体或其他第三方组织，它们从相对“超然”的立场利用较高的专业素养和组织化条件优势来实现对民意表达的引导，从而使公众在传统渠道之外获得新的自由表达意愿的路径，这便有力提升了评价的参与度和代表性；同时“民间性与独立性使第三方组织具有广泛的群众基础，给公民提供了一个民主参与和评价政府的现实载体”①，公众成为诸多参与评价的主体中最重要的力量。②在评价的实施过程上，除了保证评价体系的量化外，政府绩效评估还采用了诸如民意测验之类的方法，包括专家咨询、量表测量、问卷调查等形式，这些评价维度具有主观性，事实上即是专家或者受访公众本身意志的表达，相当于一定范围内民意的有效聚集。③政府绩效评估通过结果分析，将收集的零散的、感性的、孤立的民意素材升华为系统、集成并与客观实际相印证的民意结果，并将其运用成为鉴别乃至促成政府“善政”的重要力量，这无疑能实现民意表达功能的极大扩展与强化。

（三）公众参与政府绩效评估的意义

传统的政府绩效评估机制大多由自身完成，这种制度往往流于形式，只是作为象征性的一环存在于政府管理过程中，造成了评价的无效性和需求测量的盲目性。在新的制度和技术条件下，公众参与政府绩效评估可以进一步提高评价过程的科学化、民主化水平；可以更好地监督作为被评对象的政府管理者，提高评价结果约束力；可以使政府与公众实现良性互动，塑造良好的政府形象。政治民主化、法治化的进程呼唤公众参与，经济体制改革的形势和市场经济的发展要求公众参与政府绩效评估。只有加强公众参与，才能让各利益主体充分表达利益诉求，为政府的正确决策提供价值目标，使政策更能体现各方利益。

1．公众参与政府绩效评估有利于推进我国政治民主化、法治化发展

要实现社会主义的人民民主，就要切实保证人民群众当家做主的地位。针对政府绩效评估的具体环节，就是要保证公众对于评价过程的参与权，保证公众参政议政。这需要公众通过参与绩效评价指标的讨论、满意度的测量，督促形成有效的绩效报告，并通过绩效报告了解政府法治建设的成效，以公众的力量影响政府的选择。政府绩效评估的公众参与，根本上是强调对政府行为的规范和约束，强调对人民利益的维护和保障。在政府绩效评估中引入公众参与，将极大地激发公众参政议政、参与监督政府建设的热情，有利于推进社会主义政治民主化、科学化发展。

2．公众参与政府绩效评估扩展了评价的技术路径，有利于评价指标及结果优化

传统模式下，政府作为单一评价主体所组织的评价工作或流于形式，或由于“对上不对下”而造成评价价值观扭曲，最终使绩效评价成了增添“政绩”的工具，致使评价结果的公信力弱化，政策制定缺乏市场自动力，引起公众的不满。政府管理者的“理性选择”根本上是“非理性”：政策制定往往指向更多的财政拨款和政策优惠，政策执行

① 郑方辉等．论第三方评价政府绩效的独立性．广东行政学院学报，2010（2）．

侧重量化指标所涉及的方面，以此来造就一份“好看”的评价报告。改革开放后，随着市场经济体制的不断完善和公民社会的发展，社会治理主体呈现多元化的发展趋势，民众、公司以及其他组织越来越多地自主组织和改进绩效评价活动，并公布真实的评价结果，以此来鞭策政府的工作。这种由社会主导的政府绩效评估无论是在指标遴选还是结果获取阶段都嵌入了大量的公众参与，体现了公民监督和约束政府的浓重色彩，并且契合了政治民主化、科学化的时代要求。

实践表明，引入公众参与的政府绩效评估，指标选取更加灵活与科学，不仅在内容上囊括了社会公众最能直接受政府施政影响、感受最深的方面，以便最真实地反映政府绩效表现，而且在技术上体现多维，定性与定量指标相结合，存量与增量相结合，保证最终评价结果客观公正。此外，数据收集更加全面可靠，包括参与提供评价信息的主体更加多元化，即使样本更具有代表性，同时又对数据采集过程加入了严格的质量控制，以保证数据的准确性、时效性和可比性，减少甚至消除因信息不充分而造成的评价误差，提高了绩效评价结果的质量。

3. 公众参与政府绩效评估有利于实现政府管理科学化，保证政策制定公平与公正

政府绩效评估结果是决定政府政策输出、政策变化与制定新政策的依据。公众参与政府绩效评估，不仅可以检验往期政府工作的效果、效益和效率，更合理地配置政策资源，而且可以保障与公民切身利益相关的公共利益不被精英集团、利益集团等所吞噬。另外，公众参与评价所得出的结论有很强的针对性和约束力，为下一步的政府决策奠定了坚实的基础。因此，公众参与政府绩效评估有利于实现政府自身管理的科学化。

另外，公众参与打破了政府组织及官员对评价权的垄断，公民获得了部分对政府/政策绩效进行评价的权力。这是公民在政策绩效评价过程中维护公共利益的重要基础。首先，权力的分享有利于实现以权力约束权力，限制政府评价机构及其工作人员的“自利性”行为，维护绩效评价过程的公正性。其次，公民参与使绩效评估过程透明化。公民可以获得更多有关评价的信息，有利于保证评价信息的充分性和评价结果的完整性。再次，公民参与评价的过程实质上是多元利益主体之间的博弈。各评价主体就政策的绩效进行博弈，既有利于维护各利益主体的自身利益，又有利于维护公共政策的公平与公正。

4. 公众参与政府绩效评估有利于增进公共政策的回应性，推动建设令人民满意的政府

“人民满意不满意，人民答应不答应，人民高兴不高兴”是评价政府施政绩效的最高标准。在我国民主体制和市场经济的条件下，公众根据自己的价值观评价政府的绩效，直接对有关政策输出表达他们的需求和不满。这就要求公共政策的提供者主动去调查、获取公众的看法和需要，以在下一个政策周期中提高公共政策的水平，增强政策的代表性，更好地回应公众的需求。因此，公众参与政府绩效评估有很强的监督功能，公共政策是连续的过程，政策效应存在滞后性，如何监管政策执行到位成为达成政策目标的核心问题。公众参与可以系统地收集与政策相关的利益者的意见，监测其利益行为，并通过不同渠道反馈监测结果。因此，公众参与政府绩效评估有利于增强政府法治建设领域政策的回应性，进而通过这种反复的信息沟通，提升公众满意度。

二、公众参与方式及民意调查

（一）公众参与方式

传统的公众参与方式包括投票选举、全民公决、民意调查、听证会、游说、请愿等，这些正式和非正式、组织化或分散化的渠道是实现公众参与的主要路径，其作用原理在于将公共舆论、观点、意见等信息传递给政府和非营利组织的决策者，以便他们作出最佳决策。成功的个案有西方国家的国会质询、盖洛普民意测验等。传统的公众参与方式对于激发人们的参政热情、保障公众的言论自由起到了非常重要的作用，而且也逐渐固定下来构成了西方民主政治体制的一部分。

在市场化进程不断推进、社会流动日益加快的今天，在上述传统的公众参与渠道外，开始出现了一系列民间的、非正式的、非制度化的、多样化的新的公众参与途径，包括基于互联网和即时通信技术的信息传递与表达、“草根式”的博客和个人主页，跨国公共政策动议网络，各种形式的民间自发投票，以及私人和市场调查等等。上述新的公众参与手段的出现使公众参与更加多样、直接和便捷，公众开始自发自愿地通过运用这些手段来评判公共管理和公共服务，主张自己的利益和权利；而作为独立第三方的媒体、学术机构及其他非政府组织（NGO），也开始以自己相对“超然”的身份以及较为专业的素养和组织化条件来引导、发动或者支持公众的公众参与行为。即便如此，还须注意的是，传统公众参与方式在西方国家仍然是最主要的，特别是谋求以公众参与来推动行政改革、实现政治民主化的功能，仍主要是由选票及选举市场来完成的。

（二）民意调查与公众参与

政府施政反映公众参与的意愿以及由民意来检验并不是西方国家的“专利”，更不是近代的产物，古希腊时期即有学说涉及民意与公共政策的关系，中国儒家文化一开始即将“君”置于“民”之后，但将此种导向和理念转化为可操作的方法论，却不足200年的历史。应该说，美国为现代民意调查的试验场，并率先将民意调查引入公共决策之中。1824年，美国地方报《宾西法尼利亚哈里斯堡报》首先举办总统选举模拟投票，通过对选民代表的提问以及系统的抽样调查来预测选举结果，或者说将被某种程序上量化和测量的民意导入公共决策的评价体系，民意调查作为特定的产业由此诞生。乔治·盖洛普（George Gallup）是这个行业的开拓者，他自始至终相信民意调查对公共决策的贡献，这些贡献包括：为政治家提供洞察民意的精确手段，引导人们将注意力集中于主要公共议题上，暴露许多被忽视的领域，协助公共决策更加正确，理性选举总统候选人显示公众投票并非纯利益驱动，以及有助于界定大选中公民的“天赋使命”等等。[①]

只有将民意作为政府决策的逻辑起点，才能对公共政策过程起到指引和监督的作用，也才能保证合民意性的公共政策产品从政策系统输出，使公共政策走向公平和正

---

① Suzanne Michele Bourgoin & Paula Kay Byers (eds). *Encyclopedia of World Biography*. Detroit: Gale Research Inc. 1998.

义。[1] 多元化的社会主体作为政府决策过程中的中坚力量，应该促使政府决策体系由封闭走向开放，由内生走向外向，吸收更多的民意以平抑决策者的私利性和偏袒倾向。在今天的中国，民意表达越来越显示出其对于凝聚民心、激发公众参与、打破畸形的社会利益分层与权利不均衡的重要性，也正在逐渐成为政府决策的重要依据与基本来源。[2] 针对法治政府建设，构建民意表达与政府回应良性互动的机制，既是当代参与式民主发展的内在要求，也是政府绩效评估得以优化的一种必然趋势。因此，更广泛地征集民意、如何更积极地回应民意已经成为政府不得不面对想办法解决的问题；同时，也需要更多的发诸民间的观念转换、方法创新以及社会资源储备。

第二节　公众满意度调查内涵与模型

一、公众满意度内涵与构成

（一）公众满意度及其特征

公众满意度主要指公共部门（政府）服务满意度，源于营销学的顾客满意度但与之相区别，是“公众在了解政府工作的基础上作出的满意程度评价，是对公众心理状态的一种量化与测量”。置于政府绩效评估视角内，可将公众满意度界定为“公众在体验政府绩效评估过程中对其需求、期望和目标得到满足程度的一种心理体验，取决于公众接受政府有关政策或服务输出后的感知质量与其接受之前的目标期望对比”，可用一个简单的函数来描述：

$$PSI = q/e$$

式中 PSI 为公众满意度；q 代表公众对政策或服务的感知；e 代表公众的期望值。

PSI 的数值越大，表示公众满意度越高；反之，其数值越小，表示公众满意度越低。当 $PSI>1$ 时，公众满意度很高，表明政府行为超出了公众的期望，在此种情况下，公众会对政府表现出高度的信任和忠诚，甚至产生一些依赖；当 $PSI=1$ 时，公众满意度较高，表明政府行为的效果恰好吻合公众的期望，在此种情况下，公众会对政府表现出应有的热情和信任；当 $PSI<1$ 时，公众满意度很低，表明政府行为的效果低于公众的期望，在此种情况下，公众会对政府表现出抱怨、冷漠、不满和不信任。

政府绩效评估公众满意度主要有以下特征：第一，主观性（subjectivity）。公众满意是公众的情感反应，满意度是建立在公众主观体验基础上的，而主观体验是与公众的知识与经验、社会阶层、生活习惯、价值观等密切相关的，因此它具有主观性。这个特性的一个反映就是满意度是期望和事后感知相比较的结果，而不是感知本身，也就是针对同样的法治政府输出，不同的评价者会有不同的满意度分值。第二，模糊性（fuzzy）。

---

① 罗依平，覃事顺．民意表达与政府回应的决策机制构建．科学决策，2009（7）．

② 陈振锟．论政府决策过程中的民意表达．理论视野，2006（5）．

公众满意度作为人们的一种心理活动，在反映评价对象客观差异方面并没有明确的界限，从差异的一端到另一端，中间经历了一个从量变到质变的连续变化过程，而并非简单的“非此即彼”。因此，公众满意度在反映差异方面具有一定的模糊性。第三，相对性（relativity）。公众满意度是一个动态的、非绝对的概念。其实，孤立的满意度分值本身并无特别含义。作为一种指数，只有用于横向或纵向的比较分析，公众满意度才有实际意义。第四，可测性（measurability）。虽然公众满意度具有模糊性，但通过运用模糊集合理论和模糊测评方法，在确定公众满意度的基础上，仍可以得出其具体的量化数值，因此公众满意度具有可测性，各种态度测量技术为这一点提供了保证。

（二）公众满意度构成

政府绩效评估公众满意度包括理念满意度、行为满意度、形象满意度、价值满意度等构成要素。

1. 理念满意度

理念满意度指公众对政府绩效的指导思想、目标宗旨、价值取向等的满意程度，是政府绩效评估公众满意度的灵魂，引导和决定着公众对政府绩效的满意程度。我国从“全心全意为人民服务”的宗旨到“三个代表”重要思想，再到“立党为公，执政为民”“权为民所用，情为民所系，利为民所谋”，以及服务型政府、责任型政府、法治型政府、廉价效能型政府理念的确立，对于完善政府管理、提高政府服务效率、密切政府与公众的联系、增强政府对公众的凝聚力、提升公众对政府的满意度等方面均起到了极大的推动作用。

2. 行为满意度

行为满意度指公众对政府服务的行为举止的满意程度，是理念满意度的具体体现和公众满意度产生的前提，也是政府行政能力、服务水平的直接反映。它的内涵要求政府规范自身行为，改变服务中主导者的角色定位，在服务过程中认真倾听公众的呼声，真实反映公众的意愿，切实关注公众的疾苦，解决公众的实际困难。

3. 形象满意度

形象满意度指公众对政府绩效的总体特征和实际表现的满意程度。在一定程度上，形象满意度是政府行为满意度的外在体现，是影响公众满意度的感观因素。近几年来，我国开始推动政府形象建设，这既是推进政府绩效评估也是提升政府形象的一个重要举措。从政府形象重塑的要求上，政府应优化服务的软硬件环境，改变“门难进、事难办”的现象，建设一支精干、高效、服务能力强的公务员队伍，切实依照法律及规章程序办事，提高政府服务的质量。

4. 价值满意度

价值满意度是指公众在消费政府公共服务过程中所感觉的公平公正及体验到自我利益维护和实现等满意程度，是公众满意度的深层次构成因素。虽然不同的公众，因其年龄、文化程度、职业、社会地位的不同，对同一政府服务的价值满意度有所差别，但整体上具有趋同性，利益具有一致性。价值满意度要求政府在服务过程中严格照章办事，坚持公开、公正、公平、透明的原则，规范政府行为，保障公民权利，维护社会公平，增进公共利益，实现政府服务的价值。

二、公众满意度模型的演进

（一）顾客满意度模型

从技术路径及方法论来看，政府绩效满意度调查源自市场营销学的顾客满意度调查。顾客满意度理论萌芽于20世纪初的消费心理学研究，随着市场经济的高速发展，满意度理论逐渐进入实证研究阶段，内容涵盖经济学、市场营销学、消费心理学、计量经济学等诸多学科领域。事实上，早在20世纪30年代，Hoppe（1930）和Lewin（1936）就开始了基于社会和实验心理学的顾客满意理论研究，他们发现满意感知与信任自尊有关。从20世纪70年代中期开始，一些发达国家的消费心理学家、市场营销研究人员和顾客行为研究者就对顾客满意程度如何度量的问题做了广泛的研究。

1985年，基于CI（企业标识）战略，顾客满意度理论首先由美国学者提出，其后迅速在经济发达国家得到广泛应用。1989年，美国密歇根大学商学院质量研究中心费耐尔（Fornell）博士总结了理论研究的成果，提出了把顾客期望、购买后的感知、购买价格等多方面因素组成一个计量经济学的逻辑模型，即费耐尔模型。以此模型运用偏微分最小二次方求解所得出的指数，就是顾客满意度指数（Customer Satisfaction Index，简称CSI）。费耐尔的研究成果是迄今为止最为成熟和被广泛运用的顾客满意度指数理论。20世纪90年代后，顾客满意度理论逐渐发展成熟，已成为全球工商界盛行的一种新型的企业文化和管理哲学，并迅速在各主要发达国家得到广泛应用。

顾客满意度理论指出，顾客满意与否，取决于顾客对产品或服务的感知同顾客在接受之前的期望相比较后的体验。通常情况下，顾客的这种比较会出现三种感受：一是当感知低于期望时，顾客会感到不满意，甚至会产生抱怨或投诉；如果对顾客的抱怨采取积极措施妥善解决，就有可能使顾客不满意转化为满意，直至成为忠诚的顾客。二是当感知接近于期望时，顾客就会感到满意。三是当感知远远超过期望时，顾客就会从满意中产生忠诚。如图13－1所示，顾客满意度的相关变量包括顾客期望、顾客感知、顾客满意、顾客抱怨、顾客忠诚等变量。

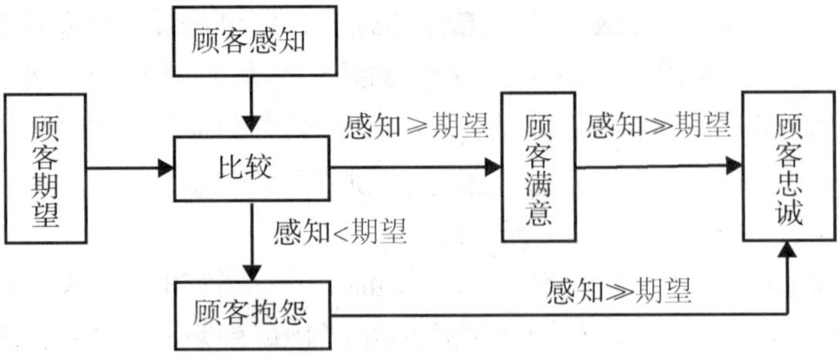

图13－1　满意度各相关变量

所谓模型就是指主体为了某种特定的认识目的，依据相似性原则而创造或选择一种系统，用于代表被研究的对象，也可以说模型就是对被研究对象的本质进行抽象描述，使问题研究简单化，是真实性和简化性的统一体。一般而言，模型由变量及其变量之间的关系组成。在针对顾客满意度相关变量分析的基础上，世界上许多国家都开发了相关的测评模型和方法，如瑞典的SCSB模型、德国的DK模型、韩国的KCSI模型、美国的ACSI模型、欧洲的ECSI模型等。本章介绍三种比较有代表性的模型，即瑞典的SCSB模型、美国的ACSI模型和欧洲的ECSI模型。

1．瑞典的顾客满意度指数模型（SCSB）

作为世界上第一个在全国范围内进行顾客满意度指数调查的国家，瑞典的满意度指数模型具有开拓性和代表性。如图13－2所示，该模型包括5个结构变量和6个关系，5个结构变量分别是预期质量、感知质量、顾客满意度、顾客抱怨和顾客忠诚。

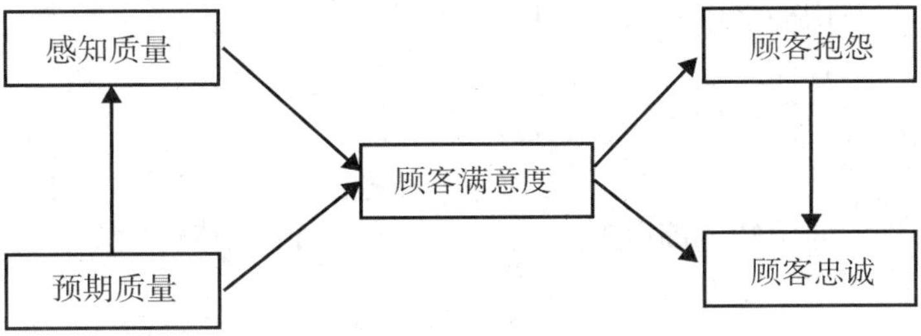

图13－2　瑞典顾客满意度指数（SCSB）模型

预期质量：顾客在购买某一产品或服务之前对其质量的主观意愿而非客观的看法。一般来说，与其他产品或服务相比，如果顾客对某产品或服务的预期质量越高，则相对的满意度也越高。对感知质量也有类似的正相关关系。

感知质量：顾客相对于某种消费价格所感受到的某种产品或服务的质量水平。感知质量对顾客满意度有正相关关系。

顾客满意度：所要测评的目标变量。顾客满意度的提高可以减少顾客抱怨，提高顾客忠诚度。

顾客抱怨：顾客表达不满的行为方式，包括退出和投诉。顾客抱怨与顾客忠诚为正相关关系时，表明提供产品或服务的公司能够成功地把抱怨的顾客转变为忠诚的顾客；而顾客抱怨与顾客忠诚为负相关关系时，则意味着顾客会采取退出行为，提供产品或服务的公司的市场份额将下降。

顾客忠诚：顾客愿意从特定的产品或服务供应商处再次购买。

2．美国顾客满意度指数模型（ACSI）

美国顾客满意度指数模型（American Customer Satisfaction Index，缩写ACSI,）由美国密西根大学商学院于1994年提出，它根据顾客对在美国本土购买、由美国国内企业提供或在美国市场上占有相当份额的国外企业提供的产品和服务质量的评价，通过建立模型计算而获得一个指数。其模型构架如图13－3所示：

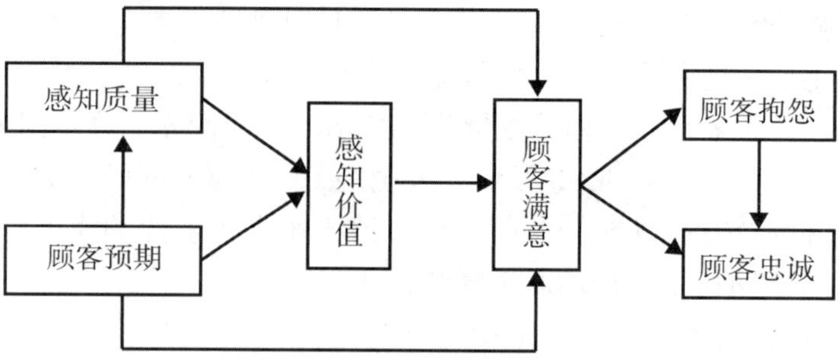

图 13-3　美国顾客满意度指数（ACSI）模型

美国的顾客满意度指数模型包括6个结构变量。其中，顾客预期、顾客对质量的感知和顾客对价值的感知是顾客满意度的原因变量；顾客抱怨和顾客忠诚是顾客满意度的结果变量。这6个结构变量中，每个结构变量又包含一个或多个观测变量，观测变量的数据一般通过实际调查而获得。整个模型是一个有机的逻辑结构，可借助于计量经济学模型中的有关方法将此逻辑结构转换成数学模型，将调查到的有关观测数据输入该数学模型就能测出顾客的满意度。较之于瑞典的顾客满意度指数模型，美国顾客满意度指数模型多了顾客对价值的感知，即顾客在同时考虑价格和感知质量之后对产品或服务的评价。感知价值对顾客满意度有直接影响。

3. 欧洲顾客满意度指数模型（ECSI）

欧洲顾客满意度指数模型在瑞典和美国的模型的基础上又有了新的发展，它由7个结构变量、20个显变量和11个关系构成。在结构变量中，形象、顾客期望、感知到的产品质量（硬件）、感知到的服务质量（软件）和感知价值是顾客满意度的原因变量；顾客忠诚是顾客满意度的结果变量。较之于ACSI模型，ECSI模型多了企业形象，模型更完善，同时要求也更高。

4. 三种模型优缺点及比较

上述三种模型的优点主要有三方面：第一，模型设计简洁，具有很强的可操作性。以美国的ACSI模型为例，美国之所以能分行业进行季度调查，每年都能提供完整的行业满意度指数数据，ACSI模型的简约设计就是其中一个重要因素。另外，这些模型的设计既在理论性和实践性之间进行了权衡，也考虑到了人力、物力、财力等方面的条件约束。ACSI模型最具代表性，其运用于实践已经有十余年的历史，对美国公共服务水平的提高起到了重要的促进作用。第二，模型中顾客满意的界定及其标识变量的设计均很合理。现有模型都为顾客满意设计了三个标识变量：整体的满意评价、与顾客期望值之间的差异以及和理想点比较的满意程度。三个标识变量既有顾客直接测评的整体满意评判，也有和其他标准比较之后的评判结果；既坚持了主流的期望不一致模型（Expectancy-disconfirmation Model）以期望值作为参评基准的核心架构，又采纳了学术界不同的意见，选择理想点作为参考标准之一，这使得顾客满意度的数据能为各方所信服。第三，模型所采用的统计方法很适合调查的需要。现有模型均属于一种结构方程模型（Structural Equation Modeling，简称SEM）。SEM是一种非常通用的、主要的线性统计建模技术，广泛应用于心理学、经济学、社会学、行为科学等领域的研究。

三种模型在适用条件上也是有差别的，主要表现在：首先，SCSB 模型由五个变量构成，企业形象作为满意度模型的一个极为重要的变量，并不包括在 SCSB 模型中。其次，ACSI 模型在 SCSB 模型的基础上，多了顾客对价值的感知，从而使评价建立在价值判断的基础上，但顾客对价值的感知很难量化，而且没有企业形象作为基点，因此 ACSI 模型仍然存在着某些不足。最后，相对来说，ECSI 模型是满意度模型中比较完善的测评模型，既包括企业形象，又包括感知价值，但现实条件下一般很难对感知价值进行量化。总的来说，虽然上述三种模型表现形式不同，适用条件也不一样，但理念一致，即将商业利润构建于追求更好的顾客满意度之上。

（二）公共部门绩效满意度模型

公众满意度模型是指为了测评公众对政府的满意度，采取相似性原则，对政府服务中各个变量进行本质抽象组成一个系统，用以测评各变量及各变量对公众满意度的影响程度。从逻辑上看，顾客满意度模型首先被公共部门绩效满意度研究所借鉴。顾客满意度运用一个经济模型将顾客对质量和满意的评价联结在一起，解释满意度对私营部门的重要性不言而喻，因为顾客满意和忠诚是企业利润的主要来源，所以维持顾客忠诚和降低顾客抱怨是经营的重要目标。但对大多数政府机构而言，其目标是顾客/用户的信任，特别是测量机构的信任。运用于评价政府部门的满意度模型与私人部门的模型的基本思路和计算方法是一样的，只不过在私营部门模型中，考虑到价格的耐受力和“再购买”意图组成部分的顾客忠诚度相对于公共部门进行了调整。修正之后的模型中存在两个主要的对满意度驱使的因素：顾客期望和感知质量。顾客期望是由顾客在参与或与机构进行交流的过程中的先前经历所形成的知识；顾客感知质量是一个基于机构所提供产品和服务经历的测评。每一个公共机构的项目都有一个主要的机构目标和顾客群体，公共机构的活动是那些能够使公众满意度提升的活动。

从 1994 年美国将政府和公共部门纳入到 ACSI 评价体系中到如今已经有 10 年的历史，大致可以分为三个阶段：第一阶段为 1994 年 ACSI 模型初创时，已考虑到公众对政府部门提供的公共产品和服务的满意度，但只是评价政府部门的少数几个因素；第二阶段为 1999 年，美国顾客满意度指数的测量范围扩大到 12 个部门和 7 个非部门机构和行政部门的 30 个联邦机构，包括 31 个顾客群体的测量；第三阶段是 2003 年 ACSI 模型再次扩展到对电子政府的评价中。总体来看，成效显著。

概括来说，美国的顾客满意度指数（ACSI）模型是一个统一的、能相互比较的测量体系，可以在系统内的不同时间以及不同行业之间树立标杆，进而为垄断性公共部门注入竞争的压力，迫使其提高服务的质量和效率，但与此同时，将 ACSI 模型直接应用于政府绩效评估会面对以下问题：第一，ACSI 模型主要运用于私营部门，服务于营销，针对的是用户（或者说消费者），虽然在本质上，公众因纳税也是政府的“消费者”，但作为个体，则未必直接接受政府服务，从而难以对这种服务作出评价；第二，ACSI 模型中用户的感知质量、期望、价值、满意度、抱怨、忠诚的对象和载体是由有形产品及具体服务构成的，但政府绩效评估中的公众满意度测量所设只能是一种公众对政府绩效的概念和印象评价（无形的），操作上难以针对具体产品和服务，或者说，是针对政府部门绩效而非政府总体绩效；第三，按 ACSI 模型所设的公众调查内容较为复杂，需相应的配套条件和投入巨额资源，往往是第三方评价无法承受的，因此，实际借鉴与操作必须改良及简化。

（三）政府整体绩效满意度模型

1. 整体绩效评估需求及约束条件

整体绩效是构建模型时需重点考虑的因素，与部门绩效满意度的差别在于：整体绩效具有跨部门性，调查对象未必是“直接消费者”，绩效满意度衡量和政府某个部门（如税务所、交通局）比较不是累加或放大缩小的关系，满意度测量方案、指标、流程与度量等方面自然有别；同时，第三方评价亦是整体绩效评价满意度调查模型构建的预设条件和环境因素。一般来说，体制内评价较为方便、及时地获取一些尚未公开的资料信息，亦容易得到被评价对象的协助和支持，但第三方评价游离于体制之外，要取得政府运作过程中的数据信息，甚至政府“产出”结果的统计信息会相当困难，满意度调查要体现弥补应统计数据缺失及失真带来的技术性障碍，要求调查问卷设计、有效样本量控制、调查组织与执行等方面有所创新，即满意度调查模型必须面对技术层面问题。

2. 整体绩效评估的公众满意度模型构建

从技术层面角度来看，体现满意度导向的政府整体绩效评估有两种方案：一是将公众满意调查置于经济发展、社会公正、保护环境、政府成本四个领域层的具体指标之中，每一个指标的评价结果均由客观得分和主观得分构成；二是将公众满意指标领域层与经济发展、社会公正、保护环境、政府成本平行作为第 5 个领域层。相对而言，后者简单方便，较为符合目前的操作条件，并部分实现了公众主观评价与客观事实评价的主客观统一。如果采用前者，进一步将公众满意度评价置于前述 4 个领域层的具体指标之中，每一个具体指标均由公众再做主观评价，评价模型将变得相对复杂，特别是满意度调查的问卷量将加大，实施操作将变得困难。此外，普通公众对每一个具体指标很难有独立的判断，使调查结果失真度提高。

在后一种方案中，最大的问题在于如何实现满意度指标与其他四个领域层具体指标的评价的吻合度与一致性。理论上，公众对政府的评价一般涉及政府形象、公众期望、公众感知质量、公众满意度、公众抱怨五个方面，每一个方面又可衍生出更具体的评价内容，如下表所示，第二、三层级主要是对应第一层级依次展开，而上一层级则是通过下一层级测评结果反映出来的，从而形成层层递进的关系。第四级指标由前面的三个层级衍生出来，形成公众满意度测评中直接面对公众的指标，与公众满意度测评问卷中的问题相对应，如表 13－1 所示：

表 13－1　公众满意度内容的四个指标层级

<table>
<tr><th>第一层级</th><th>第二层级</th><th>第三层级</th><th>第四层级</th></tr>
<tr><td rowspan="2">政府形象</td><td>整体形象</td><td>——</td><td>——</td></tr>
<tr><td>特征形象</td><td>——</td><td>——</td></tr>
<tr><td rowspan="2">公众期望</td><td>隐性感知期望</td><td>服务期望</td><td>服务态度/服务效率/服务能力</td></tr>
<tr><td>显性感知期望</td><td>社会发展期望
居民生活期望</td><td>社会治安/工作机会/医疗保障/个人及家庭收入</td></tr>
<tr><td rowspan="2">公众感知质量</td><td>隐性感知质量</td><td>服务质量</td><td>服务态度/服务效率/服务能力</td></tr>
<tr><td>显性感知质量</td><td>社会发展质量
居民生活质量</td><td>社会治安/工作机会/医疗保障/个人及家庭收入</td></tr>
<tr><td rowspan="2">公众满意度</td><td>总体满意度</td><td>——</td><td rowspan="2">——</td></tr>
<tr><td>比较满意度</td><td>感知与期望的比较</td></tr>
<tr><td>公众抱怨</td><td>投诉与不满</td><td>社会舆论
上访或信访</td><td>——</td></tr>
</table>

参考文献

1. ［美］戴维·奥斯本，特德·盖布勒．改革政府．上海：上海译文出版社，1996.

2. ［美］杰伊·D. 怀特，盖·B. 亚当斯．公共行政研究：对理论与实践的反思．刘亚平等译．北京：清华大学出版社，2005.

3. ［美］保罗·A. 萨巴蒂尔等．政策变迁与学习：一种倡议联盟途径．邓征译．北京：北京大学出版社，2011.

4. ［美］伊维塔·泽鲁巴维尔．房间里的大象：生活中的沉默和否认．胡缠译．重庆：重庆大学出版社，2011.

5. ［美］弗兰克·费希尔．公共政策评估．吴爱明等译．北京：中国人民大学出版社，2003.

6. ［美］埃贡·G. 古贝，伊冯娜·S. 林肯．第四代评估．秦霖等译．北京：中国人民大学出版社，2008.

7. 卓越．政府绩效管理概论．北京：清华大学出版社，2007.

8. 桑助来．中国政府绩效评估报告．北京：中共中央党校出版社，2009.

9. 朱衍强，郑方辉．公共项目绩效评价．北京：中国经济出版社，2009.

10. 郑方辉，冯健鹏．法治政府绩效评价．北京：新华出版社，2014.

11. 郑方辉等．2014 中国政府绩效评价红皮书．北京：新华出版社，2014.

12. 杨健平等．县域政府绩效考核评价——鹤山实践．北京：中国统计出版社，2009.

13. 蓝志勇，胡税根．中国政府绩效评估：理论与实践．政治学研究，2008（3）.

14. 中国行政管理学会课题组．政府公共政策绩效评估研究．中国行政管理，2013（3）.

15. 陈宏彩．反腐机构绩效制约因素与互动模式：一种解释性分析框架．中国行政管理，2013（11）.

16. 王凤才．从批判理论到后批判理论——对批判理论三期发展的批判性反思．马克思主义与现实，2012（6）.

17. 林蓉蓉．中国地方政府绩效评估指标体系研究现状分析——以 14 个地方政府绩效评估指标体系描述性分析为例．辽宁行政学院学报，2011（7）.

18. 倪星．地方政府绩效评估指标的设计与筛选．武汉大学学报（哲学社会科学版），2007（3）.

19. 陈雪莲．政府绩效管理体制改革的制度环境和发展空间 ——以北京市“三效一创”绩效管理体系为个案的研究．天津行政学院学报，2011（6）.

20. 张欣．部门整体支出绩效评价探析．新理财（政府理财），2015（6）.

21. 湖南省司法厅．湖南省司法厅2014 年度部门整体支出绩效评价报告．湖南省人民政府网，2015－09－01.

22. 王玉明. 美国构建政府绩效评估指标体系的探索与启示. 兰州学刊，2007（6）.

23. 付英，张艳荣. 兰州市扶贫开发绩效评估及其启示. 湖南农业大学学报（社会科学版），2011（12）.

24. 姜国兵. 公共管理定量研究方法刍议. 广东行政学院学报，2012，24（2）.

25. 姜国兵. 公共政策绩效评估体系建构初探. 广东行政学院学报，2012（6）.

26. 姜国兵. 论政府绩效管理结果形成的逻辑. 行政论坛，2013（5）.

27. 姜国兵. 政府绩效管理试点工作：路径与差异. 中国行政管理，2013（10）.

28. 姜国兵. 政府绩效管理的演进逻辑：基于公共一致性理论. 行政论坛，2015（1）.

后　记

作为一名研究者，能够将所学专业及方向坚持下来，并将专业与实践结合起来服务于社会，那是幸运的。自2004年师从厦门大学的卓越教授之后，政府绩效评估这一扇知识的大门向我敞开，沉浸之后获益良多。2010年起，我开始给研究生和本科生开设“政府绩效评估”课程，同时，有幸主持和参与了数十项地方政府的绩效评估实务工作，包括政府整体绩效评估、公共项目绩效评估、公共政策绩效评估和部门整体支出绩效评估等。其中教学与实践研究的过程，既显得艰辛而难与人道，又呈现精彩而开心自知。

《政府绩效评估》教材的使用，一直是我难以释怀的一件事。当前的教材，或以介绍国外案例为主而忽视国内发展的实践；或过于注重理论的梳理和构建，而无精彩实践工作的展现；或作者本身缺乏深入政府绩效评估实务的体验而难以把握其精髓，等等，不一而足，难以将政府绩效评估真实和精彩的一面呈现出来，进而难以引起学生和授课者的共鸣。如何撰写一本能够真实反映政府绩效评估理论与实践的教材是我6年来一直关注的问题，这6年恰恰是政府绩效评估发展变革的关键时期。2011年，国务院批复建立全国政府绩效管理工作部际联席会议制度，开展绩效管理试点工作；2012年，十八大报告指出，要“创新行政管理方式，提高政府公信力、执行力，推进政府绩效管理”；2014年8月，李克强总理主持召开国务院常务会议，强调要用第三方绩效评估促进政府管理方式改革创新。对于政府绩效评估所遇到的各种现实问题，我所做的研究和思考，大部分记录在这本书里。

略感欣慰的是，本书能够将政府绩效评估的理论与实务结合起来，给希望了解和掌握政府绩效评估真实故事的人一些参考。当然，由于学识、经验和能力所限，书中存在不足和失误在所难免，恳请师友、同仁们批评指正。

在本书即将付梓之际，必须感谢那些离我现实生活很远的人，如老子、马克思、恩格斯、福山、登哈特等等，他们像一个个幽灵，学术的幽灵，不时在我大脑中徘徊，虽隔着遥遥时空却令我如此着迷。当然，更要感谢一些与我实际生活很近的人，特别是我的博士导师厦门大学的卓越教授、兰州大学的包国宪教授、华南理工大学的郑方辉教授，以及李文彬博士、喻峰博士、邵任薇博士、颜海娜博士等好友，正因为有他们，我在政府绩效评估的研究之路上才不会寂寞。值得说明的是：本项研究由华南农业大学公共管理学院、广东省公共事务与社会治理研究会、云南知行绩效评价研究中心共同完成。本书获广东省省级科技计划项目、广东高校省级重点平台和重大科研项目、广州市社科联“羊城青年学人”研究项目等立项资助。

按照总体安排与分工，本书由姜国兵统筹统稿，各章节分工如下：第一章（姜国兵、李文彬）、第二章（姜国兵）、第三章（姜国兵）、第四章（姜国兵）、第五章（姜国兵、李文彬）、第六章（姜国兵、郑方辉）、第七章（姜国兵）、第八章（姜国兵）、第九章（郑方辉）、第十章（姜国兵、姜莉英）、第十一章（姜国兵、郑方辉）、第十二章（姜国兵）、第十三章（郑方辉），研究生梁廷君亦对资料的收集与整理作出了贡献。

编者

2016 年 2 月 16 日于广州